阿含正義——唯識學探源

第一輯

平實導師 著

ISBN-13:978-986-81358-6-4
ISBN-10:986-81358-6-9

「譬如鵂鳥，從久遠來無有慚愧、不報恩養，以宿習故今猶不捨；彼諸眾生亦復如是，過去世時無有慚愧：已無慚愧、今無慚愧、當無慚愧；聞如來藏不生信樂：已不信樂、今不信樂、當不信樂。譬如猿猴形極醜陋，常多驚怖，其心躁動如水涌波，以宿習故今猶不息；彼諸眾生亦復如是，去來現在心常輕躁，聞如來藏不生信樂。如鵄鵂鳥（貓頭鷹）晝盲夜見、好闇惡明，彼諸眾生亦復如是，好邪、惡正，不樂見佛及如來藏，去、來、現在不生信樂，如彼鵄鵂好闇惡明。如人長夜修習邪見，染諸外道不正之說，以宿習故今猶不捨；彼諸眾生亦復如是，久習無我隱覆之教，如彼凡、愚，染諸邪說，去、來、現在不解**密教**（過去世、未來世、現在世都不懂法義祕密之教導），聞**如來藏**不生信樂，非餘眾生。」（阿含部《央掘魔羅經》卷第二）

目錄

第三輯

第四輯

第五輯

第六輯

第七輯

自序

本書的義理，僅從四阿含諸經中取材而說，不從大乘諸經中取材而說，如是證明大乘方廣唯識諸經的法義，從來不違四阿含諸經的解脫道法義，證明大乘經典中的法義並非歷經演變而成者，也證明一件事實：原始佛法中解說涅槃時，爲了不墮入斷見外道見中，不得不處處隱語密意說有第八識**本住法**的存在，而第八識法義本是應該留到第二、第三轉法輪時才正式宣說的。所以二乘法其實是以大乘法爲根本而方便宣說的，若離大乘法宗本的如來藏根本心，二乘涅槃將難逃於斷滅見之譏評，本質也將成爲斷滅空，如同印順之所墮。

本書之所以不取材於大乘經典來說者，是因爲印順、昭慧……等人私心之中，認爲大乘經典是部派佛教以後的佛弟子們長期創造演化出來的，不承認大乘經典眞是 釋迦世尊所說，是故此書中原則上都不引證大乘經典法義。又因佛學學術界公認的阿賴耶識權威史密豪森先生（Lambert Schmithausen），依據後出的《瑜伽師地論》爲根據，立論說：阿賴耶識心體是在論中的〈本地分〉才出現的，原始佛法中並未說有阿賴耶識心體；又說意根在論中的〈攝抉擇分—

證明分〉中仍然尚未建立起來，是到後面的〈流轉分〉中才建立起來的，認爲在此論出現以前，佛法中是尚未建立意根末那識的；但是他的說法，完全違背佛教法義弘傳的最早文獻記錄中的歷史事實，因爲在四阿含教典中，不論是南傳或北傳的阿含部經典，都曾明說或隱說阿賴耶識了，只是史密豪森讀不懂罷了。又因爲大乘經典是被印順、昭慧、史密豪森所否定的，他們都不相信大乘經典，都對大乘經典持否定態度，堅稱不是 佛口親說，由此緣故，此書中不舉示大乘經典、論典而說，單取四阿含諸經（印順說爲原始佛法）經文證據來說，證明原始佛法中早已說過有意根及阿賴耶識心體的存在，證明印順、昭慧……等人所信受的西方學術研究者說法是全面錯誤的。

復次，本書對四阿含諸經法義的取材，是全面性的，不是像印順、昭慧、證嚴……等人一樣專取四阿含中自己所愛樂的法義來說，也不是像印順、昭慧、證嚴……等人一樣的排斥四阿含中對自己不利的法義而省略不說。印順甚至說**四阿含的經文不完全符合** **佛意**，而主張親聞 佛陀所說的才是完全符合佛意，所以另行建立**根本佛法**（親聞佛口所說之法義）以別於**原始佛法**的四阿含諸經所說。但是，莫說印順今天親自聽聞佛說一遍就能眞解法義，乃至現存四阿含經典，可以讓他再三、再四乃至再十的連續研讀，他尚且一樣嚴重誤會，錯解經文的證據確鑿，何況親聞 世尊演說一遍可以解義？絕無斯理！

由於印順……等人已有否定大乘經，說非佛說，以及別行建立根本佛法等二種**不正當**作法，所以他們對四阿含諸經經義的解說，已經使原意喪失泰半，也使四阿含的眞義廣被埋沒，印順、昭慧、證嚴……等人已將 佛陀的本懷加以嚴重曲解了。但是他所謂的**根本佛法**，在 佛陀入滅以後根本就不可能存在，除了古時當場聽聞者；但在此時是絕無可能的，所以他的主張是毫無意義的。本書則是**普遍**、**廣泛**對四阿含經文加以引證廣說，使四阿含諸經的眞實義，可以示現在末法時代廣大學人眼前，也使四阿含諸經所說的解脫道眞義，重現於末法時世的今天，這是本書與印順、昭慧……等人取材阿含法義而說時的最大不同所在。

四阿含諸經所說法義，以二乘菩提爲主；二乘菩提則是解脫道之法義，專述出離分段生死之解脫道法義，不以實證法界萬法實相爲內涵，故與成佛之道的佛菩提道無直接關聯，因爲成佛之道是必須從親證萬法本源的第八識如來藏開始的。第二、三轉法輪之大乘諸經法義，則以成佛之道爲主；大乘成佛之道則以佛菩提智慧爲主，卻又函蓋了二乘菩提之解脫道；是故大乘成佛之道，非唯第二轉法輪之般若系諸經所說實相般若總相智、別相智，亦須再進一步求證一切種智增上慧學。般若既以親證如來藏爲始，依所證如來藏才能現觀如來藏的中道實相義；而一切種智增上慧學，則是第三轉法輪諸經所說如來藏自性妙義，以及如來藏所含藏一切種子等增上慧學爲本；以親證萬法根源如來藏心體中所含藏之一切種子已具足故，名爲圓滿成就一切種智，名爲成佛。

如是，合解脫道智慧、般若總相智、般若別相智，以及一切種智之智慧，方可名爲成佛之道，非如印順單以二乘菩提之解脫道可以名爲成佛之道也！否則，一切阿羅漢應皆已經成佛也！然而現見一切阿羅漢皆非是佛，亦無任何一位阿羅漢敢在 佛入滅後自稱成佛也！故知成佛之道函蓋二乘菩提之解脫道，亦函蓋大乘別教不共二乘之般若總相智、別相智、一切種智等智慧也！具足如是智慧，方名成佛。然而二乘聖人所證解脫道，既不曾證般若總相、別相智慧，更不曾證一切種智，印順焉得單以二乘解脫道小法智慧而稱爲成佛之道？更何況他早已誤會二乘解脫道的涅槃智慧了！然而印順卻敢在死前，同意潘煊把他的傳記以《看見佛陀在人間》爲副書名而出版，這是以凡夫之身僭稱成佛，顯然不懂解脫道及佛菩提道。

由因諸多崇尚二乘小法之聲聞種性法師與居士，盲從日本、歐美一分否定如來藏妙義之佛學學術研究學者，盲從藏密堅持意識是最終心的應成派假中觀邪見者暗指「大乘非佛說」之邪論，極力誹謗第二、三轉法輪諸經所說如來藏正義，謗無如來藏，私下言語中常常無根誹謗：「原始佛教四阿含諸經中不曾說有第七識意根，亦不曾說有第八識如來藏；如來藏即是外道神我思想淨化而成佛教中的一個支派，大乘經中所說如來藏富有外道神我色彩，本是後來大乘崛起之後，方由第六意識心體上細分演變而建立起來的，故實無七、八識。」

由彼等妄謗三乘菩提根本之第八識如來藏，將確實可以親證的第八識心體謗爲實無，導致他們所弘揚的二乘涅槃墮於斷滅空無的本質中，也導致他們所理解的般若成爲**性空唯名**之戲論；然而印順所判「般若爲性空唯名」之說，其實極不如理；此因第七、八識皆是四阿含諸經中本已處處隱覆密意而說之法，特因二乘聖人智慧不足，不能領受之；亦因初時不應即時宣講甚深般若及一切種智妙法，是故 佛設五時三教而說。然而彼等對此事實都無絲毫之信，極力否定大乘經典，謗爲非 佛所說；由是緣故，本書不從大乘經典中舉證如來藏之實有，唯採擷阿含諸經中有關大乘唯識增上慧學之法義，證明四阿含中早已處處隱覆密意而說第八識法，故都只由四阿含諸經中舉證之，令彼等不能不信服，欲令未來佛教正法流傳無礙。

亦因彼等常言：「唯識學專論名相，專說諸法之虛妄相，乃是專為降伏外道而施設之法義論辯學問，與佛法實證無關，故名之為虛妄唯識；唯識學中都只說明虛妄的六識心，又不曾言及佛道之眞實義，故亦名為虛妄唯識。」然而第三轉法輪方廣唯識經典所說一切種智極妙勝義，方是眞正成佛之道，彼等諸人以無力親證如來藏故，因此完全不懂第三轉法輪之精義，乃不顧此一事實，妄將自己所無法親證之唯識增上慧學所說本識如來藏，謗為外道神我思想。由是緣故，本書不單以阿含基本法義解脫道內涵之解說為主，而同時以菩薩之大乘解脫道證量及大乘般若正理而觀阿含、而說阿含，乃是以菩薩所證得佛菩提道之般若智慧而觀之、而說之，乃是以菩薩所證得道種智之智慧而觀之、而說之，乃是以菩薩雙證解脫道與佛菩提道之現量境界而闡釋之，證明唯識增上慧學實已在四阿含中粗略隱說，證明 釋迦世尊於初轉法輪時期，即已圓滿具足第二轉法輪經中所說之般若智慧，亦已圓滿具足第三轉法輪諸經所說之一切種智，非如別有心機者所說：「在宣說阿含時之釋迦其實尚未成佛。」以此書舉示四阿含中的開示，證明 釋迦不是在宣講方廣唯識系列經典時方才成佛的。是故四阿含諸經所說，非唯具足二乘聖者所知之法，亦已粗略含攝二乘聖者所未知悉之大乘不可思議解脫妙理。說穿了，其實某些阿含部的經典，本質即是二乘聖人在第二轉法輪時期，聽聞 佛說大乘經典以後結集出來而變成阿含部的小乘經典。平實即以如是正義，寫作此書，匡正末法時期已被大法師們誤導之傳法方向與內容。何故如是而為？其故有九：

一者，聲聞人智慧狹劣，或不信、不解、不證大乘法，故其所結集之經典中，其實雖有許多本是大乘經典，然因聞而不解故，對大乘法義的念心所不能成就，則不可能憶持大乘經典，只能以解脫道之觀點而結集成為小乘經典，絕不可能兼含隱說之大乘法義而結集之。由是緣故，四阿含諸經結集完成後之所說者，必定偏重於二乘聖人所修證之解脫道，必定因此而昧略二乘聖人所不能修、不能知之大乘菩薩修證之佛菩提道，此乃必然之結果。

有何證據而作是說？有經文為證，《雜阿含經》卷二十七．第七二七經明載：「如是我聞 一時，佛在力士聚落人間遊行，於拘夷那竭城希連河中間，住於聚落側，告尊者阿難，令四重襞疊，敷世尊鬱多羅僧：「**我今背疾，欲小臥息。**」尊者阿難即受教敕，四重襞疊，敷鬱多羅僧已，白佛言：「**世尊！已四重襞疊、敷鬱多羅僧，唯世尊知時。**」爾時世尊厚襞僧伽梨枕頭，右脅而臥；足足相累，繫念明相；正念正智，作起覺想，告尊者阿難：「**汝說七覺分。**」時尊者阿難即白佛言：「**世尊！所謂念覺分，世尊自覺成等正覺；說依遠離、依無欲、依滅，向於捨。擇法、精進、喜、猗、定、捨覺分，世尊自覺成等正覺；說依遠離、依無欲、依滅、向於捨。**」】阿難宣說其餘六覺分時亦如是說。

此經中既說精進修習七覺支者，即得親證無上正等正覺——成佛，可見七覺分之修行是函蓋二乘解脫智、般若總相智、別相智及一切種智的，方能依七覺分之修行而成佛道：**一切種智具足圓滿**、**四智圓明**。然而四阿含諸經中的七覺分修習，未嘗言及親證如來藏之方法，唯言如來藏之名；亦未嘗言及如來藏所含藏之一切種子，未嘗教導佛子修學一切種智之方法，又如何可能成就一切種智？一切種智既未能熏習、修學、親證、具足，又如何能成就究竟佛道而得四智圓明？然而卻又明言七覺支之行門可以成就究竟佛道，是故四阿含諸經中，必然本有部分經典是大乘經典，故說修學之者即得成就無上正等正覺。然由二乘聖人結集時，因爲他們對於所聞般若、唯識種智之深妙正理，無法理解；由此緣故即無勝解，則於所聞之佛菩提智內涵，不能成就**念心所**，則無法憶念受持，當知結集之後所成就者，必定單以解脫道而言爲成佛之道也！今此阿含經典明文所載言句即是明證。若不爾者，則諸俱解脫又得三明六通之大阿羅漢等人，既已修學七覺支而證解脫道之極果，豈不都已究竟成佛了？然而卻無一人敢在　佛滅度後自稱成佛、紹繼佛位以弘佛法！也無一人能如　彌勒菩薩一樣被授記爲當來下生之佛，更何況是當時成就佛果？

二**者**，上座部中固然有極少數大乘菩薩僧，然而多屬聲聞聖人與凡夫；彼等既依　佛語而得入於聲聞法中，而聲聞乘中之凡夫，每多不信　佛之境界異於聲聞羅漢；彼等凡夫聲聞人心中猶有大我慢故，每認爲二乘羅漢智慧同於　世尊，是故於　佛宣說法華之時，猶自不信　佛之實相般若境界，何況能信　佛所說之大乘種智妙法？是故不信而公然退席、數有五千者，可以徵之爲眞。

亦如今時台灣地區南傳佛法之多數信受及隨學者，崇尚原始而只具雛型之二乘聲聞阿含部諸經，是故甫聞大乘法之般若正義已，便成爲聞所未聞的生疏佛法，因此心生煩惱而私下破斥之，何肯信受而嘗試理解及修學之？今時聰慧而又資訊發達時之學人如是，古時彼諸聲聞種性之凡夫僧與不迴心之聖僧亦然，何肯信受 佛所宣說之大乘法義？由不信或未證大乘深妙法義故，當知不願、亦無能力結集大乘經典也！故於 佛所專說大乘勝妙之法義，當知皆無可能結集成大乘經，要待其後諸多眞悟菩薩情商不得而親聞大迦葉等聖僧結集完成之後，極不滿意而當場表示將另外結集，然後方才開始結集也，這就是傳說中的大乘經典結集。

三**者**，聲聞人雖聞大乘法，然因尚未證悟如來藏故，聞之不能解義，故其所聞 世尊親口宣說之大乘經，若由聲聞僧眾結集之，結果必成聲聞法解脫道之經典，聲聞人必以二乘解脫道法理而解釋大乘法義故，必以自身所理解之二乘解脫道精神而結集故。即如今時之印順、星雲、聖嚴、證嚴、昭慧、傳道……等人，同以二乘**緣起性空**之不究竟理而解說大乘般若空之究竟理，絕無二致。然而聲聞聖僧結集二乘菩提之解脫道經典時，其中必定有諸大乘法義之身影微存焉，必定可於其中覓得許多大乘法之蛛絲馬跡；此因聲聞解脫道之法義不得稍離大乘般若正法而獨存故，若離大乘如來藏般若正義，則二乘解脫道之證境必定會墮於斷滅見中故；是故聲聞聖僧結集二乘菩提四阿含經典時，不能不留存世尊所說大乘法義中之第八識名相法句，以免聲聞解脫道陷於斷滅見中。由四阿含諸經中都有如是不得不保存之大乘法義蛛絲馬跡仍存故，平實今日得據四阿含諸經爲證而成立是說：**世尊確曾宣說大乘法理，第二、三轉法輪諸經所說大乘法理方是眞正的成佛之道**。今於書中處處舉說證據，令台海兩岸乃至南洋諸多崇尚南傳佛法之聲聞心態僧眾，悉皆不能反駁，唯能心裡信受而於口中猶作強辯，以維護面子、名聞與利養。

四者，二乘聖人設使有心，欲結集　佛所宣說大乘法義之經典，然因自身聞之尚不能解義，以無勝解故，則其**念心所**不可能成就，又何能記憶而後結集之？是故二乘聖人雖亦曾在般若期、方廣期聽聞大乘經典，縱欲結集，終不可得。而且第一次結集時之僧團，以大迦葉等二乘聲聞僧爲主；大乘法中之出家菩薩，在僧團中唯是少數，而在家菩薩們本非佛教僧團中之上座、長老，何能率領僧團結集彼等多數僧眾所不能理解、不願結集之大乘經典？是故欲求聲聞羅漢爲主之出家僧團，結集彼等聞而不解、不能記憶受持之大乘法義經典者，斷無可能；是故要待菩薩們與聲聞聖僧溝通而不可得之後，方由大乘行者中人數不多之出家菩薩眾，會合人數眾多之在家菩薩眾，別行倡議醞釀，在後來共同誦出、鑑定而結集之。如是大乘法義之經典結集，必然產生如是曲折，必然產生如是時間上之延宕，乃是因爲佛教向來以出家僧團爲主故，出家僧團多數是聲聞僧而少菩薩僧故，是故大乘經典之結集及出現於人間，必然後於四阿含諸經之結集，乃是有智之人都可以理解者。

猶如今時平實之深義著作，絕無可能先於諸方質疑之前寫出，或與諸方大師著作同時寫造出來；若非眼見諸多率領當代佛教之出家大師處處說法錯誤，而又無根誹謗余之正法者，絕無可能預先寫作種種顯示大乘深妙法義之書籍，亦將不可能作種種破邪顯正之事，深妙之法義辨正書籍即無可能出版；是故平實辨正深妙法義諸書之出版，必定後於諸方大師之錯誤書籍，不可能同時或先出，要待大師們嚴重誤導眾生而又不肯改正惡行之後，方始爲之：逮至彼諸出家大法師皆以聲聞法而解釋大乘般若空已，逮至彼諸出家大師悉皆錯解聲聞菩提已，逮至諸大法師抵制三乘菩提根本如來藏妙法之嚴重破壞佛教惡行出現已，然後始作闡釋聲聞菩提正法之行，然後始作破斥邪說以顯正法之行。猶如弘法十餘年後之今時，方才不得不寫作《阿含正義》一書，證明唯識學部分內容本已隱說於四阿含中的事實。

今時如是，古時亦必如是：要待希望聲聞僧結集大乘法而不可得之後，方有大乘法中諸出家、在家菩薩會合結集之；由是緣故，大乘經之所以後於四阿含諸經而出現於世間者，乃是勢所必然者；然不可因結集出現之時較晚，便言當年 世尊未於宣演阿含之後，繼之以般若、方廣等開示也！何妨 世尊分為三教弘演，弟子四眾於佛滅後始漸次結集之？若不能然於此者，則四阿含諸經亦將可被援引同一邏輯，誣謗為 佛滅後之聲聞僧眾「創造」結集者，則亦可謂四阿含諸經非是 佛所親說者；彼理如是，此理亦當如是故。

大乘法之菩薩僧，向來皆以在家菩薩為多數，出家菩薩極少；十方世界之人間悉皆如是，天界更無出家菩薩而唯有在家菩薩住持大乘佛法。此謂大乘佛教遍於十方世界人間與天界，非獨人間方有大乘佛教勝法流行弘演；然而十方世界之佛教，皆唯在人間時方有出家僧，諸佛所制人間之佛教則皆同以出家僧為住持佛教之代表，在家菩薩多是佐助之身分。然於十方世界之天界及純一清淨之淨土世界佛教中，則皆無出家菩薩僧也！一切色界天眾生都無家庭繫屬，從無所謂出家或在家可言，而欲界第四天雖有佛法弘傳中，卻也沒有出家菩薩，是故唯有人間方有出家菩薩僧，則人間之大乘佛法在 佛入滅後數百年間，仍當以出家菩薩僧作爲大乘佛教之代表，大乘法後弘於聲聞法故，聲勢尚小故。

不論是在大乘法與小乘法中，人間佛教之住持代表，既然都以出家僧爲主要，則一切人間大乘法之在家菩薩眾，當須先行尊重上座部中出家聖僧，故而長時以待，不以自意而結集之。然而久待之後終不可得，終究被聲聞聖僧將大乘經典結集成解脫道的小乘經典，於是方始邀集在家、出家四眾菩薩而結集之；是故大乘經典後出於四阿含諸經者，乃是可以理解者，亦是勢所必然者，亦是上座部聲聞僧不樂於公開證明者，他們絕對不會將大乘經典的結集記入聲聞律中；故大乘法義之事實存在與弘傳，以及大乘經典之結集，其實都與部派佛教之演變無關。部派佛教之演變者，都只是在事相上及未悟凡夫之弘法表相上顯示之，而且都屬於聲聞人的弘法內容，都與大乘法義之實質無關， 世尊本來已傳之法義仍然在大乘眞悟者中繼續弘傳著，只是不被取作考證之資料。

而且根據部派佛教留下的說法資料觀察，部派佛教所弘傳的法義，大部分都已違背 佛之解脫道聖教，現在仍可查稽；所以部派佛教的佛法弘傳演變，其實只是未悟凡夫間的錯誤法義流傳與演變，與經教中的正法無關；經教中的正確佛法仍然不曾改變的繼續弘傳著，雖然一直都是如絲如縷，但卻至今仍然不絕，仍有正覺同修會傳承不斷。吾人不但能舉示此一事實，並且能進一步舉證說明：四阿含諸經中本已有大乘法義隱說於其中，並將在這一套書中舉證出來；故說正法弘傳的史實並不等於部派佛教的弘法歷史，正法弘傳的歷史其實與部派佛教錯悟諸師弘傳之法義前後演變無關。部派佛教法義有許多是未悟般若、未悟解脫道之凡夫所說者，但必定會被當時的眞悟般若、眞悟解脫道者所說正法影響，導致錯悟者前後代的說法必然會有所演變；就如今時一般弘法者所說法義，已經多少被平實所說 世尊正法所改變而多少有所回歸了，當然是會有所演變的，此理殊無二致。然而平實始從出道所弘正理，至今仍然沒有演變，仍然是一貫的如來藏妙義。

五者，聲聞僧中之凡夫本屬多數人，到第二次的七百結集時，已經是絕大多數爲凡夫僧了。聲聞法中的凡夫僧，多數人既不信佛菩提道，不信 佛地之智慧境界不可思議，只信 世尊所說之解脫道而又誤會之；佛世時，他們尚且不肯聽聞 佛所宣說的《法華經》等佛菩提道，何況能結集而流傳之？何況能爲大眾而宣說之？宜其反對大乘法。是故經部師等聲聞法出家僧團，會與大眾部等菩薩僧團在法義弘傳上對立，乃是可以理解者，也是勢所必然者。

然而如是對立的現象，只是表相，看來似有二部對立之意，其實不然：唯是上座部聲聞僧團向大眾部等菩薩僧團對立，大眾部等僧團諸菩薩僧，則不與上座部諸聲聞僧團對立也。何故如是說？謂上座部等雖曾親聞 世尊宣說大乘法義諸經，然而多數人聞之不解，是故將 佛第二、三轉法輪本屬大乘法之經旨，結集成小乘解脫道之阿含諸經中典籍，如同《央掘魔羅經》四卷本以外之另二譯本事例無異：極爲簡略而不涉及大乘妙義。如是結集者，本非忠實於 佛意之結集；而後來大乘經典之結集者，則是忠於 佛意之結集，能受當時及今世後世一切證悟菩薩，乃至證得道種智之初地至等覺地菩薩檢驗之，而當時及其後數百年間之阿羅漢們亦不能斥爲僞經；由此證明大乘經典之眞實無僞，卻是一切大阿羅漢所不能稍加理解者，何況能評論之？

如是，二乘聲聞僧自身之法義未能具足完備，而與大眾部等菩薩僧諍辯者，方是諍論者；大乘諸菩薩僧自身之法義眞實無僞，圓滿具足，又已實際證解二乘菩提，爲欲利樂有情故，出世指正聲聞僧對大乘法義之誤解與偏頗者，則非是諍論者，乃是護持眞正佛教者，亦是護持二乘聲聞僧法義，令不墮入斷滅見中；故菩薩僧之說法，乃是指導他人改正法義錯誤者，乃是顯示佛法之眞正本質者，乃是爲令佛法回復原來具足三乘圓滿之妙義故，當知不是諍論。是故大乘經典之結集，指正聲聞人法義之嚴重不足處，絕非諍論之舉，乃是指正、提攜與護持之舉；然而諸聲聞僧必有許多人不能相信、不肯接受，彼等若出而辯解，則有諍論之現象。

猶如今時印順及諸方大師之否定如來藏或誤會如來藏，悉皆同以意識心作爲修證之標的，迥異於平實；平實見彼等諸人同皆誤導眾生，便先隱其名而諫之，以冀彼等之修正，庶免誤導眾生之罪；如是待之數年，而彼等大法師悉皆不肯改之，並且私下不斷抵制與誹謗，平實冀望不得，然後乃出世救之：**指名道姓而明言彼等之謬，亦救廣被誤導之多數眾生**。平實如是所行，本非諍論之舉，以法義正眞故，眞是護持佛教正法故，亦是救護彼諸誤會佛法之大師故，是則顯非諍論之言。然而印順之隨從者及星雲、昭慧、證嚴……等人，則不能忍之，每以錯誤之見解，縱令隨學者於網站及私下大肆否定平實，以種種不如理作意之見解，以言語在私下強言狡辯；如是不如理作意之言，方是諍論。然平實所說法義正眞無訛，皆非彼等所能置辯；若所說正眞者，即非諍論。

是故，法義正眞者，所作種種破邪顯正之說，皆是不與人諍論之說，只是據實而言罷了！只有法義錯誤而強行辯解者所言，方是與人諍論者。是故諸聲聞僧方是與人諍論者，大乘諸菩薩僧則非是與人諍論者。由是緣故，印順、昭慧、傳道……等人都不應言「大乘諸菩薩僧與諸聲聞僧諍論」，應言「諸聲聞僧對大乘諸菩薩僧諍論」。法義正眞者所說法，都非是諍論之言故；法義錯誤者強行狡辯之言，方是諍論之言故。猶如外道之與 佛諍： 佛雖廣爲破斥外道邪謬，令諸外道不悅，是故招來外道與 佛諍論；然 佛實不與外道諍也，由所說法理正眞故，亦欲藉摧邪顯正以救外道得證解脫故。

六者，解脫道乃是世俗諦，專在世俗法之蘊、處、界上觀行其虛妄，而蘊處界都是現成可觀之世俗法，因其易於修證故，聲聞聖僧必然成爲佛教中之多數；但法界實相之如來藏心反之，非屬蘊處界世俗法，是蘊處界之根源，故是實相法界，極難親證，故證悟之菩薩永遠都是僧團中之少數人；特別是在出家僧團中，證悟之菩薩更是極少數人；是故初始結集經典時，由於大乘實相般若之法義深妙、難解難證，已經證悟之出家與在家菩薩僧乃是極少數，數量遠不及聲聞聖僧，是故第一次結集時難免皆以聲聞人所共信受之二乘解脫道爲主，則大眾皆無諍論，皆無異議，易於結集；是故初次結集的五百結集時，皆唯是小乘解脫道之經義，乃是勢所必然者；菩薩僧亦共同修證二乘法之解脫道故，非不修學故，亦且皆能眞實證解聲聞解脫道中之大乘密意故。

是故，初次結集四阿含諸經時，其中雖有許多經典本是大乘法之教義，然因聲聞人聞　佛說已，不解其中大乘法之眞義，唯能理解其中之解脫道正義，是故由聲聞人初次結集所得之大乘經典，亦必成爲二乘法解脫道之經典，而將其中之大乘法義加以省略不錄，是亦勢所必然者，菩薩們當然不滿意結集成果，自然會當場表示要另外結集。是故，四阿含諸經中，本有許多是大乘法義之經典，大乘法義則因廣被省略而隱晦不明；然而其中卻隱藏極多大乘法義之總相，非是二乘聲聞聖人所能棄捨者。若必捨之，則二乘聲聞聖僧所證之解脫道，即墮斷滅見中，故諸二乘聖人結集時，不能不將　佛所曾說大乘法之部分義理加以攝入，藉此等大乘法之眞實義理，護持二乘聖者所弘傳、所修證之解脫道，護持所結集之四阿含二乘菩提正理，令常見及斷見外道都不能破壞之。平實如是說法，乃是事實，今猶可於四阿含諸經中檢校，將會舉證於這一套書中，都是歷歷可證之事實故。

七者，既然人間之佛教是以出家僧眾爲主，出家僧眾既然是以上座部等出家聖僧爲代表，而上座部等僧眾則多屬聲聞僧，而少菩薩僧；大乘僧眾則都是菩薩僧，而菩薩僧中之在家人，其數遠多於出家人。然而佛教在人間之表相住持者必是出家僧寶，大眾部之出家菩薩僧乃是少數，遠不及聲聞僧之上座部僧，是故當時佛教自當以出家僧極多之上座部爲首，非以出家菩薩僧較寡之大乘菩薩爲代表；是故當時佛教僧團之聲聞僧數必然極眾，出家菩薩僧數必然極寡，這都緣於大乘妙法本即難修難證之故。

在家賢位菩薩及聖位菩薩僧，復遵 佛語：一向自處於護持僧團之外護地位，雖是證量較爲高深之人，然皆依 佛所命，唯居陪襯護持之地位，非是代表人間佛教住持正法之地位者，則上座部聲聞僧結集經典時，此等菩薩必然難以主張結集方向，導致初次結集偏於小乘所修之解脫道法義，聲聞僧不願、亦無力結集大乘菩薩僧所修證之佛菩提道法義，此是可以逆料者；是故第一次結集之四阿含諸經，皆是以上座部之聲聞僧爲主，因此將 世尊在般若期、方廣期所說之部分大乘經結集成《增一阿含、雜阿含》等二乘解脫道之經典，亦是可以逆料者。

逮至大乘法之修學親證者，見聲聞聖僧所結集之內容偏在解脫道而無成佛之道，乃陳述其親從　佛聞之大乘法義妙理，欲求聲聞聖僧加以結集之；然而結集過程中長時溝通終不可得，久候而不能獲得認同之後，方始自行將親從　佛聞之大乘法義，別行結集成經而弘傳之，亦是可以理解之事。是故《央掘魔羅經》雖由　佛說，然而經由不同之部派結集而成者便有三經，其中二部成爲小乘法，經中所說者爲解脫道之極果；由大乘菩薩所結集者，即成大乘法義之經，所說者爲佛教之極果佛果。雖同屬一經，然而聞者根器有異，所集成之經義便致有異。小乘、大乘諸經之結集，莫不如是，增一部及雜阿含部諸經即由此故，在第一次結集完成時，已被結集爲二乘解脫道的經典，仍歸類在四阿含中。是故大乘出家、在家菩薩，要因商議結集　佛說大乘法義諸經而不被大迦葉等人接受，方於隨後另行結集；不得以其是否爲最先結集者而楷定其是否眞爲　佛說，要在法義之正眞與勝妙，是否符契　佛意爲準，要以是否妙符三乘菩提證量之正義爲準，不問結集之先後。

即如一**切世間樂見離車童子**，待諸大阿羅漢皆不樂護持　世尊正法於最後時世，方始向　佛承諾護持最後時世三乘妙法。亦如今時余之造此書，以疏阿含諸經中所蘊藏、所隱說之大乘法義者，其理殊無二致：久候諸方出家、在家大師造如是書而不可得，然後方始造之。絕不可能先行造立以候，平實從來不以阿含解脫道作爲弘法主軸故。然大眾不應因此而謂：「如是義理，他人豈不能造耶？須待爾平實之始造？惟因阿含諸經所說者，本非大乘法，本是二乘菩提之解脫道，並無大乘法之佛菩提法義隱於其中，是故汝平實居士所造是書者，乃是後出之書；後出之書則大有問題！故汝平實居士之造此義，後於諸方大師，爲是妄論。」然而推究書中所陳述之法義，比對三乘諸經義理，平實所說者其實正是 佛之本懷，反而顯示如是事實：先出書之印順、昭慧、星雲、證嚴……等人所說諸法，大有問題！是故，以先出、後出之表相，作爲經典眞僞之證明者，有大過焉！眞實從事於佛法修學之人，當以經中法義眞僞爲主而作辨正，勿以先出、後出之事相而採信之！

亦如印順、昭慧……等未解 佛陀本懷之人，追隨藏密及日本一分否定第七、八識之佛學研究者，妄以己意而造諸書以說阿含義理，妄謂阿含諸經中不曾說第七、八識；如是錯誤之言論，流傳誤導於中國佛教界者，至今已歷百年；後來依之而廣傳的印順、昭慧等人所說，亦是先於平實而出之言、之書，但皆非阿含之正理，先出又有何用？惟平實久候出家大師出而宣示阿含諸經中隱說之正理，然不可得，方乃出而造作種種法義辨正之書，以阿含諸經所隱說之眞義而證實之：「釋迦世尊確曾在四阿含諸經中隱說大乘法義，非不曾說；佛世尊確曾在四阿含中宣說第七、八識心，非未曾說。唯是彼諸上座部……等二乘聲聞聖人與凡夫僧都不能知之，是故未能結集之，是故要待後時大乘菩薩僧別行結集般若諸經，別行結集唯識系一切種智方廣諸經，方令佛教經典如實顯示釋迦世尊本懷，而成爲三乘經典。」雖是後出之書、之法義，又何妨法義之正眞？今時乃至後世，亦將無人可以推翻平實所言如是事實；唯除四阿含諸經已經湮滅不存，故不能舉證之。

然而今時乃至後世無智之人，聞平實如是語已，讀平實如是著作已，仍將不能解義，仍將以如是語而責平實：「古來諸方大師皆不曾言四阿含中有說七、八識，皆不曾言四阿含中曾說大乘法，汝平實居士之《阿含正義》一書乃是後出者，不可爲憑，當以先出之古時諸方聲聞法中大師所造諸論爲主。」如是等人，悉皆不解 佛世尊於四阿含所說之意旨也，唯能以先出後出之事相而分辨之，不能從四阿含諸經中之法義而分辨之，則是無智之人也。

八者，根據長阿含部《佛泥洹經》的明文記載，四阿含諸經是在大迦葉等人的第一次五百結集時，即已具足了；既然第一次結集時就具足四阿含部之經典，而且阿含部有雜藏與律藏，三藏已經都具足了，顯然第二、三次的經典結集，並非結集阿含部的經典，所以不能說第二、三次的經典結集都是四阿含諸經，因此也不能據此而主張說，大乘經典是部派佛教以後的佛弟子長期創造結集出來的。而且，在聲聞僧大迦葉尊者結集完成四阿含時，菩薩們已經當場提出異議說：「**吾等亦欲結集。**」顯然是異議後不久就開始結集的，應該是在第二次七百結集之前就結集完成的，因爲第二次的七百結集，已是 佛陀入滅一百一十年後的事了，而且只是結集二乘出家眾的聲聞戒律而已，不曾作法義的結集。由此證實大乘經典是在提出異議說要另行結集以後不久，就被結集出來了，可以證明大乘經典眞是佛說，不是部派佛教以後才發展出來的，不是由聲聞部的**後人長期體驗創造編集的**；聲聞人是永遠不知道大乘法義的，連般若總相智都不懂，怎能結集出一切種智的唯識經典？只有菩薩才可能結集大乘經典。所以，印順主張**四阿含諸經不是在第一次結集時就全部結集完成的**，他這個說法是公然違背長阿含部經典明文記載事實的妄說。而且解脫道只是聲聞眾的修法，菩薩眾不單以解脫道作爲修行之標的，而是以佛部的行門爲主要標的，由此亦可證明四阿含只是聲聞部、緣覺部所修的解脫道，必然不函蓋佛部的菩薩道，當然在四阿含之後必定會有第二、三轉法輪諸經的結集。

亦有阿含部經文證實聲聞眾只修解脫道而已，不曾實修佛菩提道：【比丘當作是觀：若**聲聞之人**厭患於眼，厭患於色，厭患眼識；若緣眼生苦樂，亦復厭患。亦厭患於耳，厭於聲，厭於耳識；若依耳識生苦樂者，亦復厭患。鼻、舌、身、意、法亦復厭患，若依意生苦樂者亦復厭患；已厭患，便解脫；已解脫，便得解脫之智：生死已盡，梵行已立，所作已辦；更不復受有，如實知之。】（《增壹阿含經》卷十四）這些解脫道法門並不含攝佛部的菩薩道所修法界實相法門，卻是**聲聞之人**唯一必修之法；如是正見，遍在四阿含諸經中處處可尋，而都不細說佛部的菩薩道法界實相般若智慧法門，由此可知解脫道之四大部阿含諸經，即使是聲聞人所曾聽聞的大乘經典，也都被結集成聲聞法解脫道法義，則菩薩另行結集的般若與方廣等大乘經典，當然是 世尊第二、第三轉法輪說法的內涵。若菩薩們所修般若與方廣等經典都不是 世尊在世時親口所說，那麼 世尊說的佛菩提道大乘法義又何在？是否只說於天界而吝說於人間？或是 世尊化緣未滿而先取滅度？難道不懂般若與種智的聲聞聖人及後人，單憑對於佛的永恆懷念就能創造出二乘聖人所不懂的般若與種智經典？印順……等人頗能爲佛教界及佛學學術界說明其理由否？

九者，台灣與大陸地區之出家法師，每有說是言者：「**四阿含諸經，方是眞實不二之佛法；大乘佛法若離四阿含諸經，則不能成就；是故大乘法中諸經之法義，都必須依止四阿含經典，以之作爲根據，方能成立，所以四阿含諸經勝妙於大乘經典。**」然而如是說法者，乃是違於事實與正理之言也！

此謂四阿含諸經所說者，唯是二乘菩提之解脫道，唯是**出離觀**而已，並未說到大乘法的**安隱觀**，只談到大乘安隱觀的名相而已，並未明說、顯說法界萬法體性之實相，亦未曾述說無餘涅槃本際之內涵，亦未曾述說諸阿羅漢修證解脫果成就後，應如何進修方能成就佛地功德之理；亦未曾述說大阿羅漢應進修何種法門及內涵，方能成佛；而大乘安隱觀之名相，佛已在長阿含之中提示過而未曾宣講，所以四阿含只是二乘法義而已，不能函蓋大乘法義之**安隱觀**。要待後時大乘四眾菩薩結集所成方廣唯識諸經中，方始說之。如是結集大乘經典而具足宣說成佛之道以後，方得完成四阿含中 佛所曾言之**安隱觀**，方得圓滿佛道之弘化。 世尊出世，必定要圓成佛道之弘化以後，方有可能在人間示現無餘涅槃；如今現見　世尊已經取滅度，必是已經圓成全部佛法之弘化者，當知第二、三轉法輪諸經方是大乘佛法，四阿含中並未細說大乘佛法故。

然而現見四阿含諸經中所說者，唯是**出離觀**等法，尚未說及大乘法之**安隱觀**而只見到**安隱觀**之名相，則已顯示四阿含諸經中所說者，側重於二乘菩提解脫道，唯能出離三界中之分段生死；未曾言及成佛之**安隱**道，未能令人依之修證而成就佛道，故說四阿含諸經中未說大乘妙法**安隱觀**也！既如是，則大乘**安隱觀**妙理，必須別由大乘般若及方廣唯識經典加以廣說，則必定會有第二、三轉法輪之經典宣演；由是正理，故說大乘法中之般若經典眞是佛說，第二轉法輪諸經中已曾說及法界實相般若之總相智與別相智故，第三轉法輪方廣唯識經中亦已宣說成佛所依憑之一切種智故，而大乘法的般若中道與一切種智名相，都已在四阿含中提到過。由是正理，說大乘法方廣唯識系經典眞是佛說，經中已曾說及法界實相般若之**一切種智**故；亦唯有一切種智之進修與證驗具足，方能令人成就究竟佛道故，已顯示成佛後之**安隱**境界故。如是正理，今者四阿含諸經俱在，猶可檢校而證實之，非是平實空口徒言所能片語遮天也！

四阿含諸經所說解脫道**出離觀**正理，若離大乘法義之支持，則將被常見外道所破壞；若離大乘諸經所言之第八識如來藏妙理，若離大乘經所述**如來藏眞實存在**、**眞實可證**之事實，則二乘四阿含解脫道之無餘涅槃證境，必將墮於斷滅見中，成爲斷見外道法。如是之說乃是事實，平實已舉證於《眞實如來藏》一書中；於《楞伽經詳解》十輯中，亦已多所舉證。是故，初期佛教應包括二轉、三轉法輪之大乘經在內，同是佛說故；而「根本經典」四阿含諸經，其實是依靠大乘如來藏妙法方得建立、方能成就，絕不能離於大乘經典所說之眞義。

事實上，二乘菩提解脫道，乃是以大乘經典如來藏妙義爲其所依靠，方能免於常見外道之破壞與抵制，方能免於斷見外道之合流。由是緣故，說「四阿含諸經，實以大乘諸經**安隱觀**妙理爲依靠、爲根本，方能存在與弘傳。否則，二乘解脫道妙理將被斷見外道混淆，或被常見外道所破，二乘解脫道**出離觀**所言之出離三界生死之涅槃法義，亦將不得成立。」是故，彼諸崇尚南傳佛法之法師及印順等人所言「大乘法依四阿含諸經方得成立」者，乃是妄說、顚倒之說，非是如理作意之說也！

今者平實將四阿含諸經中隱說之大乘唯識法義，於此書中明顯解釋而披露之，則可證知四阿含諸經所說者，其實有部分經典本是宣說大乘法義之經，唯是上座部等二乘聖人所不能理解，是故無力結集、亦不願結集，是故於結集時，便將其中二乘法義部分結集成經，對於自己所不知、不解、不證故不能憶持之大乘法義，便略而不載；唯將其中不能不舉，以免二乘解脫道墮於斷見之極小部分大乘法義名相，略作舉述，以支持二乘解脫道法義，藉此而令二乘聖人所證無餘涅槃，不墮於斷滅見之窘境中。是故上座部中佔了多數的聲聞種性者，絕對不可能結集所曾親聞之大乘法義成爲大乘經典；對於其後不久由菩薩們結集成的大乘經典，也不可能加以承認，更不會記載其結集人物與時地；如是心行，乃是一切證悟菩薩都能理解者。

由上所述正義，可徵大乘經典確爲 佛說，非是後人之杜撰者；若言是後人杜撰，則有大過：一**者**，現見大乘諸經遠勝於四阿含諸經故，若言大乘諸經爲後人所撰者，則已顯示後人智慧更勝於 佛，則有大過。二**者**，四阿含諸經未曾宣說成佛之道，唯在大乘方廣唯識諸經中方始具足說之；若言大乘經非 佛所說，則 佛應於後三、五百年重新示現於人間，進而宣說大乘經法之後，方可取滅度。三**者**，四阿含諸經中固已隱含大乘法義，然皆未曾解說，唯有名相，非如二乘菩提解脫道必有詳細之解說；四阿含中唯有細說世俗諦之**出離觀**，並末略說或細說勝義諦之**安隱觀**故。然而四阿含中 世尊早已宣說佛法有二觀：兼有**出離觀**與**安隱觀**。**安隱觀**則唯於大乘經中方說，四阿含經中唯說其名相，未曾說其內涵，唯有宣說**出離觀**之詳細內涵。如是則已顯示一項事實：四阿含諸經中未曾具足宣說佛法，尚有極大部分佛法，要待後時大乘諸經中方始宣說。

是故佛子四眾不應以先出、後出，來判斷諸經之眞僞，當以先出、後出諸經所說法義有無相悖？當以先結集、後結集之三乘諸經何者爲最究竟？何者爲最了義？何者爲具足圓滿？作爲判斷之原則。更何況印順……等國內外的所有佛學、佛教研究者，都無絲毫證據可以證明大乘經典是在佛滅後數百年，才由聲聞法的部派佛教後人創造編集的。而且，部派佛教屬於聲聞法，他們都不曾證得本識如來藏，如何能創造及編集勝妙的大乘經典？若聲聞法的部派佛教後人，不知不證本識而有此能力，印順在今天資訊更多的有利情況下，更應有此能力，卻都讀不懂，遑論創造？故其所說都是痴人說夢。

如今平實所見前後三轉法輪諸經所說者，唯是三乘菩提之差別，唯是淺深廣狹之差別，絕無前後矛盾之處；然而大乘諸經遠遠勝妙於四阿含諸經；亦須具足前後三轉法輪經典，方能具足圓滿成佛之道，方能圓滿具足一切佛法。由是緣故，平實造此《阿含正義》，以四阿含經典佛語，示三乘菩提眞正義理；並舉《長阿含經》 世尊所說應有**三轉法輪**之金言聖教，以示 世尊**三會說法**之正眞，以示三轉法輪諸經同是 佛口親說者；如是證明大乘諸經本是 世尊金口所說，非是後人之長期創造而結集者。但是續藏收錄之經，以及西藏密教中絕大多數經典及所有續典，都非 世尊金口所說，都與 世尊三轉法輪諸經中之聖教多所牴觸故，並且都與解脫道及佛菩提道背道而馳故。

所以者何？顯見大乘般若及唯識種智諸經所說者，非四阿含諸經所可企及故；亦顯見續藏諸經所說遠不及第三轉法輪諸經故，亦多屬於僞訛之經故，亦多墮於事相及意識心中故；至於密續則屬密宗祖師所創造的僞經、僞論，不值一顧。亦見後世眞悟三乘菩提之弟子聖眾，多已親證解脫果之極果，乃至多人已成爲三明六通之大阿羅漢，而皆未曾有人敢自言已成佛道故。復次，後世弘傳大乘經典法義之菩薩，所說諸法勝妙於四阿含所說，彼諸聲聞法中諸大阿羅漢聞之悉皆茫然而不能解義，然而此諸菩薩卻皆謙稱智慧遠不及 佛；若言後出之大乘方廣諸經係後時之菩薩眾所創造者，則應彼諸菩薩智慧皆勝於 佛，然終無一眞悟之菩薩曾自稱成佛，並皆同樣歸命於 佛，並皆謙稱距 佛猶遙。

由是緣故，說大乘經典非是後世菩薩所創造者，唯是待彼上座部聲聞僧結集不成，方自行結集而弘傳之故。所以唯識增上慧學的本源，其實是第三轉法輪的方廣唯識經典，四阿含諸經縱曾說過唯識學上之名相，終究只是偶說名相而不加以略說、細說，是故唯識增上慧學之本源不是四阿含及阿含部之雜藏經典。

由是緣故，修證南傳佛法之小乘解脫道行者，不論在家或出家，皆莫與人間之大乘四眾菩薩僧諍論，大乘四眾菩薩僧所說者皆無諍論之意故，所說皆正眞故；是故修證南傳佛法解脫道者，應當如實探求大乘般若法義之眞意，莫再以解脫道而解釋成佛之道，更勿猶如印順一般以錯會之解脫道來解釋及取代成佛之道，解脫道唯是二乘法義故，唯能令人出離三界分段生死苦故，不能成就究竟佛道故，不能成就佛菩提之證量故；依之修證而不修大乘諸經所宣佛菩提道者，必將永與成佛法道絕緣故。

復次，凡我佛門法師與居士，萬勿身任惡知識之職；惡知識者，不斷我見而有憍慢心故，不離見取見而堅執己見，以鬥諍之心，非議及誹謗眞善知識正教妙法，死墮惡道；身爲弘法之師而竟如是身任惡知識之職，何利於己？又何利於人？有阿含部經中　佛語聖教爲證：【世尊告曰：「猶如，婆羅門！月末之

月，晝夜周旋但有其損，未有其盈；彼以減損，或復有時而月不現，無有見者。此亦如是，婆羅門！若惡知識經歷晝夜，漸無有信，無有戒，無有聞，無有施，無有智慧；彼以無有信、戒、聞、施、智慧，是時彼惡知識身壞命終，入地獄中。是故婆羅門！我今說是惡知識者，猶如月末之月。」】（《增一阿含經》卷第八）

云何名爲惡知識？謂自身未斷我見，而又不肯依從已斷我見之善知識正法，仍繼續反對之者，皆名惡知識也！皆因我見及見取見未斷，出生憍慢結使故也！譬如增一阿含所言：【阿那律曰：「**吾者是神識也，我者是形體之具也；於中起識，生吾、我者，是名爲憍慢結也。**」】（《增一阿含經》卷第七）意謂我見未斷之弘法者，難免**吾**、**我之執**而生憍慢結使，故意起心造作謗法、謗人惡業；有智之人弘法時當念此聖僧開示而顧念自慮，庶免未來無量世之後報難以承受而又不得不受。

復次，欲令佛門四眾對於 世尊弘揚佛教之過程，能有較爲全面之概念，故本書於第一章中探討唯識學本源之後，隨即在第二章選輯《長阿含經》全文，舉證 世尊自說**阿含是初轉法輪**之聖教，證實大乘般若及方廣唯識經都是第二、第三轉法輪時 佛口親說者；次則舉示識蘊眞實內容之觀行要義，期使讀者眞斷我見與三縛結；三於書中舉示十因緣與十二因緣間之關聯，以助讀者實證因緣觀；四於第十一章選輯《遊行經》所載 佛陀入滅史實於後，然後以第十二章雜說，辨正藏密應成派中觀師印順、昭慧、星雲、證嚴……等人對四阿含之扭曲，顯示四阿含解脫道之原貌，盼對佛門四眾皆有助益；五於書中特別舉說及詳解三果之取證實質，令讀者詳讀以後可以確實印證自己是否已證三果及四果，可以避免大妄語業，或以之自我印證三果、四果的取證；末則繼之以第十三章，特別略論印順《唯識學探源》書中錯誤之鉅大者，期能消弭印順不實考證之流毒，庶能救護南傳佛法學人迴入正理中，得以一世取證解脫果；亦欲令大乘及二乘法義同皆普爲宣流，欲令廣大學人與諸大法師，悉皆了知如是正理，悉皆回歸眞正成佛之道。以如是多種緣故，利用今日起之片片段段空閑時刻，陸續寫作《阿含正義》，期以前後五年而竟其功，用以廣利今時後世行人。即以如是開筆因緣，造如是序，以明此書緣起。

佛子 **平實** 謹序

公元二〇〇二年霜降日 於喧囂居

第一章　緒論——唯識學探源

修學佛法的人，如果想要獲得清淨的知見，不想被邪惡錯誤的不淨知見所害，必須先有清淨的聖慧眼。如何能使聖慧眼清淨呢？《中阿含經》卷三十八　佛曾如此指示：【「鬚閑提！有四種法，未淨聖慧眼而得清淨。云何爲四？親近善知識，恭敬承事，聞善法、善思惟，趣向法、次法。鬚閑提！汝當如是學：親近善知識，恭敬承事，聞善法、善思惟，趣向法、次法。鬚閑提！當學如是。鬚閑提！汝親近善知識，恭敬承事已，便聞善法；聞善法已，便善思惟；善思惟已，便趣向法、次法。趣向法、次法已，便知此苦如眞，知此苦習、知此苦滅、知此苦滅道如眞。」】語譯如下：

佛說：【「鬚閑提！有四種法，能使尚未清淨**聖慧眼**的修行人得到聖慧眼的清淨。如何是這四法呢？就是一、常常親近善知識；二、恭敬善知識，善知識若有所需，應當承接其事而完成之；三、要聽聞善知識教導的善妙法義，聽聞之後還要善加思惟，要如理作意的思惟；四、聽聞及思惟以後要依善知識的教導而趣向正法，並且對於正法修行上應該注意配合的次要諸法，也應該同樣加以實行。鬚閑提！你應當如是修學：親近善知識，恭敬承事，聞善法、善思惟，趣向法、次法。鬚閑提！你應當學習的就是這些法。鬚閑提！你若能親近善知識，恭敬承事善知識以後，便可聽聞到善妙的法義、遠離相似正法及不善妙的法義；這樣聽聞善妙法義以後，便懂得善於加以思惟；懂得善思惟以後，便會趣向眞正的佛法，也會樂於將修習善妙法時應當同時配合的種種次要法義加以實行。當你趣向正法及次要的種種配合法義以後，便會如實的知道這五蘊的苦，如實的知道這五蘊諸苦是如何獲得的，也會知道五蘊苦消滅的境界相，也會如實的知道五蘊苦消滅的方法，這就是聖慧眼清淨了。」】

聖慧眼是說修學聖智所應有的慧眼。不能眞正的分別法義的正邪所在，就是聖慧眼不清淨，就是凡夫。聖慧眼清淨的意思，是說有能力分辨法義的正邪；若想要有此能力，首先要做的事情就是親近眞正的善知識，遠離假名善知識；所以親近眞正的善知識是一切修學佛法者最重要的首要之務，因爲他會教導你正確的知見與正確的修行方法，沒有點滴錯誤之處。以此緣故，當您閱讀此書時，應當恭敬此書，不使沾染污穢及妄置不潔之處，這也是承事善知識；因爲此書將引導您親證初果乃至四果，是眞正的善知識，也是您的隨身善知識。

又如《雜阿含經》卷三十云：【「世尊！有四種入流分，何等爲四？謂親近善男子、聽正法、內正思惟、法次法向。」】這意思與上一段經文的意思相同。

三如《增壹阿含經》卷四十云：【「夫善知識之人，即是全梵行之人；與共從事，將視好道。我亦由善知識，成無上正眞、等正覺；以成道果，度脫衆生不可稱計，皆悉免生老病死。」】語譯如下：【「所謂善知識，就是具足梵行的人；與他共事、隨從他做事，他會帶持你、看著你一直走在正道之中。我釋迦牟尼在過去世也是由於親近善知識的緣故，今天成就無上正確的眞實法，成爲正等正覺；我以親近善知識的緣故而成就道果，今天度脫的衆生不可計算與說明，都免除了生老病死。」】

四如《增壹阿含經》卷十七說：【爾時世尊告諸比丘：「有此四法，多饒益人。云何爲四？第一法者當親近善知識，第二者當聞法，第三者當知法，第四者當法法相明。是謂比丘：有此四法多饒益人。是故諸比丘！當求方便成此四法。如是，諸比丘！當作是學。」】

世尊一再的交待：應該親近善知識，多聽聞善知識說法，聽聞之後應當理解善知識所說的法義，並且將善知識教導的有關正法修行應該注意的次要諸法，也加以確實執行；然後要把善知識所說的法義前後貫通，對一一法都能明白其相關之處，這樣就可以實證解脫果乃至佛菩提果。但是，在親近善知識之前，誰才是眞正的善知識？誰又是假名善知識？這是一般初學佛者乃至多數老修行人都難以分辨的，因爲假名善知識普遍存在，數目永遠多於眞正的善知識；一切未悟的大法師、大居士，若是未悟謂悟、未證言證，都是假名善知識，都會誤導眾人輕犯大妄語業。所以，在此書初始之時，特別呼籲學佛人二件事情：**第一**、請先將您以前熏習的知見暫時放下，但也不對此書所說心存成見，以中立的心態耐心的閱讀，並且確實的理解此書所說以後，再依經教來作比對與評判。**第二**、爲了使佛法的眞實義旨容易被讀者理解，並且爲了使讀者對相似佛法與眞實佛法的差別建立鑑識能力，所以有時會舉示應成派中觀師（譬如當代應成派中觀師的代表者印順法師）所說相似佛法爲例，加以對照而辨正之。這兩個作法，將會幫助讀者迅速建立擇法眼，使聖慧眼得以清淨，以後自知如何修行以及證果。但讀者若是一開始就心存排斥，一味執著以前對印順法師的崇拜心理，就會成爲崇拜名師而排拒眞善知識了，就成爲**依人而不依法**的人了！那麼此書中的眞理辨正，將無法對您有所利益了！

本書在第一章中，純以印順法師《唯識學探源》一書之序文作為主軸，以他對於第三轉法輪諸方廣經典所說唯識學之誤會，作為辨正之內容，辨正眞實唯識與虛妄唯識二門之法義，令唯識學回歸方廣經典原有的法義，藉此辨正，能使您不再墜入斷滅空的恐懼中，因此使您可以確實斷除我見。以此辨正亦可消弭二千年來許多學人對方廣唯識諸經的誤解，令方廣諸經的**三界唯心、萬法唯識**眞義明確顯示出來，令近代佛學學術研究者對於唯識學之眞心派、妄心派的錯誤定位，從此得以釐清，歸於方廣唯識經典中之 佛說正義，從此不復淆訛擾人。但是為何要取印順法師《唯識學探源》的〈自序〉作為主軸？乃因印順其人在三十歲時，主動繼承藏密黃教宗喀巴之應成派中觀邪見以後，隨即如同宗喀巴一樣，對方廣唯識與般若中觀二法產生嚴重偏差的認知，所說一切法義皆隨之偏斜，嚴重誤導了當代的諸方大師與學人；而其見解之所以嚴重偏差，則是肇因於繼承藏密黃教應成派中觀否定第七、八識的邪見所致。

次者，因其五十年來嚴重誤導海峽兩岸諸大法師與廣大學人，也嚴重誤導了台灣佛學學術界的緣故，所以不得不就其謬誤，依經據理而辨正之，遂有此書之寫作與出版、流通，欲救諸方大師、學人及佛學學術界同皆回歸**三界唯心**、

萬法唯識正理，欲挽佛門最勝妙方廣唯識一切種智法教之傾頹。既以破斥宗喀巴、印順之藏密應成派中觀邪見為主，又欲專對其誤會唯識學之邪見而說，即應以其所造《唯識學探源》一書為主軸而次第辨正之。然而唯識學乃是增上慧學，亦是最後成佛之唯一憑藉；若非一切種智，諸地菩薩皆不可能圓滿十地修證，諸佛更不可能成就佛道，所以一切種智唯識增上慧學，決非只是印順所說唯有六識心法膚淺的**虛妄唯識**法義，反而是最究竟的一切種智妙法，也是成佛之道中絕對不能免除的最重要智慧，因為般若及涅槃解脫，都是考慮學人根器的參差不同，才由一切種智中方便分析出來而為不同根器者各別宣說的，是故涅槃解脫與般若都是一切種智中的無量妙法所攝，當然不得違背經中 佛說之一切種智妙義而演說，以此緣故，一切佛法當然都應該回歸唯識種智妙義。

復次，般若中觀的妙義，只是從一切種智中分析而出的總相智與別相智，只是三賢位菩薩應該修證的妙法，並不是最究竟的法義；諸地的修證及最後的成佛，也都不是依靠般若中觀，而是仰賴一切種智；般若中觀只是一切種智中的基礎修證而已，般若中觀的觀行完成時才能獲得一切種智的初分，才能進入初地來進修一切種智。一切種智則是宣說第八識如來藏所含藏的一切種子，若離第八識如來藏中所含藏一切種子的親證，則無法成就諸地果證及成佛；而般若中觀所含攝的法義，則只是三賢位菩薩所修證及現觀的內涵，純以如來藏心體自身的永離二邊、常處中道的法界事實，作爲親證及觀行的內涵，不曾及於如來藏所含藏的一切種子內涵；而般若諸經中也不曾說明成佛之道的次第與全部內涵，所以第三轉法輪方廣唯識系列一切種智的修學及分證，才是諸地菩薩的修學內涵。所以如來藏心體的親證及如來藏自身的常住及常處中道境界的般若智慧，只是三賢位菩薩的親證及現觀內涵，只是般若的總相智及別相智，未及一切種智的內涵。由此可知：如來藏的親證以及悟後起觀如來藏的中道性，正是大乘三賢位菩薩的修證內涵，只是般若的總相智與別相智，而不能及於方廣所攝的一切種智。

如來藏所含藏一切種子的內容，正是大乘諸地菩薩的修證內涵。由如是正理，即可了知如來藏法才是大乘佛法的實質內涵；若離如來藏及其一切種子的修證，即無大乘般若可言，亦無大乘諸地佛法的親證可言。由此可知第二轉法輪的般若諸經，正是三賢位菩薩的修學內涵，所修習的都是般若的總相智、別相智；而第三轉法輪的方廣唯識諸經所說的種智，正是諸地乃至等覺菩薩的修證內涵。所以唯識學不應如同印順派學者一般只侷限在虛妄唯識門中，而應遵照方廣唯識諸經所說的兼含眞實唯識與虛妄唯識二門，才是具足圓滿的佛法。若單取其中的虛妄唯識門，單修前六識的虛妄性，卻忽視及遺棄眞實唯識門的如來藏妙理，棄捨最究竟了義的第八識法，就成爲支離破碎、殘缺不全的**局部唯識學**了，如此一來，對唯識增上慧學的認知及修學，將會產生嚴重的偏差，最後就成爲宗喀巴及印順的思想與實質：**一生弘法的結果都是在破壞最勝妙的方等諸經佛法，都是在破壞二乘涅槃的眞實義**。以此緣故，佛所說**三界唯心**、**萬法唯識**的正理，就被宗喀巴及印順派的應成派中觀邪見破壞殆盡了！佛菩提道及解脫道的正理，就此淹沒不彰，學人親證佛菩提法與解脫法的因緣也就從此永滅了，所以必須針對阿含佛法與唯識正義互相的關係加以著墨，才會選定印順的《唯識學探源》一書作爲這套書籍法義宣演的起首。

三者，只有親證如來藏的人，才能眞的懂得般若中觀的意涵，否則都將只是理解式的般若中觀知見，只是相似般若的智慧，都不是親證般若的人。但是已經親證如來藏而懂得般若中觀意涵的菩薩們，卻仍不能眞的懂得一切種智；所以親證般若中觀的菩薩們，讀誦第三轉法輪的方廣唯識經典時，都會覺得很吃力，有許多地方都是讀不懂的。然而親證一切種智或分證一切種智的諸佛與諸地菩薩們，卻都能懂得般若中觀的意涵，也都能隨其證量，或滿分、或多分懂得第三轉法輪方廣唯識系經典，三賢位的菩薩們卻很難讀懂，除非有大善知識指導。所以方廣唯識增上慧學，是上於般若中觀總相智與別相智的深妙智慧法門，正是成佛所賴的一切種智內涵。這是修學大乘佛法的菩薩們應先建立的正確知見。

末因印順遵循佛學學術界少數人士的偏差看法，主張第二、三轉法輪諸經皆非 釋尊親口所說，於他的《妙雲集》……等書中，處處以暗示性的語氣及方式極力貶抑排斥大乘經典，是故此書不以第二、三轉法輪之大乘經典作爲引證聖教之依據，純依印順所認同之四阿含諸經 佛說，兼引大阿羅漢所說者爲準繩而辨正之，以杜印順假藉**大乘經典非佛說**之言，否定此書中之論理；並藉著引證阿含部經典的教義，來證明 釋尊早已在四阿含諸經中**隱說**唯識學了。亦藉此而證明：唯識學不是後代的菩薩們創造結集出來的，而是 佛陀本來就在四阿含中曾經隱說過的法義；證明四阿含中隱說的唯識學密意，皆非印順依學術研究、文獻學研究而得到的凡夫世俗智慧所能知曉，以此證明印順所主張凡夫研究佛法者亦能明解經中佛意的理論絕對虛謬，由此證明印順提倡「凡夫位的**人菩薩行**確實能眞行菩薩道」的說法完全虛妄，他的人間佛教立論也就失去正當基礎了。由是緣故，今以印順《唯識學探源》一書之意涵爲主軸而寫作此套解脫道的書籍。今於第一章中，以其序文謬說爲主，略論唯識學之眞義，令諸方大師與廣大學人一讀之下即得理解唯識學之眞正定位，令佛門四眾一讀之下即得眞知唯識學之本質是雙具**眞實唯識**與虛妄唯識的，不是印順取捨之後單取的虛妄唯識一門。知此，則以後修學佛法時：**斯有定見、學有次第、證有所憑、道有所益**，並且能在解脫道的修證上有所助益，若能如理作意而觀行者，取證初果其實不難。從此以後，對於浩瀚無涯的佛法大海，將不再茫然而無所依憑，亦能自知修道內容與方向，則今世一切修爲悉皆功不唐捐也！以下謹依印順法師之自序全文，說此緒論。印順之《唯識學探源》〈自序〉全文如下：

【妙欽與光宗法師，願意負責印行本書，為本書服務；因此取出多年的舊稿，從頭校讀一遍，拿去校印流通。此時而能有此事，自然也有一番法喜！

這是民國二十六年（編案：1937年）秋天的事了。我在武昌，讀到了日人結城令聞氏的《關於心意識的唯識思想史》（原題已忘）；作者的努力，使我欽佩。

然因為見地不同，當時就想另寫一部唯識思想史。不過，病多、事大，總是拖延又拖延，一直沒有落筆。二十八年冬天，我在縉雲山。月耀法師鼓勵我，願與我合作，代為筆記；這才向法尊法師商量稿紙，開始我的工作。誰知道寫不到四分之一，他為了環境所迫，不能不暫時去照料油鹽柴米；我也鼓起從來未有的勇氣，到貴陽去，寫作暫時停頓。一切是無常的！特別是亂離之世；動亂是世間的實相，這算得什麼！夏天，我自己繼續寫下去，把唯識學的先驅思想寫完。把原稿寄呈太虛大師，虛公以為唯識思想史已有人譯出，預備出版，不必再寫下去。此文可以自成段落，稱為《唯識學探源》。當時，我受求真意志的指導，開始轉移思想到佛教的另一角，所以就此結束。我沒有貫徹初衷，有願未了，總不免抱歉似的。好在關於大乘唯識的思想，我在《印度之佛教》（第十四、十五章）、《攝大乘論講記》等，已陸續有過簡略的提示了。

我想寫唯識思想史，倒不是為了與人諍辨，反而是覺得唯識學者的爭辨，噪聒得討厭了（我自己從前就是一個）！針對唯識學界的諍論，預備作一番清理工作，讓大家了解自己，了解對方，一笑而罷。在印度大乘佛教的開展中，**唯心論**有**真心派**與**妄心派**二大流。傳到中國來，即有地論師、攝論師、唯識師三派。此兩大流，真心派從印度東方（南）的大眾分別說系發展而來；妄心派從印度西方（北）的說一切有系中出來。在長期的離合發展中，彼此關涉得很深；然兩大體系的不同，到底存在。大體的說：**妄心派**重於論典，如**無著**、**世親**等的著作：重思辨，重分析，重事相，重認識論；以虛妄心為染淨的所依，清淨法是附屬的。**真心派**重於經典，都編集為經典的體裁：**重直覺**，重綜合，重理性，重本體論；以真常心為染淨的所依，雜染是外鑠的。經典總是時代的先進者；西方的論師們，承受它思想的啓發，給予嚴密的思辨化，又多少要**修正它**。這種東西印度的風格不同，不僅是第三期的唯心佛教，就是前二期的佛教，也有此種情形。甚至在婆羅門教中，也還是有此東西兩大陣容的。這種區域文化的特色，本平常明白。但傳統的唯識學者不大理會這些，他們的意見是：我所學所弘揚的論典，或者經典，是究竟的；唯心非如此不可，這才是佛說。這樣，諍論當然不免。本來，承受某一思想，對於另一思想，即不能無所取捨；**真理愈辨愈明，辨論不一定是壞的**。所以，真心論可以批評妄心論，妄心論可以反對真心論。不過，作為反對與批評的標準何在？這不外**理證**與**教證**。理證，各有思想體系，加上自宗規定了的了義不了義，如離開事實的證明，那種筆墨與口頭官司，千百年來還沒有斷案。現在再覆述一遍，也不過多一番熱鬧而已。說到教證，真心論已融化於唯心的大乘經中；妄心者承認大乘經是佛說，即沒有資格去動搖真心論。**妄心論的根本論，是未來佛彌勒說**，加上嚴密的思辨，真心者也無力摧毀他。以我的理解，**真心論的盧舍那佛說，迦旃延佛說；妄心論的彌勒佛說，都不過繼承根本佛教的思想，在不同的時代區域中，經古人長期的體驗思辨而編集的成果**。承認此兩大思想的**分流**（自然是互相影響的），同等的地位；從時代的前後去整理它。經與論間，經與經，論與論的中間，看出它的**演變分化**；從演變分化中把握它的共同性，這才是公平而又不籠統的辦法。研究它的思想來源，考察它的思想方法，何以說真？何以要說妄？為什麼要說唯心？是否非唯心不可？從高一層的根本佛教去觀察，自然能給予正確的評價。這樣，我不能不感到結城令聞的大作，美中不足，不夠了解唯識的思想了。

本書是預擬唯識思想史的上編；把序說刪去，讓它自成段落。作者的意見或者有點不易明瞭，即如最後的〈無境論探源〉，也不免簡陋。「無境」，即唯識家的「空」義。真心與妄心說空不同；而且空義的闡發，從根本聖典到前二期佛教，多方面的關涉，比細心說與種子說，要複雜得多。預備另作專題去考察它，所以這裡只略為一提。

附記：本書為民國三十三年在四川初版流通，後由上海大法輪書局再版。今以重行排印，略為修正。民國五十九年（編案：一九七〇年）一月**印順**記。】

印順法師的《唯識學探源》，於一九四四年在四川省初版流通，後有上海大法輪書局再版，最後由印順自己作了補記之後，於一九七〇年在台灣重新出版。他在書中寫出了許多不同於 釋尊的**創見**，但這些創見對佛法並沒有絲毫的增上，卻只是將本來完整而緊密關聯、不許分割的佛法內涵（譬如眞心、妄心，眞實唯識、虛妄唯識），加以分門別類的分割，成爲許多互不關聯的體系，使得本來完整而聯貫、而不可分割的佛菩提道與解脫道內容，變成支離破碎了。這在他的《唯識學探源》一書中，處處顯示了他分割完整佛法爲不同、而且不相干的佛法的事實，平實將在書中先就四阿含的內容來顯示四阿含**隱說**唯識學的證據，然後在最後篇幅中，針對印順《唯識學探源》書中最大的謬誤，加以舉證及辨正；至於次要及其餘的小錯誤是不勝枚舉的，限於篇幅，就只好置而不論了。今且先就其序文中的邪說謬論較爲嚴重的部分，先作整體而概略性的辨正；然後再進入第二章中，次第舉證四阿含隱說唯識學的證據，並且辨正印順爲何確實誤會佛法的原因與道理，使唯識學回歸到大乘方廣經典中原本純一、完整、勝妙的面貌。

印順說：【針對唯識學界的諍論，預備作一番清理工作，讓大家了解自己，了解對方，一笑而罷。】然而印順的著作，其實不是對唯識學作正確評論，只是他自己植基於藏密黃教應成派中觀的邪見，與宗喀巴一樣的對唯識學作了錯誤而偏頗的評論；所以他對唯識學的評論與討論，終究只能掀起更大的風波，不能使諸方都如他的期盼一般「讓大家了解自己，了解對方，一笑而罷」。平心而論，即使是等覺菩薩 彌勒再度示現於人間，以唯識學頂級專家和等覺菩薩的證量，在今時重新再把唯識學加以正確的說明，仍然一樣無法讓印順、昭慧、般若趣多、安慧、寂天、阿底峽、智軍、月稱、……等人信受的，何況印順的粗淺邪見，豈能「讓大家了解自己，了解對方，一笑而罷」？觀之於等覺菩薩 彌勒，尚不能使諸二乘法中的凡夫法師信受，古時的經部師安慧與般若趣多凡夫師徒二人，尚且謗之爲外道，尚且謗其《瑜伽師地論》是外道論，印順又如何能以其未斷我見、未悟般若的淺見，「讓大家了解自己，了解對方，一笑而罷」？

印順序文中又說：【在印度大乘佛教的開展中，唯心論有眞心派與妄心派二大流。】又說：【**妄心派**重於論典，如**無著、世親**等的著作：重思辨，重分析，重事相，重認識論；**以虛妄心爲染淨的所依**，清淨法是附屬的。**眞心派**重於經典，都編集爲經典的體裁：**重直覺**，重綜合，**重理性**，重本體論；，**以眞常心爲染淨的所依**，雜染是外鑠的。】但是，印順這個說法，只是他個人新創的一家之**見**，只是他個人誤會 佛說經典與菩薩論著以後的錯誤想法，與各經、各論法義互不衝突的事實，不僅有很大的出入，而且是與事實完全相反的；因爲 無著與世親菩薩都不是妄心派，而是眞心與妄心並行的八識心王全面佛法，是以眞心第八識爲染淨法的所依；而他所謂的眞心派，卻往往是誤將妄心作爲一切法的所依，因此而重視直覺，但直覺卻是妄心六識的心所法。

但在辨正經典與論典完全相符的事實眞相之前，先得瞭解印順對大乘經典所抱持的心態，才能瞭解他爲何會反對第二、三轉法輪所說的如來藏妙義。他說：「**眞心**派重於經典，都**編集**爲經典的體裁。」由印順序文中的這句話，就可看出他認爲第**三轉法輪唯識諸經都不是佛說**的立場，由此就可以看出，他只崇信四阿含諸經中的部分佛法而不肯全面接受四阿含的私心了；所以他打從心裡就不認爲第二、三轉法輪的經典是 釋迦佛說的，所以他在許多著作中，凡是說到佛法二字時，都是單指四阿含中部分經典的法義，不包含第二、三轉法輪的佛法。他對四阿含諸經中的法義，若有違背他的藏密應成派思想者，就不信受，所以他對四阿含也不是全面接受的；他只承認四阿含中所說的二乘解脫道中的部分法義是眞正的佛法，凡是提到大乘法中的般若中觀及一切種智佛法時，則特別以**大乘佛法**四字來表示，而不肯一體同稱爲佛法。

他對西藏密宗則是以**秘密佛法**來表示，所以他所謂的佛法是單指阿含的解脫道，不包括大乘的般若中觀及方廣種智，意謂第二及第三轉法輪的大乘經典都不是 佛親口說的，都是後人長期創造結集而成的經典。但是他的說法常常是閃爍其詞，常常不一致，譬如他在《原始佛教聖典之集成》書中如此說：【佛法並不限於佛說，是佛教早期所公認的。從佛的自證心境，表現出來，化導人類。**在家出家的佛弟子**，依佛的教導而修證，**證入佛陀自證的境地**。本著自己的理解與體驗，或表示自己的悟解，或為了化導而表達出來，都就是佛法。(p.8～p.9)】這時他所說的佛法，卻不是單指四阿含所說的佛法了，而是廣義的包含大乘經典中所說的佛法，當然也包括了他自己所說的法義了；因為他認為：只要依佛的教導而修行，當生就可以證入佛陀的境界而成佛陀，就可寫經典，那當然是佛經（他的傳記會命名為《看見佛陀在人間》，原因在此，他自認為已經證得全部佛法而成佛了）。所以，讀他的書，必須先認清他所說的**佛法**意思是什麼？他這二字有時是說四阿含所說的法義，有時是指全體大、小乘經典所說的佛法，有時是說佛弟子依經典修證而在一世中「成佛」以後所說、所寫的經典；有時則是指四阿含結集完成以前 佛的口說法義，另外稱為**根本佛法**（他認為四阿含中所說的法義不見得就是 佛所說的眞實義）；有時則是包含他所誤說的，以及一切正確宣揚出來的任何人所說的佛教法義。

他有時雖然認同第二轉法輪的般若諸經，那只是因為他誤會了般若諸經，誤以為般若經講的法義和他誤解的一樣，都是在說四阿含中的諸法**緣起性空**，而不知道般若諸經是以第八識非心心、無心相心的如來藏心體為中心來說諸法皆空；因為誤會般若經所說的法是和他一樣單取緣起性空而不講萬法根源的實相心如來藏──四阿含中所說的本識──所以他才會認同般若諸經。假使他知道般若諸經是以如來藏本識為中心而說萬法緣起性空的話，他是不會認同般若諸經的。他雖然誤會般若諸經而加以認同了，但仍然認爲般若諸經不是 佛親口所說，僅只是法義和 佛在阿含期所說的緣起性空一樣罷了，所以才會說：「在我看來，大乘經有演繹整理的痕跡；說它全是後人的假託，卻未免有些過火。」所以他有時又改認爲：第二轉法輪的大乘經典般若經，是部分由後人整理補充的，但仍有局部是 佛所說的；至於第三轉法輪的方廣唯識經，則全都是後人長期創造結集而成的，都不是 佛所說，這與宗喀巴的想法是完全一致的。他心中雖然只認定四阿含是 佛說，但是卻又不肯認定全部的四阿含諸經都是 佛說，而是有所選擇的：只承認四阿含中文句似乎符合應成派中觀思想的部分經典。對於佔了絕對多數的，能證明應成派中觀思想錯誤的四阿含中許多經典，則一律抱持存疑及否定的態度，所以他極度排斥阿含部專講如來藏本識的《央掘魔羅經》…等本識經典，私心中是很想把這些本識經典排除在四阿含以外的。

印順的學說，其立論點都是從**人間地球**弘法者的**表相**，而且是專對部派佛教時期錯悟者及未悟者的弘法內容來作研究的，誤將聲聞人的弘法事相當作大乘菩薩的弘法事相來考證，並將大乘法中眞悟者所說加以扭曲，再以此爲基礎而寫書宣揚他所認知的佛教，不但從事相上把沒有時空限制的十方世界及天界佛教，侷限在人間的地球一隅，在法義上也都不依四阿含諸經中的法義實質來探討，只從四阿含諸經的文字表義來探討，所以就在佛教的事相及法義上，說出與事實眞相完全顚倒的說法了。譬如他判定爲妄心論的 無著、世親二人，固然是重思辨、重分析、重事相、重認識論的（註），但卻同時又兼含了眞心論如來藏的，也兼含了親證如來藏的眞參實修義理的，並且是以眞心論爲主要的中心思想，來說明六識心與意根的虛妄性，絕對不是印順所說的只重思辨與分析而偏在妄心論的；而且是將妄心論含攝在眞心論中，是以眞心論爲主體來說妄心內容的。（註：既重現前認識，當然必須實證以後才能認識）

因爲， 無著與世親的論著中，講了許多的七識妄心內容，所以必須重視七識心在三界法中運作的事相而加以思辨，並且認爲必須一一親證七轉識的功能與自性，才能確實了知七識心的虛妄性與染著性，所以極重視對於七識心的確實認識，這樣的主張，是修學一切種智過程中所必須的。這個被印順判爲妄心論者的 無著與世親一派，雖然講了許多七識的自性與功能，而且詳細的舉證及說明七識心的虛妄性，但實際上卻是以如來藏眞心爲依止而宣說七轉識妄心的，堅決主張七識妄心都從眞心如來藏中出生的，所以一向認定眞心如來藏實有，絕對是以眞心如來藏作爲中心法義的，所以正是眞心論者，但印順卻把眞心論的 無著與世親判爲妄心論者，正與事實顚倒。無著與世親兄弟二人所寫的一切論，都不是以妄心爲主軸而造的論；所以印順的判定是與事實完全顚倒的，根本就不符合眞相。

無著與 世親的論中會講到許多七識妄心的內容，是因爲七識妄心體性與內容的理解與現觀（註），嚴重的影響到成佛之道的進程，直接影響到眞心如來藏中七識心染淨種子的變化。也就是說：因爲對於眞心的不明，會影響到成佛之道的茫無所知；又因爲對於妄心七識心的明或不明，會影響到實修的內容而改易如來藏中七轉識種子的染、淨，所以必須眞心與妄心都具足的親證與現觀，才能眞實證解般若、才能實證一切種智，才能眞實看見眞正的成佛之道，所以必須兼述眞心與妄心。所以在 無著與世親的論中，都是以眞心含攝妄心來說的，所以印順依自意誤會而顚倒說 無著與世親二人是妄心論者，是與事實正好相反的。（註：現觀是指進入實際狀況中加以認識，不是單憑思惟上的理解。）

由於對妄心體性的眞實理解與現觀，直接影響到佛道的進程與實修的內容，所以眞心論者的唯識學派 無著與世親兄弟，必須對妄心七識的認識與現觀有所說明；然而妄心七識的現行與運作，都是三界中法，當然都是在事相上顯現的，所以看重事相上的修心，這也是必然的；但卻不是印順所知道的粗淺事相，因爲第七識意根的事相上運作，都不是印順所能知道的，那是很微細的運作，也是無始劫就一直存在而且運行不斷的心，唯識經中說祂的體性是「恆、審、思量」的體性，在理證上也一樣能夠加以證實。但是印順無法觀察到祂的存在，所以乾脆否定祂，也不想求證祂的所在，當然就無法現觀祂的運作；所以他對第七識意根的認識，都是從想像中得來的，也都是從宗喀巴等應成派中觀師的錯誤說法中去認知的；因爲想像得來的只是印象，不切實際，當他爲人宣說時一定無法相信自己所說；又因爲接受了應成派中觀的**意識細分說、意識種子說**，認爲意根只是意識不現行位的意識種子，根本上只是意識心而已，所以乾脆就否定第七識意根，而說意根只是意識的種子。這個說法當然會有很大的過失，平實已在《識蘊眞義》結緣書中詳實的加以敘述了，這裡就不再重複。

由此可知：印順認定爲妄心派的 無著與世親菩薩，其實才是眞正的眞心論者，與眞心論的佛經相同，因爲他們都把妄心七識歸納在眞心如來藏本識法中。

說完他對妄心論者的判定錯誤，回頭來檢查他對眞心論的判斷。眞心論的經典中所說義理，都不是他所說的「**重直覺，重綜合，重理性，重本體論**」的，而是眞心與妄心七識同時同處並行運作而生萬法的：印順認爲常住不壞的眞心就是眾生都有的**直覺**（印順也曾在書中主張：中國禪宗祖師所悟的眞心就是直覺，所以他認爲禪宗屬於眞心派，而眞心就是直覺，這就是他自以爲有證量之處），然而禪宗眞悟祖師所悟的心是第八識如來藏，不是他說的**直覺**。**直覺**只是禪宗裡古今錯悟祖師誤會一場的「悟」，不是古今眞悟祖師們所悟的眞心。**直覺**仍是妄心所攝，不是眞心，因爲直覺只是識陰六識的心所法罷了！他將錯悟者所墮的**直覺**定義爲禪宗證悟者明心時所悟的眞心，這眞是誤會到很嚴重了！

直覺只是意識與意根配合下顯現出來的五遍行及全分或少分的五別境心所法而已：**直覺**其實只是意根以其五遍行心所法加上極少分的慧心所，再加上意識心的五遍行、五別境心所，綜合運作下而產生的作用，所以**直覺**只是六、七識妄心的心所法作用，根本就不是眞心。而且直覺都是在六塵中運作的，眞心本識卻是離六塵中的見聞覺知，所以直覺根本就不是眞心。印順所謂眞心派的禪宗眞悟祖師，絕對不會認定**直覺**爲眞實心；但是他認爲「**直覺**就是眞心派的方廣唯識經典所說的**眞心**」，與事實相去極遠，應該說是天南與地北的認知，所以這只是印順個人對**眞心**妄加猜測臆想所得到的認知，所以印順的徒眾們認爲**印順對佛法確有實修**的認知，其實是錯誤的想法，都只是被他誤導之後的錯誤認知；而印順所認知的佛法也都只是意識思惟猜測所得的錯誤結論，這就是他專門研究佛法經論，又從古時錯誤弘法者所留下的文獻，加以考證後作爲結論，不肯從事禪宗的眞參實究而造成的荒謬結果。平實一向都將**直覺**判在妄心中，從來不曾判在眞心中；但是印順卻**將妄心的心所法判爲眞心**，而說**眞心派的經典所說的眞心就是直覺**，非唯去道遠矣！也與歷代眞悟祖師所悟的眞心相去極遠！所以他判定爲眞心論的直覺，反而應該是妄心才對，但他卻判爲眞心論者，正好與事實相反。

印順所謂的**眞心派的方廣唯識經典重綜合、重理性、重本體論**，這也只是印順個人對方廣諸經所說的三**界唯心**、**萬法唯識**正理，產生了嚴重的誤會以後而作的教判，與經中法義的正理有著極大的差距，而且是正好相反的判斷。他判定爲**眞心論**的方廣諸經，其實是與他判爲**妄心論**的 **無著**、**世親**二人的論典完全一樣，都是以**眞心如來藏爲主體**而**含攝妄心七轉識**的。所以，他判爲眞心派的唯識經典所說眞心如來藏絕不是他所認知的**直覺**，也與他判爲**妄心論**的無著等菩薩論典所說唯識妙理，本質並無絲毫差異；但印順卻故意將完全契符的經與論，分判爲南轅北轍的**眞心派**與**妄心派**二類，想要使人不信方廣唯識經典，所以太虛大師說他把完整的佛法割裂爲支離破碎，正是符合事實的說法。

誠如印順所說：【眞理愈辨愈明，辨（辯）論不一定是壞的。】因此，印順書中所說的道理是否正確，也應該是可以被評論的；不但如此，印順也應該針對平實加諸於他的許多法義辨正，一一給予文字上的回應，不該逃避他被推舉爲導師「將導佛教學人入正道、破斥邪法以護眾生」的職責，這個職責其實也是他始從年輕時就一直作到老的事情；但是自從平實辨正他的思想種種錯誤以來，從來都不能忍受別人絲毫評論的印順，以及從來不許他人評論印順的昭慧，卻一直都不作文字上的公開回應，不肯對眞理加以互有往來的互相辨正，都只是由昭慧說一些與法義無關的飾詞。依報紙的報導，印順一直都是耳聰目明的，在接近百歲的高齡時，也還能對潘煊的書稿給予修改及錯別字的訂正；但是卻對平實加諸於他的法義辨正諸書，一直都不作回應。這卻是違背他自己所說「眞理愈辨愈明」的原則（編者 2006 年案：平實導師這些文字是在 2002 年時寫的，但印順於 2005 年六月四日，在可能是被故意麻醉而不能示現死亡前情境的不省人事昏迷狀況下死亡了，如今已不可能期待他有所回應了。）

印順的序文中又說：【所以，**眞心論**可以批評**妄心論**，妄心論可以反對眞心論。】但是，**眞心論**與**妄心論**，其實只是未悟凡夫與佛學學術研究者，對唯識學妄自加以區分的，從方廣系列的佛經與印順所謂妄心論的 無著菩薩……等人的論典實質眞義以觀，並無**眞心論**與**妄心論**可以區別，因爲都同樣是妄心與眞心並行運作的唯識正義，都同樣是以眞心如來藏來含攝妄心七轉識的。所以印順擅將佛經妄定爲眞心論，不顧經中更加廣說妄心七轉識的內容；又擅自將 無著菩薩論典中同樣宣說眞心本識、也同樣宣說妄心七轉識的事實，故意妄判爲妄心論者。他對**經與論的法義實質內容完全相同**的事實故意視而不見，將眞、妄心和合而出生一切法的經典妄判爲眞心論，將同一法義實質的論典妄判爲妄心論，這樣一來，就將本來完整具足的眞心妄心和合運作的**萬法唯識**義理—將萬法都由八識心王和合出生的不可分割的義理—強行加以割裂而成爲互不關聯的眞心論與妄心論兩個佛法體系，使得**本來是**一的佛法分割成兩個互不關聯而成爲破碎的幾個系統，結果則是造成近代七十年來中國佛教學人學佛時不知所從的茫然；或是盲從他的研究結果，走入紛亂不堪的意識思惟所得的種種言不及義戲論中；這也使他在平實出世弘法後的今天，陷入無法再如以前一樣意氣風發、隨意辨正諸方法義的窘境中，只能抑鬱自處、無所能爲了。

此外，古天竺的弘法祖師，並不是所有人都已證悟如來藏的；那些凡夫們偏又不甘寂寞，個個想要出頭當論師、受人崇拜，就以凡夫身分將自己誤會了眞心與妄心的見解，用來評論或反對菩薩們的正確法義，所以就有了如今〈大正藏〉中的安慧、清辨……等凡夫的錯誤論著流傳與存留。這就如同印順法師專以佛學研究所得的錯誤思想，作爲他的立論基礎，用來評論及判定歷代眞悟菩薩所造的論；以意識思惟所得的錯誤思想，用來扭曲眞悟菩薩所造的論；譬如世親菩薩在《攝大乘論》中舉出種種理由，證明確實有如來藏阿賴耶識心體的眞義，印順卻將世親的論意加以**曲解**爲：**世親在論中以種種理由證明沒有第八阿賴耶識心體存在，阿賴耶識心體只是一個方便說法**。

但這只是他曲解經、論的無量事實中的一件而已，他又以古時凡夫身的弘法者所說的扭曲道理而遺留下來的文獻，取作法義演變的證據，完全忽略了極爲重要的事實：**在實質上，眞心如來藏與妄心七轉識，本來就同屬一個完整的阿賴耶識**（異熟識、無垢識）**勝法；佛法正義的這個實質，始從 世尊初轉法輪的四**

阿含期的弘法，以及二、三轉法輪乃至入滅……的所有過程中；經由部派佛教的眞悟者所弘揚，乃至今時末法的正覺同修會中，這個正確法義實質一直都未曾被眞悟者改變過。只是 世尊入滅後，有許多凡夫錯會了如來藏正義，專依意識研究思惟所得的錯誤內容，也依 世尊入滅後的未悟者（譬如安慧、清辨、般若趜多、寂天、阿底峽、宗喀巴）與眞悟者（無著、世親、玄奘）弘法時不同的表相，作出了錯誤的評論。古時的錯悟者譬如佛護、清辨等人所造的論著，本來就不是正法，只是誤會後的表相佛法；他們造了論著流傳以後，再由智軍、月稱、安惠、般若趜多、寂天、阿底峽、宗喀巴、歷代達賴……等一類人，努力弘傳開來，終於流傳到西藏，再由後來的印順、昭慧在中國漢傳佛教地區弘傳起來。

如今印順將古今凡夫們誤會佛法的弘法文獻取作研究的資材，用來判斷及寫書，而主張說佛法有所演變，都是只著眼於古今未悟凡夫們的弘法事相而作的研究，從來不曾正確的研究過眞悟祖師的論著；當他下手研究眞悟祖師的論著時，卻又嚴重的曲解而加以誤判。印順既然只有能力從凡夫們的弘法事相上，而無力從凡夫與眞悟菩薩所說法義的本質上來判斷教理，或者有時從法義來判斷時卻又是以他誤會後的法義來作判斷，所以就依錯誤的考證，作出了錯誤的判斷結論，這結論就是他所說的唯識學的演變與發展過程了。但他所判定的唯識學弘傳演變與過程，既然已經把眞悟菩薩與凡夫弘法師的法義實質誤會了，在誤會的基礎上所作的研判，當然就會誤判，所以他的《唯識學探源》當然會違背**古今眞悟者所弘揚的唯識法義從無改變**的事實，所以他的判斷是全然錯誤的。但他這種過失的根源，都是肇因於他未曾悟得如來藏的所在，一味迷信藏密應成派中觀的邪見，所以就無法眞實研判眞悟者與未悟者間的法義實質不同的所在，也無法眞實理解**經典與眞悟菩薩所造論典中的法義本來同一法乳**的眞義，卻又不肯自甘寂寞而一直想要出頭弘法而寫書，才會有今天嚴重誤導佛教界的後果出現。

但是，我們若不理會**古今凡夫們對唯識學與如來藏義理嚴重誤會**的事實，摒棄**古時誤會唯識學的凡夫們在不同時代不斷改變其弘法內容**的事相，只是純粹從唯識學諸經、諸論的**眞實法義**來觀察與比對，卻一定會發覺到一件事實：**佛在經中所說的眞心與妄心，與眞悟菩薩們在論中所說的眞心與妄心，從來都是主張「眞妄心和合運作」的**。從來沒有單取眞心的眞心派，或單取妄心的妄心派的兩派不同；也從來沒有印順所說的眞心派的諸經說有本體識第八識，而

妄心派的 無著與世親菩薩論中說只有妄心而沒有眞心如來藏，也沒有印順所說的**眞心派**經典與妄心派的 無著菩薩論典互相攻訐的事；自古以來，都是只有未悟凡夫不知**眞妄二心並行**的道理，憑著**只有妄心並無眞心**的錯誤理論，對唯識諸經所說的眞心如來藏加以攻訐，再將菩薩們的**眞心妄心並行**的論典妄判爲只說妄心、不說眞心；如是加以扭曲而援引爲證據，然後否定唯識經典所說的眞心如來藏，就妄行指稱唯識諸經的如來藏說法不是 佛陀親口所說的，謗爲後代的佛弟子們長期創造結集的經典。

假使有菩薩出世宣說**眞心妄心並行**的正理，這些自稱爲已悟菩薩的凡夫們，就會加以攻訐（譬如安慧示人以菩薩及大乘之名，其實只是二乘法中未斷我見的經部師中的論師，極力攻訐 彌勒菩薩及如來藏妙法）；因此引來 玄奘菩薩……等人以**眞心妄心並行**的理證與教證，加以回應，寫出《成唯識論》來；這種回應，不能說是攻訐，只能說是**回應**。只有法義錯了的二乘凡夫論師，不肯改正而繼續與人爭執不休、死不認錯，才可以說是**與人相諍、攻訐**。正因爲古時常有身披菩薩法衣的二乘凡夫僧不斷向眞悟菩薩諍論的事相，所以才會有印順所說的**眞心論批評妄心論、妄心論批評眞心論**的古時凡夫僧的弘法事相存在。這正是印順根據凡夫們的文獻而作文獻學研究，以及專作佛學學術研究時，必然無法避免的盲點；他們一定會以錯誤的文獻取材，來依文獻學而作錯誤的研究，專在未悟者的錯誤法義弘法表相上而作判斷。由於他不能根據古時經典中的眞義，也不能理解眞悟菩薩的論典中法義，所以無法確實從經、論中的眞實法義加以判斷，造成他把 佛與菩薩們全無牴觸的法義錯判爲殊異的事情。從如今仍可考據的所謂**眞心派**經典及**妄心派**論典中，我們發覺法義完全相同，不該分爲眞心派與妄心派，而且也是始終都一直沒有演變的；原來都只是印順誤會經與論中的法義，所以說有演變、有二派。這件現成的事例，很值得一切喜歡作佛學研究及崇尚文獻學的法師與居士們特別加以注意。

印順序文中又說：【不過，作爲反對與批評的標準何在？這不外理證與教證。】他又說：【如離開事實的證明，那種筆墨與口頭官司，千百年來還沒有斷案。現在再覆述一遍，也不過多一番熱鬧而已。】確實如此，印順寫出了他的《唯識學探源》以後，招來太虛法師數次指責他**把佛法割裂成支離破碎了**；後來他的書籍在台灣出版了以後，也招來慈航法師的不悅與辨正，當時確實曾熱鬧了一些時間。但因慈航法師尚未親證如來藏，也沒有道種智，所以在燒了印順的一些書籍，並且略作抗辯之後，只撂下了一句重話：「**以後自然會有人來收拾他。**」後來就沒有下文了。如今平實見印順誤導眾生、破壞正法實在太嚴重了，不得不應命成就慈航法師的讖記，扛起這件事來。

但是話說回頭，印順主張應從**教證**與**理證**上面來辨正，這是極爲正確的看法；可是他卻都不是從**教證**與**理證**上面來說，而只是從歷代凡夫弘法者所說錯誤法義表相上的演變來說，都不是從三乘經典中的法義前後不變來說，也都不從經典與論典中前後法義不變的事實上來說；如此一來，他所說的**教證**，其實就都不屬於**教證**了；他所引證的**教證**，都只是古今未悟弘法者的表相證據，也都只是他**誤會經典與論典**而說的表相證據，所以都不屬於眞正的**教證**。

至於**理證**，印順也不曾提出他在**理證**上面的說法來，唯一可能是他所謂的**理證**證據，則只是上面舉例所說的**直覺就是眞心**的說法。但是**直覺**其實不是眞心，只是妄心七識的心所法罷了！所以他所說的**理證**，都只是佛學研究所得的戲論，終究與**理證**無關；所以他的《唯識學探源》出版時，也只是在當時的佛教界多了一番諍論性的熱鬧而已，終究未能把唯識學作了定案性的拍板。

因爲他所說的理證，其實都與理上的親證無關；而他的教證，都是以扭曲經論之後的自意而說的，並不是經與論中的眞義，所以他的教證也就不是眞正的教證了。譬如他所謂妄心論的 無著與世親菩薩的論著，說是與所謂眞心論的佛經不同，他是在暗示說：「**經與論互相矛盾，菩薩們寫的論與佛在經中說的法互相違背。**」然而事實不然， 無著菩薩們的論，其實是更加詳實的說明了 佛在經中所說的義理：將佛門中的凡夫們對佛經的誤解，將外道們對佛經的誤解，加以更詳實的說明，證實經中所說的眞心第八識是確實而可親證的，是眞實無虛的，是完全沒有違背經典的，都同樣是以眞心如來藏來含攝妄心七轉識的。但因印順的思想是西藏密宗黃教的應成派中觀邪見，他將 無著等菩薩所造的論先行加以曲解，然後再指控菩薩的論是妄心論，最後再指控說：**菩薩們的「妄心論」否定了 佛的「眞心經」**。因此就使得他所說的**以經爲主的眞心派與以論爲主的妄心派互相諍論**的歪理可以成立；但其實這都是他曲解了佛的經，又曲解了 無著等菩薩的論以後而說的荒誕論點，都不可信。

推究他會這樣曲解菩薩論以後，再對菩薩的論著加以指控的原因，其實只是爲了想要使他的西藏密宗應成派中觀邪見，可以得到歷史事實的印證；但是歷史事實卻和他所說的完全相反，從他所指稱的**妄心派**的 彌勒、 無著與世親菩薩等人所造的論中法義來看，菩薩們的論中所說法義，都和世尊的佛經所說一樣，都同樣以**眞心妄心並行**、**眞心出生妄心**、**由眞心與妄心配合而輾轉出生一切法**而立論，來爲眾生宣說佛法。佛與彌勒、無著、世親等人的說法，前後符契、都無牴觸，根本就沒有他所說的佛經是真心派、菩薩的論典是妄心派的事情，所以他把唯識學派依經與論的不同而分爲**眞心派**與**妄心派**的說法，也就沒有意義了，因爲不符經論中都同樣說**眞心與妄心並行**而並無不同的事實。關於這一點，平實將會在諸書中漸次的舉證與說明，以後若有本會的學員、親教師或平實親自註解《攝大乘論》時，也會證實**印順是怎樣的強行曲解菩薩的論意**。這是在教證上應先加以說明的一點，以免佛門四眾被印順對佛經與菩薩論典的扭曲解釋所誤導。

由許多仍可考證的經、論中法義事實來看，他所說的這些話就完全沒有意義了：【說到**教證**，**眞心論**已融化於唯心的大乘經中；**妄心者**承認大乘經是佛說，即沒有資格去動搖**眞心論**。**妄心論**的根本論，是未來佛彌勒說，加上嚴密的思辨，**眞心者**也無力摧毀他。】爲何說他的這種說法無意義？因爲不論是聖彌勒，或是聖無著、聖玄奘……等菩薩們，他們所說的法、所造論典，都是與世尊的唯識經典中一樣的說：**眞心如來藏是三界一切法的根源，三界唯心**。也與經典一樣的主張：**眞心如來藏出生了妄心七轉識及一切法，萬法唯識**。也都說：眞心是與妄心及一切法並行不礙的。平實如此主張，都是可以經由現存佛經與菩薩論典的詳細比對而加以證實的。這是從教證上面來辨正印順說法立論的嚴重過失與事實，所以印順這一段話是與史實完全相左的。

印順又如是說：【以我的理解，眞心論的盧舍那佛說，迦旃延佛說；妄心論的彌勒佛說，都不過繼承根本佛教的思想，在不同的時代區域中，經古人**長期的體驗思辨而編集的成果**。】這裡，他所說的**根本佛教**的思想，是指 佛陀親口所說的法義，不是四阿含諸經中的法義；他說的原始佛教的思想，則是指四阿含所說的法義；但他認爲四阿含諸經所說的法，不一定符合 佛所說的法義，所以別立**根本佛法**與**原始佛法**二說。他在這段話中，很明顯的全盤否定了方廣唯識學的經典，他已明白表示佛經中的 盧舍那佛、 迦旃延佛都是後人創造的，所以這二佛所說方廣系的如來藏眞心論的經典，他都認爲不是佛說的。他也將 盧舍那佛所說與 迦旃延佛所說，以及聖 彌勒菩薩的論典都加以否定，認爲這些佛說的經典與聖 彌勒的根本論，都不是眞正由二佛與 彌勒親口所說，而是不懂般若與種智的聲聞解脫法流傳數百年後的傳人，在不同的區域中，經過很多世代的長期的體驗思辨而編集的成果，這很明顯的同時否定了《瑜伽師地論》的**眞心妄心並**行的唯識正論。

但是他這個說法，是違背佛教**教證**史實的說法。因爲 盧舍那佛說的法，迦旃延佛說的法，以及當來下生 彌勒尊佛說的法，都同樣是**眞心與妄心並行運作**的正理，都沒有互相不同之處；但印順卻秉承藏密應成派中觀的傳承，運用佛學研究方法，從不符史實的錯誤文獻中做出凡夫思惟，將古今未悟凡夫們弘法時所說的錯誤法義表相，站在密宗應成派中觀的邪見基礎上，把**同是眞妄心並行而生萬法**的諸佛與 彌勒菩薩所說正理，強行加以扭曲妄判之後，再割裂分判爲不同的眞心派與妄心派兩種思想，這是完全違背經、論中仍有文字明載**法義相同**的史實，所以他把 彌勒、無著、世親…等菩薩在論中所說的法義定位爲**妄心論**，而把 世尊在經中所說的法義定位爲**眞心論**，根本就是印順根據密宗應成派中觀邪見爲主軸，**心有成見**而作的判斷，也都不符合仍可考證的經典、論典中文字明載的法義事實。

這可以從他在書中把《攝大乘論》……等菩薩論加以顚倒、扭曲解釋的事實，證明平實的說法完全正確；有何根據而作是說？謂印順註解《攝大乘論》時，論中明明說阿賴耶識心體是不生不滅的，但是他卻加以扭曲而解說成爲生滅性的妄心；印順又把《攝大乘論》舉證種種理由來證明阿賴耶識心體確實存在的正理，曲解成論中說阿賴耶識並不存在的完全相反的意思；由此類明顯的具體事證，就可以知道他的居心所在：**目的只是要把應成派中觀的邪見加以發揚，想要滅除大乘佛法中親證如來藏阿賴耶識心體的眞常唯心究竟佛旨**。

這也是在教證與理證上應該加以辨正的，印順的書籍都仍然存在，也大量製成光碟而發行流通，都仍是可以舉證辨正的。但是經與論中法義完全相同而被印順橫行曲解的事實，可以留給本會學員或親教師們在佛學學術論文中來辨正之。本書中將會依止四阿含諸經現存的證據，一一的加以辨正，原則上並不引據大乘經典的說法作證據；因爲印順……等人認爲**大乘經典不是佛說**，若引證大乘經典來作辨正，他們將會說：「那是 佛滅後由佛弟子們長期創造結集成的，**不是佛說，不可引作根據**。」就會成爲各說各話而無法拍板的懸案了！所以只引四阿含諸經作爲教證來辨正唯識學的起源。

至於印順所說的**根本佛教**，指的是 **佛親口所說**的法義，這是今人都無法聽聞到的，只能憑著四阿含諸經作爲依據；但他又不肯全面認同四阿含諸經所說正理，只承認四阿含中的局部法義，卻又喜歡處處引證四阿含的法義思想來作證明。但他舉證四阿含的經句時，卻又處處嚴重的誤會四阿含諸經中的眞實義。他別立的**根本佛法**思想其實與他別立的**原始佛法**四阿含的思想相同，但在般若期與方等期的二、三轉法輪的法義，其實也該算是**根本佛教**的**根本佛法**或**原始佛法**，因爲都同樣是佛說，同樣是最早期的佛說，只因聲聞人大迦葉等人聽不懂，結集成雜阿含、增一阿含中的聲聞法。菩薩們在第一次結集完成聽聞聲聞人誦出時，極不滿意，必然當場提出異議；溝通修正而不成功，就必須隨後另行結集；所以大乘經典當然也是　佛陀在世所說的經典，當然也是根本佛法，只有印順等人認爲是後世部派佛教弘傳下來的聲聞人另外編造而非佛說。

般若經中的法義都與四阿含諸經中的隱說相同，但是深入而廣泛，正是同樣的處處隱說或明說眞心與妄心並行；而且在二乘法的四阿含諸經中，特重滅除妄心而入無餘涅槃的正理，也特別宣示滅盡十八界而入無餘涅槃以後，仍然實有本際眞心繼續存在不滅；所以四阿含諸經與印順所說的道理完全相反，仍是說**實有眞心本際存在**，入涅槃前仍是眞心與妄心七識並行的，所以滅盡十八界以後的無餘涅槃境界，不是斷滅境界，所以就不需要印順另行發明建立新的佛法：**滅盡十八界以後的滅相不滅，滅相就是眞如，所以無餘涅槃不是斷滅。**

因爲在四阿含諸經中，　佛已明說無餘涅槃中實有本際、實際、如來藏常住，不是斷滅境界，當然不需要印順另行發明建立**滅相眞如**這個想像法、虛相法。因爲：**滅相眞如**終究仍是斷滅境界，他所謂的**滅相不滅**的說法，也只是在他的覺知心意識中想像而有的虛妄法而已；意識已經夠虛妄了，他卻在虛妄的意識心中再建立一個滅相不滅的虛妄想，當然這個滅相不滅的思想正是虛妄法，在意識斷滅後就一定會成爲斷滅法的。而且，滅相是依印順的虛妄性的蘊處界而存在的一種思想，若滅了他的蘊處界以後，就沒有這個**滅相眞如**存在了，所以絕對不是一切法界中的眞相。所以，他的滅相眞如既然只是存在於虛妄的蘊處界意識心中的虛妄想，這個想法根本**不眞**，又於三界萬法中處處**不如**，怎能說是**眞如**？這眞可說是印順**性空唯名**戲論的標準表現。

大乘經典中處處說有眞心如來藏常住不滅，但因印順趨向妄心論、認爲應該將妄心滅除而成就解脫果，所以他心中比較傾向他曲解後的「妄心派」論典，不太認同他所認爲的「眞心論」佛經，因此就處處暗示：**大乘經典非佛說。**如來藏心只是方便說，不是眞實存在的心體。所以他認爲：大乘經典是後來一部分主張眞心論的菩薩們結集而成的，本非佛說。也正因爲如此的邪見作祟，所以他就曲解菩薩們的論典而妄判菩薩們爲妄心論者，因此就有理由認爲：後代菩薩們「長期創造結集而成的大乘經典」所說的眞心論，遠不如後來的 彌勒、無著、世親……等人在論中所說的妄心論。所以就有了他所認爲的佛法法義流傳的演變。

也因爲這個緣故，所以他認爲：如來藏眞心的思想富有外道神我色彩。但是如來藏眞心是出生第六意識心的第八識阿賴耶識心體，與外道神我的第六意識心體完全不同，體性也完全相反，決不可能富有外道神我的第六意識色彩，反而是與外道神我的色彩大相逕庭的；這卻是他所不知道，或是他已知道而故意扭曲的。因爲經中與論中的開示，都顯示一件事實：**如來藏的自性與外道神我的意識自性，正好完全相反**。由這些事實，由他的成見，由他不作眞參實修而專作佛學學術研究，由他迷信古時凡夫弘法者留下來的錯誤文獻資料，由一分日本學術研究者的錯誤文獻學治學方法，產生了他這種根本法義上的嚴重錯誤，產生了嚴重誤解四阿含與根本佛法的邪見，所以印順作了這樣的宣告：大乘經典的結集，只是部派佛教聲聞法後人多代長期的體驗思辨而編集的成果。

但這只是他的一己之見，不是中國傳統佛教的看法，這也是一神教信徒們所作的佛學學術研究下的錯誤見解；印順只是迷信密宗的應成派中觀邪見，在先入爲主且根深柢固的藏密邪見影響下，愚痴不察而墮入研究佛學的外道們預設的立場中，所以迷信文獻學、迷信學術研究而加以全盤信受，導致他寫出《妙雲集》等四十一本謬論書籍來，所以才會有中國傳統佛教六十年前被他嚴重的衝擊而不安，也導致五十、六十年代的台灣佛教界極度紛擾不安，以及七十年代以來廣被他的錯誤思想誤導而走向**無因論**的嚴重現象。

講完教證，再從**理證**上面來說：印順、昭慧……等人的大問題，都是因爲不肯依照中國傳統佛教的修行方法來實修，只肯專作意識層面的思惟與研究；正因爲他們特別喜好文獻學與學術研究等法，所以就落入意識思惟所得的境界中，再以古時凡夫法師們弘揚佛法的錯誤法義等弘法表相的文獻來作判斷，所以就產生了他們今天被平實提出經、論中眞實法義辨正以後，完全無法回應的窘境來。然而文獻學對於佛法的修證，眞的有用嗎？這不是絕對正確的！因爲文獻學的運用，要依所取文獻的正確與否及是否理解來觀察，若是從古時弘法者的事件表相上面加以理解，或只從古時凡夫弘法者的錯誤法義上加以瞭解，或只依古時凡夫淺見留下的文獻來理解古今眞悟菩薩們所說的法義，或如印順以聲聞弘法者的法義來理解大乘佛法，或如印順完全沒有能力從弘法者是否誤解大、小乘經典來弘揚佛法的事實上加以理解，作出的判斷就會完全錯誤。所以佛教文獻學的運用，仍然要依憑正確的文獻及實修智慧來作研究；若依凡夫的淺世俗智慧來作研究，若依印順誤會的聲聞法來研究大乘法義，將無可避免的會產生了嚴重誤解**古今三乘佛法眞義從來不變**的事實，也會產生了誤解經典與論典眞義的現象。

因爲，文獻學是必須從古今實證佛法及誤會佛法的弘法者表相上面來作全面理解的；而凡夫們遺留下來的文獻，絕對不可能讓人實證眞悟者所悟的智慧境界，也不可能讓研究者實際而正確的理解經論中的眞實義；而且凡夫對眞悟菩薩們所說的法義，也無法實際理解而難免產生誤會。當他們站在這些誤會法義眞理的基礎上加以判斷時，將無法從最早的經典與後來菩薩論典中的眞實義中，實際理解古今大、小乘經論中的法義是否眞的有異。所以，依凡夫知見而從文獻學去理解佛法，是一條錯誤的不歸路，只能永遠的走向錯誤的結論中，永遠回不了頭。只有回歸到大、小乘經典中，實地證解大、小乘經典與菩薩論典中的眞實義，才能確實掌握到前期佛說經典與後期菩薩論著的法義是否有所差異？才不會被錯誤文獻中未悟古人弘法表相紀錄的錯誤事相所扭曲。這樣子實證而出世弘揚佛法，才可能完全符契經典與眞悟菩薩所造論典的眞義，也才是能夠眞實利益佛門四眾的弘法者。但平實這種說法正是教徒觀點，卻也是絕對正確的觀點；可是眞修實證的教徒觀點，卻一直都是印順、昭慧……等人所反對的，他們一向相信凡夫的學術觀點而遠離眞修實證的教徒觀點，這也正是**人間佛教**的弘法師們最大的盲點，也是他們追隨者的悲哀。而那些信徒們更大的悲哀，則是落入表相的權威崇拜中，都不知道自己最大的悲哀是什麼。

大乘經中與論中的法義內涵，並不是光靠經論佛學研究、文獻學研究就能了知的，而是要透過眞修實證才能了知的。如果依照印順、昭慧的思惟邏輯與看法，應該全球各知名大學的佛學研究者，那些洋人才是眞正證悟的菩薩們，而佛門中的法師與居士們都不可能是眞悟的菩薩了；因爲洋人們都沒有教徒觀點（可能有一神教教徒觀點），而且都專門從事佛學的研究，所以應該是最有證量的人，也應該是**教證**上與**理證**上都最有成就的人了。可惜的是：**事實正好相反**，經論中所說涅槃、般若、種智的眞實智慧境界，都不是靠意識思惟、佛學研究、文獻學研究所能證知的。印順與昭慧……等人不信邪，故意要違背中國傳統佛教的修行方法，專以西方佛學研究及文獻學研究的方法，想要親證佛教經論中所載的智慧境界，到頭來將會證明：**印順、昭慧……等人都只能一生空過而無所證**。也會證明一件事實：**他們所以爲的親證佛法境界，都將只是意識思惟而誤會了的戲論境界，永遠言不及義**。因爲所有的文獻學也都要依據經典作爲依據，仍然要回歸眞修實證。

印順既主張要從**理證**上面來探討唯識學的根源，平實就無可避免的要探討他在**理證**上面的問題了。假使他沒有理證上的證量，又怎麼有資格從理證上來探討唯識學的根源呢？所以探討他的理證，也就成爲不可避免的事了！在唯識增上慧學中，不論是 佛說的經典或是菩薩們造的論典，都是以第八識如來藏爲中心而宣演出五色根、意根、識陰及六塵等一切法的；所有的唯識性、唯識相、唯識行、唯識位、唯識果……等一切種智境界，都得要靠親證第八識如來藏以後，才有能力將唯識學經論中所說的法義，一一現前觀察與證驗，逐步提升自己在唯識增上慧學的證量，一一證實三界唯是一心如來藏所生，一一證實萬法唯是八識心王配合而出生的，這才能實證三**界唯心**、**萬法唯識**的華嚴法界實相，這才是十方三世一切法界的眞實相，才能契合方廣諸經中的法義。

如此悟後進修即是唯識行，但唯識行的一切進修過程中，都得要靠親證如來藏以後，才能親歷唯識五位中的深妙觀行而成就一切種智唯識果，才能憑以成就佛道。如果不能實證第八識如來藏，並且公開的否定如來藏的存在，而說確實有般若的證量，而說確實有唯識學的證量，那都是自欺欺人的說法。因爲般若中觀，是指意識覺知心對如來藏的眞如性與中道性的現觀所產生的智慧，以外別無般若智慧可證，以外別無中道可以觀行；也因爲成佛所憑藉的一切種智的智慧，都要從現觀如來藏的體性、現觀如來藏所含藏八識心王的一切種子而產生的智慧來成佛的，不是單憑阿羅漢們的無餘涅槃實證就可以成佛的。

如今，印順極力詆譭唯識學證量根本所依的如來藏心，顯然他還沒有實證如來藏，不知道如來藏心體的所在，那麼他所謂的證量、理證，究竟要從什麼基礎上來說呢？不但唯識增上慧學以如來藏心體爲證量根本所依，淺如般若中觀的證量，也是以如來藏心體（般若經中說爲心、非心心、無心相心、不念心）作爲實相智慧的主體，作爲中道觀行的內涵；所以，凡是反對如來藏勝義的人，都是還沒有證得如來藏心體的大乘、小乘凡夫。由這個眞理，很顯然的，印順所說的理證是完全站不住腳的。而他所謂的眞心派的理證，卻又落入意識與意根的心所法中：**誤認爲直覺就是眞心**。所以他是尚未證得眞心本識的凡夫。

縱使直覺可以稱爲眞心，也將與他所評破的**眞心如來藏本體論**產生自我衝突：**他既否定眞心派的佛經所說常住不滅的眞心如來藏，又說直覺是常住不滅的眞心，這仍然落入眞心本體論中**，所以他並未超越自己所評破的眞心**本體論**之外。他只是以自己所能證得的直覺說爲「眞心」作爲萬法的本體，取代他所不能證得的如來藏眞心本體，所以仍然不離本體論的範疇。除了建立「眞心」**直覺**的常住性以外，他又建立另一個與「眞心」**直覺**不相干的**滅相眞如**，以滅盡蘊處界後、滅盡直覺後的滅相空無，作爲常住的眞如，卻與「眞心」**直覺**不相干，仍然是本體論，也同樣是要滅掉「眞心」**直覺**，就使他的眞心成爲生滅法的妄心了：凡是可滅的心都是妄心。這也使他所弘揚的**眞如**與**佛法**成爲斷滅的境界。這樣的**滅相空無**的自創「佛法」，也與他的本體論**直覺心**沒有隸屬性、關聯性，成爲割裂的、無關聯的兩個「佛法」；而他的「眞心」**直覺**又只是妄心六、七識的心所法與心行，所以他根本就談不上佛法的理證。也可以由印順種種自相矛盾、自我衝突的說法，證實他完全沒有理證上的證量可說。

從教證上來看，他又如前所述完全錯會經、論教典中的法義，所以他的《妙雲集、華雨集、如來藏的研究……》等四十一本書，不但都不符理證，也都是不符教證的。從理證上，他既未曾親證唯識學所依的如來藏，根本無分別智的總相智尚未建立，何況是後得無分別智？更別說是後得無分別智圓滿以後才有能力修證的唯識種智，那他又有何理證可說呢？所以他的說法是與教證、理證全都不符的。如是，印順的思想，既不符教證，也不符理證，則他的所有著作，都只不過是佛學學術研究者根據錯誤文獻研究出來的妄想罷了！都只是未悟凡夫所作的學術觀點，只能成為戲論，都不可能是佛法。佛門四眾既然都是佛門教徒，既然都以親證佛法為目標，既都是學佛人而不是學術研究者，又怎可將他的學術研究著作當作佛法修證的標竿呢？

印順又說：**【本書**（印順的《唯識學探源》）**是預擬唯識思想史的上編；把序說刪去，讓它自成段落。】**由此可見印順是純從未悟的弘法者在唯識**思想**弘傳的**演變表相**上面來看待經論中的正法，而不是從經與論中所說的正法來直接探究唯識法義的。然而法義與思想是不同的，**法義**是親證的智慧內容，**思想**是靠意識研究思惟所得的境界，絕對不同。而且後來的眞悟菩薩們所造的論典及弘法時所說的法義，一直都沒有違背 世尊在前時所說經典中的法義，所以本就沒有**唯識思想**的演變可說，又如何能有他的唯識思想史上的法義演變可說呢？所以他所能說的唯識思想史的演變，當然只能從未悟凡夫們弘揚唯識**思想**的歷代**演變現象**上來說了，但是所說卻與最早的唯識經典、後來的眞悟菩薩們唯識論典法義相符相契的事實，必然完全相違背。

也就是說，他根據部派佛教中的**未悟者**弘法時留下來的**文獻**，研究唯識**思想史**的結果，當然只是古時歷代**未悟者誤會**唯識經典而弘演出來的錯誤看法，與法界中的眞相有出入，自然會與唯識經典及唯識論典中的法義不符，當然會有**演變**，卻都是錯誤的假名唯識學，與眞正的唯識學內容根本不相干。若是歷代極少數的眞悟者所弘傳的唯識法義，一定不可能有演變的狀況出現，因爲法界中萬法唯識的正理只有一個，不可能有超過一個眞理的現象出現；如果所說法義異於唯識經典、異於眞悟菩薩的論典，一定是悟錯了！所以唯識正理不應說成**思想**，因爲那是佛法的親證而得到的智慧。而法界眞相的智慧永遠只有一個，自古至今，眞悟的菩薩們所弘傳的唯識法義，一定都是相符相契而不可能會有演變的；如同今時平實對悟後起修的同修們所弘演的唯識學，正好與經典及眞悟菩薩論典中的法義完全相符，古今並無二味。

而且我們也已經不斷的舉例證明：印順對經典及眞悟菩薩論典中的法義，確實是嚴重的誤會了！他完全落入古時錯悟者（譬如安慧、清辨、月稱、宗喀巴）所說的邪見中了！然後再以古時歷代未悟者及錯悟者所說的唯識思想的不同及演變，來寫作他的**唯識思想史的演變**；所以，未悟及錯悟者的唯識**思想**才會有演變的狀況，眞悟者的唯識**證量**卻是古今永遠皆同一味，永遠都不會有所演變的；乃至今時正覺同修會的增上班所說唯識學，仍與古時的唯識經典、論典同一法味，絕無不同，可以證明平實此說的正確性，無可質疑。這樣一來，印順所寫的唯識思想史，也就全都成爲沒有意義的研究了，因爲都是依誤會唯識的凡夫弘法者所說的資料作爲研究的內容，對於眞悟者所說的論典卻又加以扭曲以後來作研究，這樣研究的結果必然會與古時的經典、後時的論典法義不相符，也與**經典**、**論典法義相符**的事實，全然違背。

如果眞的想要作眞正佛法修證上的實證，想要進入唯識增上慧學的智慧境界中，就不該對佛學（佛學不是佛法）、不該對古時歷代未悟者留下的文獻去做學術研究及文獻學研究。如果眞的仍想作佛學的學術研究，應該從經與論中的佛法眞義是否相符，來研究古今眞悟弘法者的弘法內容有無不同，來理解古時歷代錯悟者所弘演的唯識思想的演變，把錯悟者的唯識思想演變，拿來跟眞悟者所留下的論典作區分，顯示歷代眞悟菩薩與錯悟者的唯識法義有何不同，這樣研究出來的佛學學術研究，才不會偏離古今佛教唯識法義有無演變的事實；不可以像印順扭曲經典論典的眞義之後，作了錯判；再把錯悟、未悟的古人與今人的唯識**思想**取來研究，又把歷代眞悟者的唯識法義誤會了，不免會作出錯誤的判斷與結論。

想要研究唯識**思想史**，就必須正視這些前提：「古時歷代唯識**思想**的弘法者，他們所說的法義確實就是經中所說的法義嗎？確實就是菩薩論中所說的法義嗎？」也必須有能力判斷：「眞悟菩薩的論中所說的唯識法義是什麼？與佛經的原意是否有差錯？錯悟、未悟的凡夫們所說的唯識法義又是什麼？」這是研究者必須先確實瞭解的大前提，但是印順對這些最重要的大前提，卻是故意視而不見或是心無所知的。因爲：他連唯識學中所講的第八識心體都否定了，他連論中**舉示許多種理由來證明確有阿賴耶識心體**的明載文句都嚴重誤會爲

論中明說沒有阿賴耶識心體存在。像這種簡單而明瞭的文句都會嚴重的誤會了，他又如何能眞的懂得經與論中法義有無不同？單憑自己依據應成派中觀邪見的理論及臆想，就作了錯誤的判定與結論：**先期的佛經與後期的論典法義不同，所以唯識思想是有發展與演變歷史的。**

但其實 佛說的經典與眞悟菩薩們的論典（假名菩薩安慧、清辨……等人的論典除外）所說唯識正理從來都無演變。所以他寫作《唯識學探源》而爲大眾說明唯識**思想史**，主張「古今弘傳的唯識學內容不同，有所演變」，是與史實完全相悖的。正因爲這個緣故，所以，當平實直接從最早期的三乘經典及後來的菩薩論典中的文句法義提出解說與辨正，證明四阿含諸經所說法義與大乘諸經所說並無相違，也證明後來的菩薩論典與佛經都無相違時，印順、昭慧、星雲、證嚴……等藏密黃教應成派中觀師，就都無法開口辯解，也不敢著文回辨了！他們面對大眾的詢問時，都只能顧左右而言他，講一些「不屑與蕭平實辨正法義，他的程度太差了」一類的飾詞，或只能以緩兵計來迴避面對平實的必要性，所以他們現在是一切都無所能爲的了。如今平實再從四阿含諸經中的法義直接提出來辨正，料想印順、昭慧、星雲、證嚴……等密宗黃教應成派中觀師，也將永遠都無法著文回辨的。

所以，針對歷代未悟者弘傳唯識學時留下的文獻，去做法義內容的研究與考證，永遠都只能在弘法事相上面用心，從來都無法直接從經典與論典中的法義實質加以探討及比對的；而研究者本身若無唯識學上的證量，只靠思惟就想要了知古今唯識學弘傳者的法義正訛，也是不可能的，一定會對弘傳者所說的法義是否與經、論相符契，作出錯誤的判斷，像這樣的佛學研究成績與結果，都只能說到歷代未悟凡夫等弘法者對唯識法義認知的演變，絕對無法直接從經與論中探討到唯識學的本源，也無法瞭解到**唯識學的經典與論典中的法義是古今從來一貫而不曾有所演變**的，有所演變的都是歷代錯悟凡夫所說的前後不同的法義，就如同印順自己在書中所顯示的一件事實：常常同一本書中所說的道理前後自相矛盾。

所以印順自己沒有唯識學上的證量，誤判了經、論的眞實義；再加上他取材的錯誤，探討出來的結果，一定是與事實相悖的錯誤結論。所以他的唯識思想考證與探討，對佛法修證是完全沒有幫助的，也對他的跟隨者的道業完全沒有幫助，都只是世間俗人的學術研究結論罷了，也是完全錯誤而必然導致他的追隨者走入岐途的；若只是一世修行唐捐其功，倒也無礙，怕的是他們會因爲認知上的偏差而毀謗如來藏妙法，成就地獄業。所以，眞正想要探討唯識學本源的人，都應該直接從大乘經、論中的法義實質加以探討，都應該直接從四阿含諸經的眞實義加以探討，這就必須先有佛法上的證量才能做得到，所以一切學佛人的首要之務就是三乘菩提的見道；見道以後才稍微有一點點能力判斷，何況未見道的印順凡夫，怎有能力判斷 無著等地上菩薩的證境？所以佛門四眾都不應從古今未悟、錯悟而弘揚唯識法義的學者來探討，譬如從毀謗 彌勒爲外道的安慧、般若趜多……等人，及否定如來藏的智軍、月稱、寂天、阿底峽、宗喀巴等人的法義演變事相和他們說法的同與不同來探討。

如是，印順個人依其錯誤的認知而判定的所謂「妄心派論典、眞心派經典」的說法，顯然都是錯誤的結論，顯然違背了經、論都是同說眞、妄心和合並行運作的法義事實，也違背從古至今的唯識學義理一直都沒有改變的事實，這都是仍有經、論文字證明無訛的；正覺同修會也已經舉證許多證據，證明古今眞悟者的唯識法義弘傳，都與唯識經中的法義並無二致。唯識增上慧學的內容有所改變的只是：歷代弘法者有親證或未親證的不同，因此而導致歷代未悟者所說的唯識法義不斷演變的事相，如同二乘法中的經部師安慧、般若趜多……等人未悟如來藏，而冒稱大乘人、冒充菩薩身分，寫作了唯識學的論典，並冠以大乘之名而冒稱爲《大乘廣五蘊論》……等，才會導致某些論典與佛經的唯識正義有所不同的弘法演變表相，但都只是未悟的聲聞人冒膺菩薩所造的邪論。

但這種表相的演變，只是錯悟、未悟者所認知的唯識學，與眞悟菩薩 彌勒、無著、護法、玄奘、窺基……等菩薩的唯識正義全然不同。後來的眞悟菩薩們所弘揚的唯識法義，譬如玄沙師備、 克勤圜悟、大慧宗杲……等禪宗祖師，一直都與 世尊方廣經典及 彌勒……等菩薩論典所說的法義相符不悖，並沒有不同，當然就沒有演變可說了！當然沒有唯識思想史的演變。就如同今日平實所說唯識增上慧學與佛經及菩薩論典正義完全相同，但是同時也有錯悟般若的印順把般若及唯識學誤會了以後，作出嚴重錯誤的判論來；當然古代也一樣會有錯悟者對唯識學作出錯誤的說法與判定，也仍然會有眞悟者在弘傳正確的唯識學；後人若有不察，取材錯誤，就會以自宗的錯誤法義作爲取捨的原則，而特地根據那些錯誤弘法者的判論，來宣判當時的眞悟者悟錯了。如同今時極多落入意識心中，未斷我見的凡夫大法師們，仍在誣賴親證如來藏的平實是外道，誣指平實的正法是外道法，古今一般無二。這個事實，是印順、昭慧、星雲、證嚴……等藏密應成派中觀師都必須正視的大問題；然而印順對此事實都不知實情，專在表相上研究，便將未悟凡夫的智軍、月稱、安慧、清辨……等人的錯誤唯識學說法，以及被他扭曲後的菩薩論典法義，取來作爲研究與比對的根據，都是沒有意義的研究，枉費他來人間百年的生命了。

這就如同今天平實所說的唯識法義，與當年 世尊的方廣經典，也與當年眞悟菩薩們造的論典相同，並沒有演變；但若後世有人曲解了平實書中的法義，誤判爲妄心論，並將印順的說法取來和佛經加以比對時，就會誤認爲平實的唯識學法義是與經論有所不同，就會產生了有所演變的結論，這就是取材錯誤及誤解菩薩論典眞義而導致的錯誤判斷結果。所以，印順把經中與論中同一說法的「眞妄二心和合並行」的正理，套上藏密黃教應成派中觀只承認六識而否定七、八二識的錯誤邏輯中，強行加以曲解及分割爲眞心派與妄心派二法，誣指 佛的方廣唯識經是眞心派而不曾論及妄心，又誣指菩薩們的論典是妄心派而不曾論及眞心，是與事實完全不符的；這樣一來，他的佛學研究就成爲與法義史實完全不符的結論，就變成沒有意義的戲論了。

換句話說，依據文獻學方法所作的研究，若是自身沒有唯識學的七、八二識的證量，又取材於錯悟者、未悟者的論著，又曲解唯識經義及眞悟者的論典而作判斷，不是在經論的正確法義實質加以實證而研究之，一定會導致如同印順在錯誤理解的基礎上，來建立他的說法與分析、教判一樣，絕對不可能獲得正確的佛法理論與實際證境。這使他們專在文獻學及學術研究上用心，卻不肯把他們在文獻學上花費的時間，用在經、論的眞實義參究上；在誤會經、論的眞義了以後，再冠上**文獻學考證**的名義，產生了令人不可質疑的幻覺，建立他們的權威表相，欺瞞了追隨他的佛門四眾，也欺瞞了印順自己。只能說印順對唯識法義及歷代未悟、錯悟者的唯識本質，見有不及而產生了偏差。本書中將會漸次把這些事實，根據法義從來都無演變的歷史事實，加以舉證與分析辨正。

本書也將純從最先的經典與後來的論典中所說的眞正法義，把經典與論典法義前後相符無異的事實顯示出來；**如果**篇幅容許，也將把誤會經典論典眞義的凡夫法師（譬如智軍、月稱、安慧）的部分錯誤說法，舉出來比對，令人瞭解到：**經典所說並不是印順所說的單純是眞心派，是同時講解妄心的過失與功能的；而論典所說也不是印順所說的單純是妄心派，也大篇幅的解說妄心七轉識**

都是從眞心如來藏中出生的，並且大篇幅的講解眞心如來藏的種種性相及常住性與涅槃性；早期的經典與後來的菩薩論典，都同樣是闡釋眞心與妄心並行運作的完整佛法，不是印順割裂成眞心與妄心二派而使二派都成爲不完整的割裂性的佛法，也不是他誤會了眞心、妄心而說出來的怪誕的「非佛法」。

事實上是：只有佛護、智軍、月稱、安慧、寂天、阿底峽、宗喀巴、歷代達賴喇嘛……等人，同以應成派中觀邪見爲中心而誤會了經典與論典的眞實義，作了錯誤的論述；並且由安慧與般若趜多師徒二人，公開誹謗 彌勒菩薩的《瑜伽師地論》爲外道論，這樣子公開的誹謗當來下生成佛的 彌勒菩薩是外道，而使印順在尚無慧眼、更無法眼的無智狀態下，極度的排斥大乘弘揚唯識學的方廣經典與論典。他在這種錯誤認知下，產生了錯誤的理解而寫作了《妙雲集、華雨集、如來藏之研究、唯識學探源……》等四十一本著作，誤導了五十年來的海峽兩岸中國佛教，使五十年來的中國佛教逐步遠離傳統而正確的由禪宗入手的行門，導致半數以上的法師、居士們落入常見、斷見外道的戲論邪見中，落入印順法師所弘揚的無因論、斷滅本質的西藏密宗黃教應成派中觀的邪見中。

第二章　初會說法

第一節　四阿含諸經之結集

考證經典的結集，應該以最原始、最早期、最具公信力的文獻爲準，才能符合最早期的事實眞相，也最不會失眞，那當然就是四阿含諸經中的記載了。但是印順卻常常引用後期及後後期的一神教信仰者提出來的後時文獻作爲考證的依據，完全忽視最早期的四大部阿含經典中的文字記錄，這樣的考證是無法令人信服的，只是唬弄、籠罩尚未深入研究的學人罷了！他又常常說：**經典結集完成以後，並沒有立即以文字記錄下來，所以口傳以後失眞而結集出來的阿含經典不正確！**這也是與歷史事實的記錄不符合的。

依印順的說法，他認爲阿含經典的結集是這樣的：【但這結集，時間只有三個月；參加結集的人數，又只有五百（或說千人）；並且還是偏於摩訶迦葉一系的。像這樣匆促的時間，和少數人的意見，想使所結集的達到滿意的程度，當然是不可能。它的遺漏與取捨的或有不當，也可想而知。在結集終了的時候，就有人說「我等亦欲結集」，這很可以想見當時情勢的一般了。那時的結集，不過是一人口中誦出，經大眾加以審定，並**沒有用文字把它寫成定本**，經過展轉的口傳，也就難免漏落、錯誤和次序的顛倒。「不見水潦鶴」的公案，豈不是大家很熟悉的嗎？】（《唯識學探源》p.2～p.3）

印順又如此說：【經文明白說到：「如來涅槃以後」，佛弟子所說而被編入「阿含經」的，不在少數(2.002)。現存的經律，**由經、律自身的文記，而證明為不是「第一結集」所完成的。**】（《原始佛教聖典之集成》p.3）印順又說：【這四大（黑說、白）說，經中傳為佛將涅槃時說，編入「增壹阿含」。**律部中，載於「七百結集」下。**】（《原始佛教聖典之集成》p.23）

印順這三段話，語意是很明顯的，他想要表達的意思是：「第一、當時的結集是沒有記錄成文字的，所以口耳相傳之後，經典的原意是會改變的，口耳相傳一段時間以後才記錄成文的四阿含經典文句，不一定是正確的。第二、他認為四阿含諸經不是第一次結集時就全部具足的，增一阿含是在第二次結集的七百結集時才記錄完成的。」他也舉出「不見水潦鶴」的有名典故作為證據，證明他的說法似乎是正確的。但是根據第一次結集而成的阿含部雜藏經典中的說法來看：四阿含諸經，由大迦葉尊者與諸阿羅漢等五百位聲聞人，會同多聞第一的阿難尊者共同結集而成時，阿含部經典中所載的事實，與印順的說法有很大的不同。再根據第二次結集的七百結集事實來看，也證明印順的說法都是謊言。這兩個部分，次第證明如下。他說：「現存的經律，**由經、律自身的文記，而證明爲不是第一結集所完成的。**」但是原始佛教（前後三轉法輪都屬於原始佛教）中的聲聞部四阿含經典明文記載，卻與他的說法完全相反：

【大迦葉、阿那律眾比丘會，共議：一日三十萬眾及諸國豪姓群臣，得值佛時敬意行福，終皆當生第四天上，與彌勒會而得解脫；拘夷國王當生第十二水音天上，至彌勒作佛時，當下爲佛造立精舍，勝今給孤獨園。阿難問大迦葉：**「拘夷王何以不於彌勒佛求應眞道？」**答言：**「是王未厭生死苦故，未厭生苦者不得應眞。」**阿難言：**「我已患厭身苦，不得離世間，奚不得道？」**迦葉答言：**「汝但持戒，不行身觀；坐猗生死、飯食想，而生死行未休故也。」**至九十日，大迦葉、阿那律眾比丘會，共議：**「佛十二部經，有四阿含；獨阿難侍佛久，佛之所說，阿難志諷，當從書受。恐其未得道，尚有貪心，欲持舊事詰責阿難：與設高座，三上、三下。**如是者可得誠實。」皆言：「大善。」

眾會坐定，直事比丘逐阿難出；須臾又請，阿難入禮眾僧；**未得道者皆爲**

之起。直事比丘處著中央高座，於是讓言：「此非阿難座。」衆比丘言：「用佛經故，處汝高座，欲有所問。」阿難就座，衆僧問曰：「汝有大過，寧自知不？昔者佛言『閻浮提樂』，汝奚不對？」直事比丘敕阿難下；即下，對言：「佛爲不得自在？當須我言耶？」衆僧默然。直事比丘又令阿難上，衆復問曰：「佛爲汝說：『得四神足者，可止一劫有餘。』汝何以『嘿』？」阿難下，言：「佛說：『彌勒當下作佛，始入法者應從彼成。』設自留者，如彌勒何？」僧又嘿然，阿難心怖；衆比丘言：「賢者！當如法意，具說佛經。」對曰：「唯然。」如是三上。阿難最後上言：「聞如是，一時」，座中未得道者皆垂泣言：「佛適說經，今何以疾？」大迦葉即選衆中四十應眞，**從阿難受得四阿含：一、中阿含，二、長阿含，三、增一阿含，四、雜阿含**。此四文者，一爲貪婬作，二爲喜怒作，三爲愚癡作，四爲不孝不師作。**四阿含文，各六十足素**。衆比丘言：「用寫四文，當興行於天下。」故佛闍維處，自生四樹，遂相撿斂，分別書佛十二部經，戒律法具。其在千歲中持佛經戒者，後皆會生彌勒佛所，當從彼解度生死履。】（長阿含部《般泥洹經》卷下）

恐怕有人誤會經文，今把第二段經文語譯如下：【大眾聚會坐定了以後，掌管結集事務的比丘就把阿難驅逐出去；沒有多久又來喚請，阿難就又進入結集處，頂禮眾僧；當時還沒有證道的僧人都因此而起立，不敢坐著受他禮拜。掌管結集事務的比丘就把阿難處於中央高座上，阿難推讓說：「這不是我阿難所能坐的座位。」眾比丘就說道：「爲了要結集佛經的緣故，所以把你處於這個尊高的座位，有許多佛經結集的內容想要問你。」阿難就座以後，眾僧就質問說：「你有大過失，難道自己不知道嗎？以前佛曾向你說：『在閻浮提住得很快樂。』意思是可以爲眾生住世一小劫，你當時爲何不應對（爲何不請佛繼續住世）？」管事的比丘因此就敕命阿難下座；阿難就下座，回答說：「難道佛自己不能自在的留在人間？還須要我來進言嗎？」眾僧聽了都沒有回答。管事的比丘因此又命令阿難回到高座上，僧眾們又質問阿難說：「佛在當時爲你說：『證得四神足的人，可以住在世間一小劫或超過一小劫。』你當時爲何只是『嘿嘿』而不請佛長住世間？」阿難聽到這個質問，又下座回答說：「佛曾說過：『彌勒將會下生人間作佛，剛才進入釋迦正法中修學不久的人，應該在彌勒佛時成就解脫果。』假使佛自己留在人間一小劫的話，到了彌勒應該下生人間時，彌勒佛又應該如何安處自己呢？」眾僧聽了，嘿、嘿之聲四起，不同意阿難的回答；

阿難聽了眾僧的嘿聲，心中覺得很恐怖；眾比丘看他不會生起慢心了，就說道：**「賢者阿難！你應當依照佛法的眞意，依你所知，具足的說出佛經來**（不許私留一部分不講）。」阿難回答說：**「我一定會如法的說出佛經。」**阿難就這樣在中央的高座三上、三下。最後阿難上座時，誦出佛經說：**「我聞如是，一時佛在」**，當時結集會中尚未得道的人聽了，都流下眼淚說道：**「佛剛才還在說佛經，如今爲何這麼快就入滅了？」**大迦葉即選任大眾中的四十位阿羅漢，**從阿難口中受得四部阿含**：一、**中阿含**，二、**長阿含**，三、**增一阿含**，**四**、**雜阿含**。這四部經文宣說之目的，中阿含是爲了比較貪婬的眾生講的，長阿含是爲了喜歡生氣發怒的眾生講的，增一阿含是爲了比較愚癡的眾生講的，雜阿含則是爲了那些不孝順父母、不敬師長的眾生講的。**四阿含的每一部經文份量，各有六十疋素絹之多**。眾比丘說：**「應該寫下四部阿含的經文，未來就可以興盛的行傳於天下。」**所以就在佛身闍維（火化）處，以前自然生長的四棵大樹上，大家互相聚集樹葉，分成四個部分來書寫佛的十二部經，**戒律和種種法因此都具足了**。假使有人在結集之後一千年中受持佛的經典和戒律，以後都會出生在彌勒佛降生的時候，都會從彌勒佛那裡瞭解佛法而度過三界生死。】

以上是長阿含部雜藏經典的記載，不是印順主張爲「再結集」的增一阿含中的經典記載；而雜部經典是第一次結集就已完成的經典，並且特地說明四阿含的每一部是以什麼原因、以爲了不同性向的四種眾生而分別結集完成的，所以是第一次就結集成功了，不是後來再一次結集才具足四阿含的。以上經文的記錄既是第一次結集成的經典，當然是最早期、最原始、最有公信力的記錄，具有最高的可信度。長阿含部絕對是第一結集時的經典，這是佛門古今四眾都無異議的，只有印順一人不信；所以長阿含——特別是雜藏——的記載是絕對正確的，這已經證明印順的說法是全然違背佛教史實的異說。

長阿含雜藏中還有一部《佛般泥洹經》的另譯，在卷二也如此記載著：【大迦葉賢聖眾，選**羅漢**得**四十人**，從阿難得**四阿含**，**一阿含者六十疋素**。寫經未竟，佛宗廟中，自然生四名樹：一樹字迦梅，一樹字迦比延，一樹字阿貨，一樹字尼拘類。**比丘僧言：**「吾等慈心寫**四阿含**，自然生四神妙之樹；**四阿含**，**佛之道樹也**。」】這也證明了第一次**結集時就已經具足四大部阿含諸經**了，所以四阿含諸經不是印順所說「**經過二或三次的結集才完成的**」。並且，第二次結集的七百結集，只是結集律藏，不曾結集法藏，也都是聲聞人，沒有菩薩；

而且大多數是凡夫僧，阿羅漢只有四十人。所以印順不可以暗示說第二轉法輪的**般若系經典是第二次結集才完成的**，不能暗示說**唯識系諸經是第三次才結集完成的**。由聲聞人記錄的第一及第二次結集都是由聲聞羅漢及聲聞凡夫僧會合結集的，當然不可能結集出大乘法義的經典；但由大乘經典法義遠遠勝妙於四阿含諸經，當然可以確定是 佛陀所說的經典。

四阿含諸經中，本來就有許多是二乘聖人親聞的大乘經典結集出來的，但因爲是由聲聞部的阿羅漢及凡夫們結集的，他們不懂般若，更不懂唯識增上慧學，只能了知大乘經中的解脫道，所以聽聞之後結集所成的經典當然是與解脫道義理相應的阿含部解脫相應的經典，他們又自認爲已將成佛之道的法義全部結集完成了，才會這樣說：「四阿含，佛之道樹也。」但是所有證悟的在家與出家菩薩們在聽聞四阿含結集的成果時，都不會認同這種說法的。

誠如印順自己所說的第一次結集，【還是偏於**摩訶迦葉一系**的。像這樣**匆促的時間，和少數人的意見**，想使所結集的達到滿意的程度，當然是不可能。】正因爲是偏於大迦葉一系的少數人來結集的，又全都是聲聞人而沒有出家與在家菩薩能實際參與，所以結集所成的經典當然只有可能是聲聞解脫道的經典，一定不會有大乘經典的實質內容被結集出來，那就必須由出家與在家菩薩們再做另一次的般若經典結集，以及方廣唯識系經典的結集了！這都不是大迦葉等聲聞僧所能結集的，當然要由迦葉菩薩僧與在家的已悟菩薩僧們來做；這些事，當然不會由聲聞僧大迦葉在五百結集時來做，一定是在後來另外結集而沒有聲聞僧來參加的，也一定不會被記入聲聞僧所結集的聲聞律典中，除非聲聞僧大迦葉能如同菩薩僧迦葉一般悟入大乘法，聽得懂大乘經典，才能將本屬大乘經典的雜阿含、增一阿含，如實的結集出符合大乘法義的經典來。所以般若系及唯識系的經典，當然要在第一次結集後，另外由出家、在家菩薩們另行結集，不可能由大迦葉等聲聞僧來結集；印順不可因為大乘經典的結集沒有被記錄於聲聞戒的律典中，就誣說是後代的佛弟子集體創造出來的。

印順所說：【**現存的經、律，由經、律自身**的文記，而證明為不是「第一結集」所完成的。】明顯是與長阿含部經中記載**第一次結集就已完成四大阿含全部經文**的記載不符，他顯然是在說謊。印順又說：【這四大（黑說、白）說，經中傳為佛將涅槃時說，編入「增壹阿含」。律部中，載於「七百結集」下。】這也與事實不符，印順所謂的經、律根據，都是謊言；因為經、律中的記載，都與他所說的相反。經中所說，如同上來所舉示的長阿含部經典所說，是第一次的五百結集時就已經完成四大部的阿含諸經了！不必再度贅言。在第二次的七百結集時，仍然是由人數不多的阿羅漢與大多數是凡夫的聲聞僧結集的，而且所結集的內容只是律藏，並無法藏，所以印順說**七百結集的律部中記載當時結集增一阿含**，也是謊言。

於大乘經典中也有與長阿含中一樣的記載，說明長阿含部的《泥洹經》所說「初次結集時就已完成四大部阿含經」是正確的事實：【「今此正法是廣大法門，總攝四種阿含。何等爲四？所謂**雜阿含**、**長阿含**、**中阿含**、**增一阿含**，**如是等**，**總攝一切聲聞藏法**。諸聲聞人若於是中修學者，即爲聲聞藏，而能出生聲聞乘果，亦攝聲聞菩提分法。又此經中攝彼一切最上所說菩薩藏法，是故得名諸法之母。所有毘奈耶藏、阿毘達磨藏，亦於此經攝；乃至八萬四千法蘊，一一皆從此經中出。又此經法，**是即一切智智最上根本**，**而復出生聲聞**、**緣覺之智**，廣大甚深不可思議，是大光明普照三有，此即從一切智根本，出生諸佛菩提所有布施功德；持戒、忍辱、精進、禪定、智慧及彼最勝解脫，如是等眾功德藏，悉於此經如理宣說。」】（《佛說發菩提心破諸魔經》卷二）

如是說法，確屬事實；因爲四阿含諸經中本來就有許多是聲聞人聽聞大乘經典而結集出來的，只是他們不懂其中的大乘法密意，所以結集出來的表相都是聲聞道的法義，但是證悟的菩薩們卻可以從其中看到許多大乘法的影子，正如平實今日繼續從四阿含中舉示大乘法的影子一般。或許印順派的大法師與學人們長期熏習印順的邪見以後，不信大乘經典確屬佛說，所以不樂於接受大乘經中**第一次結集時就完成四阿含全部經典**的說法，那麼我們不妨再回到印順所信受的律典來說，因爲他是寧可相信聲聞人所結集的律典而不信大乘經典的。吾人且先舉聲聞人結集的《摩訶僧祇律》所說，證明印順是如何的喜歡說謊：

【尊者阿難誦如是等一切法藏，文句長者集爲**長阿含**，文句中者集爲**中阿含**；文句**雜**者集爲**雜阿含**，所謂根雜、力雜、覺雜、道雜，如是比等，名爲**雜**。一增、二增、三增乃至百增，隨其數類相從，集爲**增一阿含**。**雜藏**者，所謂辟支佛、阿羅漢自說本行因緣，如是等比諸偈誦，是名**雜藏**。」】（《摩訶僧祇律》卷 32）這也證明四阿含經典是在第一次結集時就全部完成了的。

假使印順派的學人與大師們仍然不信這一部聲聞律典的記載，還有另一部聲聞聖人所結集的律典《毘尼母經》卷四也是如此記載著：【尊者薩婆多說曰：

「有四**白廣說**，有四**黑廣說**。以何義故名爲廣說？以此經故，知此是佛語、此非佛語，若有才辯，了了能識是非爲人說者，此言應受。黑廣說，亦應如白廣知。四者，若眾多、若三、若二、若一，是名爲四。又比丘作如是言：『世尊在浮彌城告諸比丘：〈汝等若村若落，我親從佛邊聞說受持，此是法、此是毘尼、此是師教。〉』此比丘所說，非可非不可。若以**增一阿含**、**中阿含**、**長阿含**、**雜阿含**、比丘經、比丘尼經諸犍度、摩得勒伽，與法理合者，應語言：『大德此法，可自勤行，亦教人勤行。』若不合法理者，語言：『大德此法，不應自行，亦不應教人行。』此是初廣說。第二、第三乃至第四，亦如是說。第一、大眾前，第二、四人前，第三、二人前，第四、一人前，是名廣說。」】這部聲聞結集的律典也明文記載是第一次結集就已完成四阿含諸經全部了！

若猶不信，且再舉聲聞聖人者所結集的同一部《毗尼母經》中的記載來證明：【迦葉於王舍城耆闍崛山竹林精舍，集五百大阿羅漢（編案：其實不對，只有四十位阿羅漢，其餘都是三果以下或者凡夫僧，詳 64 頁經文所說），語言：「我在波婆國道中，聞如來已入涅槃；語五百比丘，皆悲感懊惱。跋難陀釋子忽作是言：『如來在世，法、律切急；如來滅後，各任其性，何須懊惱？』諸外道等若聞此語，當作是言：『諸釋子，世尊在世奉教修行，如來滅後皆已廢捨。』我等應當聚集，結集經藏，使法不絕。」諸羅漢答言：「我等集於經藏，須於阿難。」迦葉答言：「阿難結漏未盡，云何得在此眾？」（編案：大迦葉有些偏心，因爲會中也有許多凡夫僧）諸羅漢言：「所廢忘處，應當問之。」迦葉言：「若爾者，當作求聽羯磨，使入僧中。」五百僧坐已，取五部經，集爲三藏；諸經中有說比丘戒律處，集爲比丘經；諸經中有說戒律與尼戒相應者，集爲尼經；諸經中乃至與迦絺那相應者，集爲迦絺那犍度；諸犍度母經、增一比丘經、比丘尼經，總爲毘尼藏。諸經中所說，與長阿含相應者，總爲**長阿含**；諸經中所說，與中阿含相應者，集爲**中阿含**；一、二、三、四乃至十，一數增者，集爲**增一阿含**；與比丘相應，與比丘尼相應，與帝釋相應，與諸天相應，與梵王相應，如是諸經總爲**雜阿含**；若法句、若說義、若波羅延，如來所說，從修多羅乃至優波提舍，如是諸經與雜藏相應者，總爲**雜藏**。如是五種，名爲修多羅藏。】（《毘尼母經》卷3）在四分律……等其餘聲聞律典中，仍有許多同樣記載，篇幅所限，就不一一列舉了。

這都證明第一次五百結集時，增一阿含等四大部阿含諸經，包括雜藏都已經結集完成了，不是印順說的**「在後來第二次的七百結集時才完成的」**。由以上所說，可證平實上來的說法確實有據：在家與出家菩薩們，既不能參加由大迦葉等聲聞眾主持的第一次四阿含結集，也不可能參與一百年後第二次聲聞眾的戒律結集，當然是外於第一及第二次而作的結集，應該是在第一結集以後數年間就完成的；可以確定的是，菩薩們結集大乘經典的事情，一定不會被記入聲聞人所結集的律藏中。所以般若與方廣唯識系的經典當然要在四阿含結集確定以後，由於菩薩們很不滿意聲聞人把大乘經典結集成雜阿含、增一阿含的聲聞法，才會另外結集出來；當然不是以大迦葉等聲聞羅漢爲主要的結集者，他們都不會願意參與，也不會被菩薩眾邀請參與，當然只會由迦葉菩薩等人結集。

根據以上長阿含部的《般泥洹經、佛般泥洹經》明文記載第一次結集的狀況：**一者**，除了阿難以外，聲聞人必須是阿羅漢，才能成爲結集的主要誦出者，這是四十位阿羅漢們的事情；其餘尚未實證解脫果者，雖參與結集，都只能旁聽。**二者**，此次結集者，乃是由聲聞法中的大迦葉尊者爲主而結集的，是以**聲聞果證**、**聲聞法義**作爲主要內容，故並非以**菩薩法義**而由**菩薩果證**者結集而成。**三者**，在此次結集之時，經、律、雜等三藏具足，共有四部阿含及雜藏等五部經之眾，所以戒律經典也已具足了，就如同上面所舉證的聲聞部的《摩訶僧祇律、毗尼母經》所載一樣。所以經藏的四阿含部分，都是在第一次結集時就全部完成的。並且明文記載著：四大部阿含經典，每一部阿含爲了以文字記錄下來，每一部內容都各有六十疋素絹之鉅，這與印順的說法全然不同。

印順在文中的意思，是主張說：四阿含諸經不是在第一次結集就全部完成的，是經歷二至三次結集才完成的，距離 佛入滅時已很久了，所以四阿含經典的內容不一定正確。而且第二或第三次結集的都是四阿含部的長阿含、中阿含、增一阿含，並沒有大乘經典的結集，所以大乘經是在部派佛教以後，由菩薩們長期漸漸的共同創造出來的，然後才私自結集編成的；都是由後人的集體體驗與創造而一部又一部慢慢的編集成功的，都不是 世尊親口所說。

然而上面所舉長阿含部經典以及聲聞律典的明文記載，都已經很明確的說明：是在第一次結集時已完成四大部阿含及與阿含有關的律藏、雜藏經典，所以四阿含並不是印順所說經過二或三次的結集才成就的；而且，作爲印順考證資料的律部經典及律法的記載，都是只記載聲聞戒律及四阿含的結集，從來都不涉及大乘經義及戒律的，他們不願意記載大乘經典的結集事宜，而二乘聖人也沒有能力來結集大乘經典；由這些事實來看，眞相已經很清楚了。佛門四眾若有智慧，究竟是應該相信長阿含部經典及最早期的律典所說呢？還是應該相信印順個人的說謊之言呢？

由此可以了知二件事實：**第二次七百結集的內容，不是四大部阿含經典中的部分經典，而是聲聞教中的戒律而已；大乘法義的般若中觀及方廣唯識經典都是聲聞聖人未證、未知的法義，當然不可能由二乘聖人來結集與記錄的**。因爲聲聞部的經典及律藏都已在四阿含諸經及聲聞律藏中宣說具足了，而四阿含部的諸經又是第一次的五百結集時就具足了的，所以長阿含部《般泥洹經》卷下說：「大迦葉即選眾中四十應眞（聲聞阿羅漢），從阿難受得**四阿含**：一、中阿含，二、長阿含，三、增一阿含，四、雜阿含。」又說：「四阿含**文，各六十疋素**。」分量很大，每一部阿含的經典都達到須要六十疋素絹之多。又說：「分別**書**佛十二部經，戒律法具。」顯然在第一次結集時就已具足十二部經及戒律、雜藏，已是三藏具足，而且以文字記錄下來了。

印順個人對於經、律的結集，抱著如此的看法：【另一方面，卻說長老比丘，「抄治我律，開張增廣」(6.002)，也就是增多了。自宗所不誦的，就說對方「製造安置阿笈摩中」(6.003)。維護自宗所誦的，就說對方誹謗；不但不是製造增益，反而「有如是等無量契經，皆於今時隱沒不現，本所結集，多分凋零」(6.004)。相互的評破，都受了傳統的意見——最初五百結集，就一切完成了的影響。其實，經律是在不斷結集中成立的。】（《原始佛教聖典之集成》p.20）但這已是很後期的　佛陀入滅後將近一千年的律典所說的，而且所說的內容都是後期的事相，怎能作爲最原始、最眞實的證據呢？

印順又如是說：【從事原始佛教聖典（我國一向稱之為小乘經律）史的研究，在傳統的佛教界，是不免震驚的。因為這些經律，**傳說**為佛滅第一年夏，在王舍城 Ra^jagr!ha 召開的「第一結集」中，已經結集完成。雖然事實並不如此，佛教的**原始傳說**也並不如此，但二千多年來的**傳說**，**傳說**久了，也就無異議的看作史實。而現在要論證為次第成立的，有些還遲到西元前後，自不免感到震動了！】（《原始佛教聖典之集成》p.2～p.3）

由印順這二段話中，可以很清楚的瞭解到：一、印順寧可信受傳說而不信受最原始的文字記載的四阿含諸經中的說法，也不信受最原始的律典中的說法，寧可信受後人根據傳說寫下來的文字記載。二、印順對於原始佛教的四阿含諸經，一向抱持著懷疑而不肯全盤信受的心態；因爲四阿含諸經中的法義，有許多地方與他的藏密應成派中觀見處處扞格，將使他的應成派中觀見不可避免的顯露出敗闕；所以他不想要大家信受四阿含全部經典，只想讓大家信受四阿含中與他的應成派中觀邪見**似乎**相同的部分，所以先把四阿含的**不可懷疑性**打破，這就是他的用心所在。

但是，第一次五百結集的四大部阿含經典當然是最原始的，也是被明文記載於最早期的經典與律典中，不是他所誣指的**傳說**；他若想要研究最原始的佛法，當然要從四阿含著手，但他卻把最早期經典文字記錄的史實，顚倒的指爲傳說；然後卻反過來想要超越四阿含諸經記載的佛語開示而直接獲取更爲早期的 佛陀親口開示（他把 佛的親口開示定名爲**根本佛法**），所以他在書中有這樣的說法：【「佛法等於佛說」，傳說也太久了！然而要作原始佛教聖典成立史的考察，不能不回復原始的**古說**，以便理解聖典所傳佛法的特質。】（《原始佛教聖典之集成》p.10）但是，依照他這個說法，他就應該說：「只有阿難尊者等人，曾經親聞 佛陀說法者，才懂得佛法。那些人入滅以後，佛法就都失傳於人間了。」因爲只有他們才是懂得**根本佛法**的人，其餘沒有當面聽聞 佛陀說法的人都是不懂佛法的，包括印順個人在內，都不曾親自聽聞 佛陀親說法義故。

但是，您能認同他這種看法嗎？

佛法等於佛說，印順對這句話不認同，因爲他認爲的「佛法」是單指四阿含諸經中符合藏密應成派思想的小部分經文，而大乘經典都被他冠以「大乘佛法」，不會單說爲「佛法」二字；他既然在書中如此規範，所以他心中認爲：**大乘佛法絕非佛說。雖然四阿含是原始佛法，但也不等於是佛親口所說的法義，只有當面親聞　佛陀親口所說的法才是眞正的佛法。**然而　佛陀已經滅度，縱使印順當年曾聞佛口親說，但未離胎昧，在二千五百年後的今天，空言何益？縱使他有宿命通而離胎昧，但未斷我見，也未悟得如來藏，當面親聞之時亦將不能解義，雖憶何益？連現存而可以反復閱讀思惟的四阿含都會誤解，而他今世既不能親承　佛的開示，又聽不懂　佛陀的開示眞義，又如何能超越四阿含諸經而瞭解　佛的眞意？空言　佛陀親口所說才是**根本佛法**，又有什麼意義？

縱使今天　佛仍在世，印順得以親承佛語，再三、再四親聞，仍將無法眞得佛意。這不是平實空言誣謗他，現成的事例是：經典、論典至今仍明文記載著的法義，印順如今仍然可以反覆的一再閱讀而探討經論中的眞義，但是印順仍然嚴重的誤會了經論中的眞義，所以至今仍然未斷我見、未證如來藏入胎識、未生解脫智慧與般若智慧；當平實提出經論中的眞義來解說、並且同時辨正印順錯說之處時，他就無法提出任何辯解了！可以反覆閱讀思惟的現存經論，他都會嚴重的誤解了，何況只是直接從 佛邊匆促的聽聞一遍，又如何能眞的聽懂 佛所開示的眞義呢？未得宿命通的他，今天想要越過四阿含諸經的法義，從事相而非眞正法義的佛學研究中，從更後期錯會佛法者遺留下來的文獻探討中，實際理解 佛的法義原意而獲得「根本佛法」，不免成爲妄想。

次說第二次的七百結集史實，證明印順確實是說謊的。印順如此說：【到了**再結集**的時代，以「修多羅相應」為取捨的最高準繩，綜合傳誦於佛教界的聖教，共同審定而再為結集：本著「弟子所說」的意趣，集為「**中部**」（中阿含部）；本著「祇夜」的意趣，集為「**長部**」（長阿含部）；本著「如來所說」的意趣，而集為「**增一部**」（增一阿含部）；固有的相應教，稱為「相應部」。四部、四阿含的成立，是**再結集**的時代，部派還沒有分化的時代。】（《原始佛教聖典之集成》p.a3）

他這一段文字的意思是說：第二次的七百結集是結集經藏，而不是只有結集律藏。又主張說：長阿含、中阿含與增一阿含都是第二次的七百結集時才完成的，是部派佛教還沒有分化的時代。他的意思很顯然是在主張：四阿含諸經的全部結集完成，是第二次的七百結集時的事，只有雜阿含才是第一次的五百結集時完成的。但是，在第一次結集完成的雜藏《佛泥洹經》中，已經明文記載著：四阿含諸經等三藏，是第一次結集時就已經全部完成了，並且是當時就以文字記錄為證，而且多到每一部阿含都達到六十疋素絹之多的；不但是內容及數量的龐大都已說明了，乃至用什麼材質的物品作為書寫經典的代紙，這些代紙取自何處，都已分明的記載著。顯然不是他所說的沒有文字記錄下來，也不是他所說的第二次七百結集時才全部完成的。但印順卻把這個第一次結集已用文字記錄起來的明文記載史實，定位為傳說；然後再把另一種**純屬傳說**定位為史實。究竟他的說法可不可以信受？有智慧的您，細思之下，即可了然：他是把史實定義為傳說，反而把史實以外的傳說定義為史實的。並且，在聲聞人七百結集的第二次結集所完成的律典中，也已經明文記載著：只結集律藏而沒有結集法藏。在在處處都已證明印順是在欺騙佛門四眾。

印順總是將後人（特別是近代人）所做的文獻，作為他考證的資料，卻特地摒除最原始的經典與律典中的資料；他常常這樣以第二手資料做出來的考證，結論當然是不可信的。所以印順故意隱瞞第一次結集的最原始佛經中的記載，故意隱瞞第二次結集的律典中的記載，故意扭曲而主張四阿含經典大部分是在第二次結集時才出現的經典，藉以間接證明**大乘經典是在更後期才漸漸創造結集完成的**，這樣才能將大乘經典的結集時間推到極後期，就可以理直氣壯的主張：**大乘所有的經典都不是佛說，都是後來的佛弟子長期集體創造的**。但他這種說法不符第一次結集的原始佛教經典記載，也不符合第二結集的聲聞律典及其他許多聲聞律典的記載，更不符合他認爲**研究佛法應該依最原始的佛經、律典來研究**的說法。但最主要的原因是：大乘經典絕對不可能由聲聞聖人來結集，而大乘經典的結集，也不可能被聲聞人記入他們的律藏中，因爲這不是他們所能參與、所能表示意見的，他們也不願意參與。而菩薩眾已在第一次結集時就當場表示要另外進行結集了，當然會在第一結集以後不久就結集完成了。

　　如是，初轉法輪的聲聞部四阿含諸經，依據第一次結集的最原始的雜藏經典記載，以及最原始的聲聞部《摩訶僧祇律》及諸律典的記載，都是說**第一次的五百結集時就已完成阿含四大部的全部經典**了，而百年後的七百結集又只是結集律藏，不曾結集法藏，所以印順故意扭曲四阿含諸經的結集時間，來旁證大乘經典是在第三次結集以後才結集出來的，意謂是後人創造編集出來的，故大乘經典不是佛說；純屬虛言妄語。所以他應該回歸最原始的阿含部經典與聲聞律的明文記載。第一次結集完成的長阿含部經典，及第二次七百結集等律典中文字明載的證據，印順都不肯信，寧可相信近代的外道研究佛學者**根據**不可信的、更後期別有居心的**傳說**而作的「考證」。他寧可相信後出的錯悟者的論典及後人依據傳說而作的研究結論，違背長阿含部經典意旨，暗示說**大乘法義早在第一次結集的四阿含諸經中已經具足的宣講過了，所以阿含的解脫道就是成佛之道**。但事實是，一切人都無法在四阿含諸經中找到大乘法義的**顯說**、**廣說**文句，從未講解成佛之道，都只是隱說與極略說大乘法義的名相而已。

印順爲何要故意暗示說第二、三轉法輪結集的經典都不是 佛說的經典？他的意思是說：大乘經典是 佛滅後約四百五十年，才開始由佛弟子們長期創作、演繹、編集而成立的。但是 佛滅後的歷史記載，並沒有大乘經典被另外結集的記錄，因爲聲聞人不願意在聲聞律典中記錄大乘菩薩們結集大乘經典的史實。假使眞如他所說的一樣，那就表示：後代的佛弟子們集體的智力，遠超過究竟實相的 佛陀智慧。因爲現見大乘經典中的法義極爲勝妙，遠超過四阿含經中的法義；不但更爲深妙，而且更爲廣大無涯。那就等於是說：後代的佛弟子集體智慧確實是比 佛陀更高的，那麼 佛陀就應該不是一切智智的無上正等正覺了。這應該也是印順私心中故意要讓大家相信的觀念，而他在書中也主張：「**在家出家的佛弟子**，依佛的教導而修證，**證入佛陀自證的境地**。本著自己的理解與體驗，或表示自己的悟解，或爲了化導而表達出來，都就是佛法。」意思是大家都可以在這一世成佛的，不必修行三大阿僧祇劫才成佛，示現在娑婆的下一尊佛不必一定是 彌勒。

由以上的證據可以證明三事：一、印順對大乘經典是全面不信的，對四阿含經典則只是偏信局部、少分；所以會將方廣唯識系的全部經典全面否定，將宣演如來藏妙義的方廣經典都說爲後代佛弟子的集體創作，因此他就另外主張**根本佛法**而不願全面信受四阿含諸經。二、他自認爲懂得全部佛法，已經成佛了。三、大乘經典所說的法義，絕不是後代的佛弟子共同創造出來的，因爲擁有道種智的諸地菩薩們，都無法具足的理解大乘經中所說的全部法義，何況能創造大乘經典？

像他這樣子，寧可信受後來外道依據**傳說**而研究的說法，不信第一次結集完成的長阿含部經典，及最原始的眾多律典中明確的文字記載；寧可相信未悟的後人傳說，不肯信受先出的原始佛教經典、律典中的說法，這到底是不是佛教法師應該有的心態？難道外道及凡夫們的學術研究，根據未悟的古人文獻來做的文獻學考證，以及根據傳說所作的考證，可以凌駕於第一次結集的四阿含經典與諸律典、第二次結集律典中的明文記載？佛教徒是應該信受近代外道根據傳說，及根據後來的未悟古人文獻所作錯誤的學術研究？還是應該信受第一次結集的原始佛教長阿含部經典及諸律典的說法？佛教的法師們是應該信受經中所說的實修法義？還是應該信受佛學學術研究者的誤會結論？印順與昭慧、星雲、證嚴……等人都應該面對此一事實，詳細而冷靜的加以深思，然後對座下四眾或三眾弟子有所交待。

第一次結集完成的阿含部經典中說：【……八王歡喜，奉授金瓶；彼婆羅門受諸金瓶，持以還歸，於高樓上而分舍利以與八王。于時八王既得舍利，踴躍頂戴，還於本國，各起兜婆。彼婆羅門從諸力士乞分舍利瓶，自起兜婆；諸力士等取其一分，於闍維處，合餘灰炭而起兜婆，如是凡起十處兜婆。如來從始欲般涅槃，及般涅槃後至於闍維起諸兜婆，其事如是。其後**迦葉共於阿難及**

諸比丘，於王舍城結集『三藏』。】（阿含部雜藏《大般涅槃經》卷下）

這一段第一次結集完成的阿含部原始佛教的經文中，已同樣的說明一件事實：大迦葉尊者與阿難尊者在 佛泥洹後不久就結集經、律、雜等三藏了；這就是第一次的五百結集，顯然就是阿含部的四阿含諸經了；因爲在這次的結集中，四阿含的**經**、**雜**以及聲聞**律部**等三藏都已齊備了。在這第一次的七葉窟結集經藏時，既已同時結集律藏及雜藏，規模不算小；但大眾部另有一千菩薩參與的窟外結集（界外結集），規模遠大於第一次結集，更應該不會只是大乘雜散小經的結集，一定是大乘全部經典的結集（後出的密宗僞經除外），這是大家都可以輕易瞭解的認知。所以第一次結集後的窟外大舉結集，除了結集般若中觀部的第二轉法輪經典、與方廣唯識部的第三轉法輪經典，不可能會有比記錄中的第一次、第二次結集規模更大的結集。所以第二、三轉法輪的般若、唯識經典，當然是第一次結集後不久的大規模結集所成的經典，印順不應以四阿含部數量不多的解脫道經典，取代篇幅極大的大乘經典，妄說般若及唯識經典是數百年後編造的經典，所以印順不應妄說般若與方廣諸經不是 世尊所說。

至於印順所說：「那時的結集，不過是一人口中誦出，經大眾加以審定，並沒有用文字把它寫成定本。」其實正與第一次結集記錄的長阿含部經典與律典中的說法相反，在最原始的長阿含部經典、律典中已經明載：結集之後因爲四大部阿含的每一部篇幅都達到六十疋素絹之多，太龐大了，當時既無大量素絹可供記錄，又恐怕記憶不了那麼多，就以大片的樹葉裁成長方形的貝葉而記錄下來，所以長阿含部說：「四阿含文，各六十疋素。」又說：「分別書佛十二部經，戒律法具。」這是長阿含部經文中所明載的最原始事實，與印順根據後來別的傳說及後人寫的資料而寫在他的書中的說法，大不相同。

所以，根據第一次結集而成的長阿含部經典與諸律典中的說法，四阿含在同一次結集中就已全部集成，這並不是在後來結集成的大乘經中才如此說，而是第一次結集所成的長阿含部經典中就已經這樣說了。至於第二次結集，爲何平實說與四阿含諸經無關呢？根據《摩訶僧祇律》卷三十三的記載：

【耶舍聞是語已，作是言：「諸長老！我等應更集比尼藏，勿令佛法頹毀。」問言：「欲何處結集？」答言：「還彼事起處。」時摩偷羅國，僧伽舍羯闍耆舍衛城沙祇，爾時中國都有七百僧集，有持一部比尼、二部比尼者；又從世尊面受者，又從聲聞受者。時有凡夫、學人、無學人、三明六通得力自在，七百僧集毘舍離沙堆僧伽藍，嚴飾床褥。爾時大迦葉、達頭路、優波達頭路、尊者阿難皆已般泥洹。爾時尊者耶輸陀僧上座問言：「誰應結集**律藏**？」諸比丘言：「尊者陀娑婆羅應結集。」陀娑婆羅言：「長老！更有餘長老比丘應結集。」諸比丘言：「雖有諸上座，但世尊記長老和上成就十四法，**持律第一**。汝從面受，應當結集。」陀娑婆羅言：「若使我結集者，如法者隨喜，不如法者應遮。若不相應者應遮，勿見尊重。是義非義，願見告示。」皆言。爾時尊者陀娑婆羅作是念：「我今云何結集**律藏**？有五淨法，如法如律者隨喜，不如法者應遮。何等五？一者、制限淨乃至風俗淨。」作是語：「諸長老！是九法序，何等九？從四波羅夷乃至法隨順法，世尊在某處、某處爲某甲、某甲比丘制戒，我從和上聞，爲如是**制此戒**不？」皆言：「如是，如是。」五事記**比尼**，廣說如上。乃至：「諸長老！是中須鉢者求鉢，須衣者求衣，須藥者求藥，無有方便得求金銀及錢；如是，諸長老！應當隨順學。」是名**七百結集律藏**。】由此可見印順處處說謊，他刻意表示說，第二結集的七百結集是結集四阿含中的長阿含、中阿含、增一阿含等經典，用以推遲大乘經典的結集時間，顯然是錯誤的說法，因爲第二次的七百結集，顯然只是結集律典而已，並未結集阿含部的經典。

印順如是說：【而「原始佛教」的研究，首先要對「原始佛教」時代集成的聖典，作一番歷史的考察，理解其先後成立的過程。對於「原始佛教」的研究，這才能給以確當的客觀基礎。為了這樣，對原始佛教聖典成立的**先後過程**，作一番考察，而將研究所得，條理而敘述出來。】（《原始佛教聖典之集成》p.2）他認爲四阿含諸經，並不是在第一次的五百結集時就全部完成的，對第一次結集的最可靠的雜部經典所說**第一次結集已經完成四阿含諸經**的說法，他不相信；卻相信外國一分研究者「四阿含諸經是歷經二到三次才結集完成」的說法。

但律部中由後期各部派結集律典時所說的「史實」，往往是各部派依自己的立場而說的各說各話，也是更後於四阿含諸經、更後於第二結集的律藏才結集出來的，已經是後來的部派佛教時期的產物了；而且通常不免會因爲各部派從自己的不同立場，而對經典的結集說出互相出入的不同講法來，這也是印順自己在書中承認的事實。而他所謂的**文獻學**考證，大多不取材於最原始的四大部阿含經典及第一、第二結集的律典記載，反而取材於較晚期的部派佛教誤會佛法後的弘法資料，所以他從取材之時就已經是刻意取捨而有所偏差的了！並且，他偏愛從後期的律典中取材，捨棄最早期的律典記載；從平實在上面所舉證的七百結集只結集律法的歷史事實，被他說成結集阿含部經藏，即是明證。

而且，聲聞律典的結集，都是由聲聞人所結集的，不是由菩薩們結集成的，所說戒律也都偏在聲聞戒上，向來是絕口不提菩薩戒的；因此，聲聞人對於他們所不懂的大乘經典法義的結集，一定不會加以認同的；若有人想要在聲聞聖人會合聲聞凡夫結集的律典中，看到他們對大乘菩薩藏結集的評論或記載，都是絕無可能的。這就像是聲聞聖人從來都不敢評論菩薩們所說的一切法義一樣：若作貶抑之說，他們自知當不起菩薩們的回應；若作認同之說，則又成爲崇他抑己，也是他們所不願意做的事情。所以，想要在聲聞聖人會合聲聞凡夫結集成的律典中，找到菩薩們結集大乘經典的根據，是絕無可能的。由此緣故，從聲聞眾所結集的律典中的記載，是無法找到菩薩們結集大乘經典記載的，這是有智之人所能了知的眞相。

關於「不見水潦鶴」的典故，也不能取來作爲**當時沒有將結集經典記錄成文字**的證據；印順這種**似是而非**、**移花接木**的說法，一般人若不小心思惟分析，就會輕易的信受他，與他一樣的走上否定最究竟正法的道路。譬如今時講經說法者，也會記憶部分經典文句，或將整部經典背誦起來，這與今時的經論有無文字記錄並不相干；假使有人背錯經典而被人記在文字中，後人就說此時經典仍然未被記錄成文字，當然是不符事實的，這道理是一樣的。

二千五百年前的古印度，並無紙張的發明，也沒有印刷術，而當時絹疋也很貴重，出家人身無長物，不可能以大量絹疋來書寫經文；在當時物資並不充裕的環境下，護持結集的阿闍世王，縱使有心，也無法在極短時間內就籌齊二百四十匹素絹，所能作的就是以貝葉（把較厚、較大而富有纖維質的樹葉切割成大約一尺長、五指寬的長條狀），將表面磨平用來書寫經文。在沒有印刷術而單靠人工書寫的情況下，這些經文極爲寶貴，決不是一般的出家人所能直接閱讀到的，所以一般的出家人也只能從曾經閱讀過的長老口中受學而背誦起來。在經濟現實環境不許可之下，有人只將所背誦的經典口傳與弟子，弟子再口傳與徒孫，三、四度轉傳之後，就難免會有傳錯、背錯的事情發生，但卻無妨貝葉經典仍然繼續存在而未滅失；所以「不見水潦鶴」的錯背經文故事，仍然不能取來作爲當時沒有文字記錄經典語句的根據。印順想要以此故事作爲證據，來推翻當時已有文字記錄四阿含經典內容的事實，雖然不恰當，卻容易矇騙別人。所以他認爲四阿含諸經的法義不一定完全正確的說法，也是不能成立的。

印順盲從日本人宇井伯壽的說法，他如此說道：【然而現在這些古經律，仍不免部派的變化，所以結論到：憑上述的古典，還是不能充分知道歷史上的佛陀的真說。然後提出三項標準，認為這樣，才能闡明根本佛教的真實。在這裏，表達了他的卓見，稱為**根本佛教**。】（《原始佛教聖典之集成》p.5）

印順盲從一分日本人的說法，將 佛親口所說的法教稱爲**根本佛教**，再將第一次結集的四阿含經典另行稱爲**原始佛法**，意謂四阿含諸經所說的法義不見得就是 佛所說的法義。然而日本人宇井伯壽的考證，是根據聲聞法部派佛教後人記錄下來的巴利文律部資料文獻而作的考證，當然不比最原始的《摩訶僧祇律》的記載更準確，印順說：【**宇井伯壽以爲：阿育王時，還沒有「五部」、「四含」。**】（《原始佛教聖典之集成》p.5）這是何等荒唐的考證？最原始的《摩訶僧祇律》中明明很清楚的記述著：四阿含諸經是在第一次五百結集時就全部完成了。

他與日本一分研究佛學的少數人一樣，都想從研究當中去證解 佛法的眞實義，這與另一分日本佛學研究者主張**應該眞實修學**的看法不同；這二種不同的主張，在日本佛學學術界曾經有過諍論，但是他卻盲從愛樂學術研究而不肯眞修實證的一分日本人說法。他這樣子作，從來都不曾眞實的理解到 佛所說法的眞實義；印順等佛學研究者，連現存的可以反復閱讀的四阿含諸經中的眞義，都已經嚴重的誤會了；連現存的大乘般若諸經、方廣唯識諸經中具體明載，而且仍可反復閱讀思惟的眞實義，也都嚴重的誤會了；連現在可以再三反覆閱讀思惟的菩薩論中，很明白的證實**阿賴耶識如來藏眞實有**的意思，都會嚴重的誤會爲**相反的看法**了，更何況是單從部派佛教聲聞法中，以多數凡夫弘法者爲主的種種法義演變研究中，從後後期的部派佛教未實證佛法者所結集的律典中（第二結集以後的各部派律典又各自結集），又如何能眞實的理解 佛的眞意呢？

所以當他把大、小乘經典和菩薩們的論典加以闡釋時，就產生嚴重曲解的現象出來了。不但印順個人如此，研究佛學、佛法、佛教的某一分日本學者，也都同樣如此的嚴重曲解。正因爲他迷信某一分日本人的佛教文獻學研究的錯誤結果，又從比較後期的部派佛教歷代凡夫僧的弘法事相上作研究，不肯從大乘佛典及原始佛典的四阿含諸經中直接認取 佛的教誨，不肯從大乘眞悟菩薩的論典中究取眞實義，處處以先入爲主的藏密應成派中觀邪見作爲主軸，處處加以扭曲及反對；所以今天被親證解脫道眞義、眞參實究般若的眞悟者加以辨正時，也就只能默然以對，無復能言了！不但他個人如此，他的所有追隨者譬如昭慧、證嚴、星雲、聖嚴法師……等人，也都只能如此了。這就是迷信文獻學的人，專以文獻研究的方式，根據後時的、錯誤的文獻資料，而想要瞭解早時佛法的眞義，一定會落入這個窘境中。

印順如是說：【領受佛說，憶持在心，這是佛法存在於弟子內心的階段。忘失了，憶持不完整，那就不消說了。憶持完全的，由於領解的程度不等，存在於聽者內心的佛法，彼此間也不容易一致。聽同一教說，而引起不同的反應，不同的理解，甚至相反的意見，在「聽」與「說」的關係中，是極普遍的現象。】（《原始佛教聖典之集成》p.11）

但印順也如是說：【但這結集，時間只有三個月；參加結集的人數，又只有五百（或說千人）（註）；並且還是偏於摩訶迦葉一系的。像這樣匆促的時間，和少數人的意見，想使所結集的達到滿意的程度，當然是不可能。它的遺漏與取捨的或有不當，也可想而知。在結集終了的時候，就有人說「**我等亦欲結集**」，這很可以想見**當時情勢**的一般了。】（印順《唯識學探源》p.2～p.3）（註：千人是大眾部大乘菩薩們的窟外結集，印順故意混同爲一，意在否定菩薩們結集大乘經典的史實。）

在以聲聞法、聲聞人爲主的初次結集時，是不可能會有大乘法義被他們承認、被他們正確結集的。四阿含諸經中，明明有許多法義本是大乘經典，但卻被結集成小乘專講解脫道而不演說般若與種智的經典，將其中般若與種智的大乘法義部分都略而不錄，這當然無法使後來旁聽誦出結集內容的出家與在家菩薩們滿意，所以初次結集完成時，當場就有人表示要作另外的結集。菩薩們想要把大乘經典另外結集出來，這是不可避免的，也一定是隨後不久就開始結集了，因爲菩薩們的心性一向都是以法爲歸，以般若及種智爲歸的，這應該就是傳說中的千人結集。但是，大乘經典究竟是何時在何處結集出來的，印順及一切考證的人們，除了大乘經中的記載以外，他們也都沒有原始資料或原始律典中的事實證據可以提出來，理由就如同平實上面所說的一樣：聲聞人結集的聲聞律典中，絕對不可能記載大乘菩薩們結集大乘經典的處所與時間、人物的。

這其實是因爲小乘羅漢聽聞大乘法時，只能聽懂其中關於解脫道的部分，聽不懂般若及種智的部分，所以由他們結集出來的大乘經典，結果當然就會成爲只講解脫道的經典了，這是有智菩薩們都能理解的；假使出家與在家菩薩們被邀請參加第一次結集，一定會堅持正確的大乘經典法義，那麼爭執將在所難免，結集的內容就無法達成共識，結集將會失敗，今天就不可能有四阿含的存在了。但是，既有第二、三轉法輪所說的般若中觀與方廣唯識，既然四阿含中只反覆的細說二乘聲聞法的解脫道，而聲聞眾的第一次結集是四阿含及摩訶僧祇律與雜藏，第二次結集則只是聲聞戒律；都不曾說到菩薩所證的大乘般若中觀內容，也不曾說到諸地菩薩憑以成佛的方廣唯識種智及佛道次第的內容，而四阿含諸經所說的解脫道又只能使人成就聲聞果，不可能使人成就究竟佛道，當然有智菩薩們一定不會滿意聲聞人的結集，必定會有般若中觀及方廣唯識種智等經典的另外結集，才能完全把 佛在人間所傳授的成佛之道圓滿紀錄起來；這也是有智之人可想而知的，印順又何必故意將一次就結集完成的四阿含，拆裂成二、三次才結集完成？何必用這種理由，來說大乘經典是第二、三次結集以後才完成的？他怎能以錯誤的理由來指稱**大乘經典是 佛滅後幾百年才創造及結集出來的**？他似乎是想要以這種理由來主張：大乘經典不是佛說。

漢譯的四阿含諸經，可以說是原始佛教三乘經典中（註），關於解脫道法義函蓋面最廣、最具足者，函蓋了古印度諸部派所傳的阿含部經典，顯示部派佛教時期的各部派教典是支離不全的；不但平實如是說，印順自己也如是說：【而且，聲聞乘的經與律，華譯所傳，不是屬於一派的；在印度大陸傳出大乘的機運中，這些部派的經律，也更多的露出大乘佛法的端倪。所以，惟有重視華文聖典，研究華文聖典，對於印度佛教史上，根本而又重要的大問題，才能漸漸的明白出來！】（《初期大乘佛教之起源與開展》p.a1～p.a2）（註：原始佛教應包含前後三轉法輪的聲聞解脫道、佛菩提的般若中觀、唯識種智在內，都是佛陀在世時親口所說故。）

印順把四部阿含中的三部定位爲後來部派佛教的產物，藉以推遲大乘經典結集完成的時間。但四阿含諸經中顯示了一項事實：四阿含諸經中的某些經典其實本來就是大乘法的經典，但因聲聞羅漢聞之不解，對大乘法義不起勝解而無**念心所**功德，當然無法結集成大乘法義經典。初次結集又是以聲聞僧爲主，欲求能使在家、出家菩薩如願參與第一次結集而集成大乘經典，如同緣木求魚一般而不可得，當然一定會被二乘羅漢們結集成小乘解脫道的經典。但在有智菩薩眼裡，早就看出那些經典其實本來是在講大乘法的，這就是印順上文所說的**這些部派的經律，也更多的露出大乘佛法的端倪**。冀望小乘羅漢們結集大乘經典的希望破滅了，出家、在家菩薩們只能隨後另行結集。若菩薩們被邀請參與五百結集，二乘聖人必然沒有開口的餘地，二乘凡夫一定會對大乘法義諍論不斷，又如何能達成共識而結集四阿含出來？當然不被聲聞僧邀請參與結集。

在這一節的最後，要呼籲佛門四眾：大家都應依經與論中的法義實質而作眞參實究，千萬不要像印順一樣專在部派佛教中的多數未悟凡夫弘法時所說的錯誤法義的演變，以及錯誤的、後來的文獻資料上面作研究。但在這裡，平實卻要以印順自己所說的道理，呼籲印順法師（編案：平實導師寫此文時，印順法師仍然在世），如同您所說的：【佛教聖典，從原始結集以來，一直就是這樣的。所以佛教聖典，不應該有真偽問題，而只是了義不了義，方便與真實的問題。說得更分明些，那就是隨（世間）好樂，隨時宜，隨對治，隨勝義的問題。所以最後說：「佛法在流傳中，一直不斷的集成聖典，一切都是適應眾生的佛法」。】（《原始佛教聖典之集成》p.a3～p.a4）　【這樣的詳加論究，結論是：與經律（文句）相合，與法（義理）相合的，讚為真佛法，應該受持；否則就應棄捨他。這一取捨——承受或不承受的標準，實就是一般所說的「佛語具三相」：一、修多羅相應；二、不越（或作顯現）毘尼；三、不違法性。說一切有部所傳，開合不同：判決為非佛說的，名「四大黑說」（迦盧漚波提舍）；是佛說的，名「四大白說」（摩訶漚波提舍）。這四大（黑說、白說）說，經（註）中傳為佛將涅槃時說，編入「增壹阿含」。**律部中，載於「七百結集」下**（編案：此是誤說，詳前舉例辨正）。這充分表明了，這是原始結集以後，七百結集前後，佛教界對於新傳來的經律，審定而取、去的準繩。】（《原始佛教聖典之集成》p.23）（註：應是律而不是經，印順曲解了。而印順所說也與第二次結集的聲聞律中所載不符。）

既然只有**了不了義**的問題，沒有眞僞的問題，那麼何不先在**了不了義**上面研判確定了以後，再來探討其他的問題？何必專在四阿含是否幾次才結集完成上面廣作文章？何必專在**大乘經典是否眞的佛說**上面廣作文章？ 既然只有**勝義說**或**方便說**的問題，如今平實已證明四阿含諸經所說**偏重解脫道**而不開示**佛菩提道**；既已證明**解脫道是方便說**而**不是勝義說**，那麼印順……等人何不回歸**佛菩提道**的大乘經典來？爲何要繼續專在**不了義**、**方便說**的解脫道上面廣作文章？爲何要把**不了義**、**方便說**的二乘**解脫道**用來取代大乘的**成佛之道**？所以平實在這裡呼籲大乘法中的佛門四眾：

請您趕快回歸唯一佛乘函蓋解脫道與佛菩提道的全面性大乘佛法中來吧！不要再身穿大乘法衣、受持大乘菩薩戒，卻仍然死抱著二乘小法而排斥大乘經典中的最勝妙法義了！（以上教史辨正能使佛弟子回歸正法，故很重要而必須說）

第二節　三會說法之初會

《長阿含經》卷一《大本經》說：【如是我聞　一時佛在舍衛國祇樹花林窟，與大比丘眾千二百五十人俱。時諸比丘於乞食後，集花林堂，各共議言：「諸賢比丘！唯無上尊爲奇特；神通遠達，威力宏大；乃知過去無數諸佛入於涅槃，斷諸結使，消滅戲論。又知彼佛劫數多少，名號姓字，所生種族；其所飲食，壽命修（註）短，所更（註）苦樂；又知彼佛有如是戒，有如是法，有如是慧，有如是解，有如是住。云何諸賢：如來爲善別法性知如是事？爲諸天來語乃知此事？」】（註：「修」者，謂細長也。「更」者，謂觸受之經歷也，更字讀作經音。）

【爾時世尊在閑靜處，天耳清淨，聞諸比丘作如是議；即從座起，詣花林堂，就座而坐。爾時世尊知而故問，謂諸比丘：「汝等集此，何所語議？」時諸比丘具以事答。爾時世尊告諸比丘：「善哉！善哉！汝等以平等信，出家修道，諸所應行凡有二業：一曰賢聖講法，二曰賢聖默然。汝等所論正應如是。如來神通，威力宏大，盡知過去無數劫事，以能善解法性故知，亦以諸天來語故知。」佛時頌曰：

比丘集法堂，講說賢聖論：如來處靜室，天耳盡聞知。佛日光普照，分別法界義；亦知過去事，三佛般泥洹；名號姓種族，受生分亦知；隨彼之處所，淨眼皆記之。諸天大威力，容貌甚端嚴；亦來啓告我，三佛般泥洹。記生名號姓，哀鸞音盡知；無上天人尊，記於過去佛。】

般泥洹，謂捨人壽而入涅槃也。法界，謂一切眾生所觸所用所知萬法之種子與侷限；種子或名萬法之功能差別，「界」名種子故，亦名功能差別，故有侷限。哀鸞，謂追思過去佛時，心有哀慼之語聲也。

【又告諸比丘：「汝等欲聞如來『識宿命智』知於過去諸佛因緣不？我當說之。」時諸比丘白言：「世尊！今正是時，願樂欲聞。善哉世尊！以時講說，當奉行之。」佛告諸比丘：「諦聽！諦聽！善思念之，吾當為汝分別解說。」時諸比丘受教而聽。】佛之識宿命智，謂佛對於自己及眾生過去無量劫中一切受生及所經歷諸事，悉皆能自憶念，不受過去劫數多少之限制，對過去久遠不可知劫數以前所經之事悉能知之。大阿羅漢若已修成三明六通者，其識宿命智，唯能知八萬大劫內事；若過八萬大劫，即不能知之。當今世人或神祇若有宿命通，能知十世、百世，已可名爲大神通者，然於佛法中言之，乃其極小者；譬如初地至三地未滿心前之菩薩，雖未修成神通，然因心清淨故，已能藉等持位中隨緣而現之往世諸事，觀察而知往世諸事，乃至能知無量劫以前之事，都能多、少了知自己往世學佛之因緣，非彼修得十世、百世宿命通之凡夫與神祇所能臆測也。唯因非是修證神通所得之境界故，不能指定所欲了知之世代而知之，唯能隨其當時因緣而見之。是故久學菩薩雖未得宿命通、未離胎昧，而亦能知往世因緣之局部或大部分，即是「無神通菩薩而能知往世事」，故名不可思議。經中所言菩薩不修神通而能了知宿命，名爲不可思議者，即謂此也！

【佛（釋迦牟尼）告諸比丘：「過去九十一劫，時世有佛名毗婆尸如來、至眞，出現于世。復次比丘！過去三十一劫有佛，名尸棄如來、至眞，出現於世。復次比丘！即彼三十一劫中有佛，名毗舍婆如來、至眞，出現於世。復次比丘！此賢劫中有佛，名拘樓孫，又名拘那含，又名迦葉；我今亦於賢劫中成最正覺。」

佛（釋迦牟尼）時頌曰：

過九十一劫，有毗婆尸佛；次三十一劫，有佛名尸棄；

即於彼劫中，毗舍如來出；今此賢劫中，無數那維歲，

有四大仙人，愍眾生故出：拘樓孫、那含，迦葉、釋迦文。】

賢劫之前，不是每一劫中都會有佛出現在人間，往往多劫之後方有一佛出現於人間，所以說**佛出人間往往猶如曇花一現**，極爲稀有。賢劫則有千佛之多，如今已有四佛出現於人間，即是 拘樓孫佛、拘那含佛、迦葉佛、釋迦文佛。於此世界壞滅之前，尚有九百九十六佛當出現於人間，當來下生 彌勒尊佛當其第五，於人壽八萬四千歲時當出於人間。

【「汝等當知：毗婆尸佛時，人壽八萬歲；尸棄佛時，人壽七萬歲；舍婆佛時，人壽六萬歲；拘樓孫佛時，人壽四萬歲；拘那含佛時，人壽三萬歲；迦葉佛時，人壽二萬歲；我今出世，人壽百歲，少出、多減。」】

「少出、多減」，謂此時人壽短命，少有出過於百歲者，多屬減於百歲者。此娑婆世界連同以前九十一劫計算，已過七佛者謂： 毗婆尸佛、尸棄佛、毗舍婆佛、拘樓孫佛、拘那含佛、迦葉佛、釋迦文佛。後四佛屬賢劫千佛排列在前四佛者，七佛中之前三佛，是三十一劫前有二佛出世，九十一劫前有一佛出世。於三十一劫前到此時賢劫來臨時，唯有以前第三十一劫中曾出現 尸棄佛、毘舍婆佛。再往前推溯，則亦無佛出現，須再往前推至第九十一劫時，方有一佛出世，即是 毗婆尸如來；此經所述 毗婆尸佛者，即是九十一劫前之佛也！

【佛（釋迦牟尼）時頌曰：

毗婆尸時人，壽八萬四千；尸棄佛時人，壽命七萬歲；

毗舍婆時人，壽命六萬歲；拘樓孫時人，壽命四萬歲；

拘那含時人，壽命三萬歲；迦葉佛時人，壽命二萬歲；

如我今時人，壽命不過百。

「毗婆尸佛出剎利種，姓拘利若；尸棄佛、毗舍婆佛，種姓亦爾；拘樓孫佛，出婆羅門種，姓迦葉；拘那含佛、迦葉佛，種姓亦爾。我今如來至真，出剎利種，姓名曰：瞿曇。」佛（釋迦牟尼）時頌曰：

毗婆尸如來，尸棄毗舍婆；此三等正覺，出拘利若姓。

自餘三如來，出于迦葉姓；我今無上尊，導御諸眾生；

天人中第一，勇猛姓瞿曇。前三等正覺，出於剎利種，

其後三如來，出婆羅門種；我今無上尊，勇猛出剎利。

「毗婆尸佛坐波波羅樹下成最正覺，尸棄佛坐分陀利樹下成最正覺，毗舍婆佛坐娑羅樹下成最正覺，拘樓孫佛坐尸利沙樹下成最正覺，拘那含佛坐烏暫

婆羅門樹下成最正覺，迦葉佛坐尼拘律樹下成最正覺；我今如來至眞，坐鉢多樹下成最正覺。」佛（釋迦牟尼）時頌曰：

毗婆尸如來，往詣婆羅樹，即於彼處所，得成最正覺。
尸棄分陀樹，成道滅有原。
毗舍婆如來，坐娑羅樹下；獲解脫知見，神足無所礙。
拘樓孫如來，坐尸利沙樹；一切智清淨，無染無所著。
拘那含無尼，坐烏暫樹下；即於彼處所，滅諸貪憂惱。
迦葉如來坐，尼拘樓樹下；即於彼處所，除滅諸有本。
我今釋迦文，坐於鉢多樹；如來十力尊，斷滅諸結使。
摧伏眾魔怨，在眾演大明；七佛精進力，放光滅闇冥。
各各坐諸樹，於中成正覺。

「毗婆尸如來，三會說法，初會弟子有十六萬八千人，二會弟子有十萬人，三會弟子有八萬人。尸棄如來亦三會說法，初會弟子有十萬人，二會弟子有八萬人，三會弟子有七萬人。毗舍婆如來二會說法，初會弟子有七萬人，次會弟子有六萬人。拘樓孫如來一會說法，弟子四萬人。拘那含如來一會說法，弟子

三萬人。迦葉如來一會說法，弟子二萬人。我今一會說法，弟子千二百五十人。」】

如是經文中所說弟子，都以證得阿羅漢果者而說之，或以證悟菩薩而說之，不是未證阿羅漢果者，也不是指未證悟之菩薩。又，世尊此處說「我今一會說法，弟子千二百五十人」，也顯示 世尊確有三會說法之義：一者，說此阿含經典時，尚未進入第二會說法時期，故言「今一會說法」，以「今」一字已明示後時將會有第二、第三會說法，當然會有後來的般若會及更後的方廣會所說的般若中觀及方廣唯識，否則就不能圓滿化緣而取滅度。二者，一會說法所度之阿羅漢眾總有一千二百五十人之多，然而這一千二百五十人，並非一次說法就具足得度，而是始從鹿野苑度五比丘，然後歷經十餘年的遊化才具足一千二百五十位阿羅漢的，所以一會說法的時間不是指第一次說法，而是一段時期說同一種法的**聲聞會**時期，即是阿羅漢們所修、所證的聲聞法解脫道，不含攝菩薩修證的成佛之道（佛菩提道）及菩薩眾。由此證明後時必有第二、第三會說法，當知第二、三會所說之法必是成佛之道的佛菩提，也一定是度菩薩眾，可以證明第二轉法輪說的是般若諸經，第三轉法輪說的是方廣唯識諸經。三者，世尊第一會說法時所度的一千二百五十人，都是聲聞阿羅漢（後來有許多阿羅漢在第二、第三會說法時迴心轉入大乘法中），此時尚未記說有菩薩部眾；然而四阿含其餘諸經（特別是原屬大乘經的雜阿含、增一阿含）中卻處處說有三部之眾：聲聞眾、緣覺眾、菩薩眾（或說聲聞部、緣覺部、佛部）。可見第一會演說聲聞緣覺法以後，必然將有第二會的演說般若諸經及第三會的演說方廣諸經，方能演說成佛之道而化度菩薩眾，所以一會說法的十餘年中，所度只是聲聞眾而無菩薩眾，由此三點說明，已經證實 世尊總共有三會說法，不是只有一會說法而單只演說四阿含的聲聞解脫道法教。

而此三會說法者，即謂後來的**般若會**、**方廣會**，當然必有三轉法輪：以初轉法輪之聲聞、緣覺所修解脫道，總名二**乘菩提**，以弘演出離三界生死之解脫道爲主，所度部眾爲**聲聞部**；次轉法輪般若會，弘演大乘實相般若中道，以弘演法界實相般若之總相智與別相智爲主，度三賢位之**菩薩衆**；第三會說法者，以弘演大乘**成佛之道**爲主，即是方廣諸經所說諸地應修證之一**切種智**究竟了義妙法，乃是唯識增上慧學。

若唯有一會說法者，則必定是純說大乘法——方廣唯識成佛之道——將聲聞解脫道及大乘般若中道觀，合併於一切種智之中而作宣說，則不規劃最早一期時間單說二乘法、專度聲聞眾，亦不規劃另一個中間時段而別說實相般若以度三賢位菩薩，乃是將前二轉法輪所說者，一併總括於方廣諸經的一切種智中說之；譬如阿含部的《央掘魔羅經》中說：【爾時世尊告文殊等言：「彼諸如來世界云何？」文殊等言：「彼諸世界無諸沙礫、平如澄水，柔軟樂觸猶如綿纊，如安樂國無諸五濁，**亦無女人、聲聞、緣覺。唯有一乘，無有餘乘**。」】這就是唯一佛乘而無三乘、人天乘。若觀唯有二乘根性人可度，尚無菩薩種性人可度，則不會示現成佛，而是由大菩薩以聲聞身示現，唯有說聲聞法，度聲聞眾成阿羅漢，然後取滅度。若是唯有一會說法而純說唯一佛乘者，謂彼時眾生根性聰慧有智，心性調柔而道心猛利，不畏菩薩深妙行門，是故示現佛身，逕說**一佛乘**之妙法，不將**一佛乘**中之解脫道析出別說聲聞法，亦不將一切種智中之實相般若析出別說，是故**一會說法**而圓成化緣。

然今現觀四大部阿含諸經所說者，不斷重複宣說聲聞四諦八正之解脫道，也不斷重複宣說緣覺因緣觀的解脫道，幾已至嘮叨的地步，卻都未說明般若及方廣種智的妙理；縱使有時說之，也只有隱說而不顯說，或只單說名相。可見世尊第一會說法時只說二乘解脫道的長阿含與中阿含，必然要在後時別作第

二、第三會說法，再行宣講般若及方廣唯識教，方能圓滿化緣而取滅度。否則，即是捨置佛部的菩薩道，未圓滿化緣即取涅槃，則不符歷史及教證中所說的事實。這是 世尊現見五濁眾生得度的因緣必須三會說法才能圓滿，所以先以阿含聲聞緣覺法而作第一會說法，是故宣說阿含時當然要如此說：「**我今一會說法，弟子千二百五十人。**」這一千二百五十人都是聲聞道中的阿羅漢故，這不是在一次演說聲聞法中，同時度得一千二百五十位阿羅漢的，是十餘年中所度得者，可見聲聞會所說的一會是十餘年爲一會；聲聞法的一會十餘年以後，難道 佛陀就不再說法了嗎？當然還會有第二會演說般若，還會有第三會演說唯識一切種智。

此外， 世尊成佛時，思惟此土眾生難度，欲取涅槃，是因爲**成佛之道**極難宣說故，眾生極難信受故。後來因爲大梵天的請求，才留住人間，不得不思惟應如何爲眾生說法，所以觀察過往諸佛如何利樂眾生，最後才施設三會說法，從淺至深，漸次方便引入大乘了義法中，乃先說涅槃的修證，令得解脫生死，生起大信；次則宣演般若中道，令知法界眞相，令知解脫不等於親證法界實相；末則宣演方廣唯識教，令知成佛所憑之一切種智內涵，令得進修諸地無生法忍，終能成就佛道；這是有次第的漸漸引入大乘教中，最後圓成佛道，這就是**漸教**的由來。這不但是最原始的《長阿含經》中的說法，從證悟菩薩的理證來看待三乘法義時，也一定會發覺必須如此施設三會說法。

但十方法界佛教，不一定都是如此；諸佛採取一會、二會或三會說法者，都依時空背景及眾生根性的差異，作種種觀察而定奪之：或時有佛，因見人壽八萬歲，壽命甚長，佛壽亦依眾生壽命福德而示現，故以壽命長遠故，分作三會而說。毗婆尸如來時，人壽雖亦長達八萬歲，然因前佛相距遙遠，聖法之耳聞傳說悉已滅盡無餘，一時宣說佛菩提道，眾生不易信受，不宜一會之中便說唯一佛乘之法，是故分爲三會而說。

二會說法者，將聲聞解脫道與般若合說，爲第一轉法輪；後說方廣一切種智，傳授成佛之道，將佛道之內容與次第一一宣說，成爲第二轉法輪，如是二會說法而圓滿化緣。或觀察因緣而將聲聞解脫道作爲初會說法內容，成爲初轉法輪；再將般若中道與方廣種智合在第二會而說，成爲第二轉法輪，同樣都以二會說法而圓滿化緣。

釋迦文佛觀察此土，阿含時期之眾生根器漏劣，不宜一會說法而說唯一佛乘，亦不宜二會說法，必須有次第性的一一細說，才能漸次引入唯一佛乘中，是故分爲三會而說：先說聲聞緣覺所修證之解脫道，所以宣說阿含諸經法義時期即是初會說法；次爲接引畏懼種智妙法之聲聞人轉入大乘，故說大乘般若中觀總相及種種別相，即是般若智慧之總相智與別相智，此是第二轉法輪所說般若中道觀行諸經也；如是次第宣說，等待學人智慧勝妙、心性廣大、因緣成熟時，再說第三轉法輪之方廣唯識種智妙法，即是如來藏系之方廣唯識諸經也。釋迦世尊宣說此《長阿含經》時，正當第一會之時所說，故說「**我今一會說法，弟子千二百五十人。**」此《長阿含經》乃是宣說阿含佛法時期所說者故，此第一會唯說聲聞法之解脫道，猶未宣說大乘般若中觀佛法，也未說到成佛之道的一切種智唯識增上慧學，因爲尚未轉入第二、三轉法輪時期故；初會說法的阿含期所度者，都是聲聞阿羅漢眾，共有一千二百五十人，尚未有菩薩眾也！尚未宣說大乘般若，尚未有人轉入菩薩道中故，當然仍是第一會的說法。

【佛（釋迦牟尼）時頌曰：

　毗婆尸名觀，智慧不可量；遍見無所畏，三會弟子眾。

　尸棄光無動，能滅諸結使；無量大威德，無能測量者；

彼佛亦三會，弟子普共集。
毗舍婆斷結，大仙人要集；名聞於諸方，妙法大名稱；
二會弟子眾，普演深奧義。
拘樓孫一會，哀愍療諸苦；導師化眾生，一會弟子眾。
拘那含如來，無上亦如是；紫磨金色身，容貌悉具足；
一會弟子眾，普演微妙法。
迦葉一一毛，一心無亂想；一語不煩重，一會弟子眾。
能仁意寂滅，釋種沙門上；天中天最尊，我一會弟子。
彼會我現義，演布清淨教；心常懷歡喜，漏盡盡後有。
毗婆尸棄三，毗舍婆佛二；四佛各各一，仙人會演說。

「時毗婆尸佛有二弟子，一名騫茶，二名提舍，諸弟子中最爲第一。尸棄佛有二弟子，一名阿毗浮，二名三婆婆，諸弟子中最爲第一。毗舍佛有二弟子，一名扶遊，二名鬱多摩，諸弟子中最爲第一。拘樓孫佛有二弟子，一名薩尼，二名毗樓，諸弟子中最爲第一。拘那含佛有二弟子，一名舒槃那，二名鬱多樓，諸弟子中最爲第一。迦葉佛有二弟子，一名提舍，二名婆羅婆，諸弟子中最爲第一。今我二弟子，一名舍利弗，二名目揵連，諸弟子中最爲第一。」佛（釋迦牟尼）時頌曰：

騫茶提舍等，毗婆尸弟子；阿毗浮三婆，尸棄佛弟子；
扶遊鬱多摩，弟子中第一；二俱降魔怨，毗舍婆弟子。
薩尸毗樓等，拘樓孫弟子；舒槃鬱多樓，拘那含弟子；
提舍婆羅婆，迦葉佛弟子；舍利弗目連，是我第一子。

「毗婆尸佛有執事弟子，名曰無憂；尸棄佛執事弟子，名曰忍行；毗舍婆佛有執事弟子，名曰寂滅；拘樓孫佛有執事弟子，名曰善覺；拘那含佛有執事弟子，名曰安和；迦葉佛有執事弟子，名曰善友；我執事弟子，名曰阿難。」佛（釋迦牟尼）時頌曰：

無憂與忍行，寂滅及善覺，安和善友等，阿難爲第七。
此爲佛侍者，具足諸義趣；晝夜無放逸，自利亦利他。
此七賢弟子，侍七佛左右，歡喜而供養，寂然歸滅度。

「毗婆尸佛有子，名曰方膺；尸棄佛有子，名曰無量；毗舍婆佛有子，名曰妙覺；拘樓孫佛有子，名曰上勝；拘那含佛有子，名曰導師；迦葉佛有子，名曰集軍；今我有子，名曰羅睺羅。」佛（釋迦牟尼）時頌曰：

方膺無量子，妙覺及上勝；導師集軍等，羅睺羅第七。

此諸豪貴子，紹繼諸佛種；愛法好施惠，於聖法無畏。

「毗婆尸佛父名槃頭，剎利王種；母名槃頭婆提，王所治城名曰槃頭婆提。」佛（釋迦牟尼）時頌曰：

遍眼父槃頭，母槃頭婆提；槃頭婆提城，佛於中說法。

「尸棄佛父名曰明相，剎利王種；母名光曜，王所治城，名曰光相。」佛（釋迦牟尼）時頌曰：

尸棄父明相，母名日光曜；於明相城中，威德降外敵。

「毗舍佛父名善燈，剎利王種，母名稱戒；王所治城名曰無喻。」佛（釋迦牟尼）時頌曰：

毗舍婆佛父，善燈剎利種；母名曰稱戒，城名曰無喻。

「拘樓孫佛父名祀得，婆羅門種，母名善枝，王名安和，隨王名故城名安和。」佛（釋迦牟尼）時頌曰：

祀得婆羅門，母名曰善枝；王名曰安和，居在安和城。

「拘那含佛父名大德，婆羅門種，母名善勝；是時王名清淨，隨王名故城名清淨。」佛（釋迦牟尼）時頌曰：

大德婆羅門，母名曰善勝；王名曰清淨，居在清淨城。

「迦葉佛父名梵德，婆羅門種；母名曰財主；時王名汲毗，王所治城名波羅奈。」佛（釋迦牟尼）時頌曰：

梵德婆羅門，母名曰財主；時王名汲毗，在波羅奈城。

「我父名淨飯，剎利王種；母名大清淨妙；王所治城名迦毗羅衛。」佛（釋迦牟尼）時頌曰：

父剎利淨飯，母名大清淨；土廣民豐饒，我從彼而生。

「此是諸佛因緣，名號種族所出生處。何有智者聞此因緣，而不歡喜起愛樂心？」

爾時世尊（釋迦牟尼）告諸比丘：「吾今欲以宿命智，說過去諸佛事，汝欲聞不？」諸比丘對曰：「今正是時，願樂欲聞。」佛（釋迦牟尼）告諸比丘：「諦聽諦聽！善思念之，吾當為汝分別解說。比丘當知諸佛常法：毗婆尸菩薩從兜率天降神母胎，從右脅入，正念不亂。當於爾時，地為震動，放大光明普照世界，日月所不及處皆蒙大明，幽冥眾生各相睹見，知其所趣；時此光明復照魔宮，諸天、釋、梵、沙門、婆羅門，及餘眾生普蒙大明，諸天光明自然不現。」

佛（釋迦牟尼）時頌曰：

密雲聚虛空，電光照天下；毗婆尸降胎，光明照亦然。
日月所不及，莫不蒙大明；處胎淨無穢，諸佛法皆然。

「諸比丘當知：諸佛常法，毗婆尸菩薩在母胎時專念不亂，有四天子執戈矛侍護其人，人與非人不得侵嬈，此是常法。」佛（釋迦牟尼）時頌曰：

四方四天子，有名稱威德；天帝釋所遣，善守護菩薩。
手常執戈矛，衛護不去離；人非人不嬈，此諸佛常法。
天神所擁護，如天女衛天；眷屬懷歡喜，此諸佛常法。

又告比丘：「諸佛常法：毗婆尸菩薩，從兜率天降神母胎，專念不亂；母身安隱無眾惱患，智慧增益；母自觀胎，見菩薩身諸根具足，如紫磨金無有瑕穢，猶如有目之士觀淨琉璃，內外清徹無眾障翳。諸比丘！此是諸佛常法。」

爾時世尊（釋迦牟尼）而說偈言：

如淨琉璃珠，其明如日月；仁尊處母胎，其母無惱患。

智慧為增益，觀胎如金像；母懷妊安樂，此諸佛常法。

佛（釋迦牟尼）告比丘：「毗婆尸菩薩，從兜率天降神母胎，專念不亂；母心清淨無眾欲想，不為淫火之所燒然。此是諸佛常法。」爾時世尊（釋迦牟尼）而說偈言：

菩薩住母胎，天終天福成；其母心清淨，無有眾欲想。（終字疑為中字誤植）

捨離諸淫欲，不染不親近；不為欲火燃，諸佛母常淨。

佛告比丘：「諸佛常法，毗婆尸菩薩從兜率天降神母胎，專念不亂；其母奉持五戒，梵行清淨，篤信仁愛，諸善成就，安樂無畏。身壞命終生忉利天。此是常法。」爾時世尊（釋迦牟尼）而說偈言：

持人中尊身，精進戒具足；後必受天身，此緣名佛母。

佛告比丘：「諸佛常法，毗婆尸菩薩，當其生時從右脅出，地為震動，光明普照；始入胎時，闇冥之處無不蒙明。此是常法。」爾時世尊（釋迦牟尼）而說偈言：

太子生地動，大光靡不照；此界及餘界，上下與諸方；

放光施淨目，具足於天身；以歡喜淨音，轉稱菩薩名。

佛（釋迦牟尼）告比丘：「諸佛常法，毗婆尸菩薩，當其生時從右脅出，專念不亂。時菩薩母，手攀樹枝、不坐不臥；時四天子手奉香水，……從右脇出，專念不亂。其身清淨，不爲穢惡之所染污。猶如有目之士，以淨明珠投白繒上，兩不相汙，二俱淨故；菩薩出胎亦復如是，此是常法。」爾時世尊（釋迦牟尼）而說偈言：

猶如淨明珠，投繒不染汙，菩薩出胎時，清淨無染汙。

佛（釋迦牟尼）告比丘：「**諸佛常法**，毗婆尸菩薩，當其生時從右脇出，專念不亂。從右脇出，墮地行七步，無人扶侍，遍觀四方，舉手而言：『**天上天下，唯我為尊**；要度眾生生老病死。』**此是常法**。」爾時世尊（釋迦牟尼）而說偈言：

猶如師子步，遍觀於四方；墮地行七步，人師子亦然。
又如大龍行，遍觀於四方；墮地行七步，人龍亦復然。
兩足尊生時，安行於七步；觀四方舉聲，當盡生死苦。
當其初生時，無等等與等；自觀生死本，此身最後邊。

佛（釋迦牟尼）告比丘：「諸佛常法，毗婆尸菩薩，當其生時從右脅出，專念不亂；二泉湧出，一溫一冷以供澡浴，此是常法。」爾時世尊（釋迦牟尼）而說偈言：

兩足尊生時，二泉自涌出；以供菩薩用，遍眼浴清淨。
二泉自涌出，其水甚清淨；一溫二清冷，以浴一切智。】

此一切智，乃謂具足一切法界之智慧，故名一切智，不是具足聲聞十智之一切智。又此經是第一轉法輪經典，尚未轉至第三法輪時，是故猶未曾說一切種智，要待第三轉法輪時方說一切種智，若以一切種智稱佛，則諸聲聞阿羅漢必將聞之不解，是故此時以「一切智」稱佛，不以一切種智稱佛。

【「太子（毗婆尸佛）初生，父王槃頭召集相師及諸道術，令觀太子，知其吉凶。時諸相師受命而觀，即前披衣，見有具相，占曰：『有此相者，當趣二處，必然無疑：若在家者，當為轉輪聖王，王四天下，四兵具足；以正法治，無有偏枉，恩及天下；七寶自至，千子勇健能伏外敵，兵杖不用，天下太平。若出家學道，當成正覺，十號具足。』時諸相師即白王言：『王所生子，有三十二相，當趣二處，必然無疑，在家當為轉輪聖王；若其出家，當成正覺，十號具足。』」】

披衣者，謂將毗婆尸菩薩身上所著之衣披開而觀也。如閩南語所言之披開也。今時閩南語者，乃是古時之河洛話也。

【佛（釋迦牟尼）時頌曰：

百福太子生，相師之所記；如典記所載，趣二處無疑：
若其樂家者，當爲轉輪王，七寶難可獲，爲王寶自至；
眞金千輻具，周匝金輞持；轉能飛遍行，故名爲天輪；
善調七牙住，高廣白如雪，能善飛虛空，名第二象寶；
馬行周天下，朝去暮還食，朱髦孔雀咽，名爲第三寶；
清淨琉璃珠，光照一由旬，照夜明如晝，名爲第四寶；
色聲香味觸，無有與等者，諸女中第一，名爲第五寶；
獻王琉璃寶，珠玉及眾珍，歡喜而貢奉，名爲第六寶；
如轉輪王念，軍眾速來去，健疾如王意，名爲第七寶；
此名爲七寶，輪象馬純白，居士珠女寶，典兵寶爲七；
觀此無有厭，五欲自娛樂。如象斷羈絆，出家成正覺。
王有如是子，二足人中尊；處世轉法輪，道成無懈怠。】

印順法師每於書中倡言：轉輪聖王之說，乃是 世尊入滅後，由於部派佛教之分裂發展，始漸漸有大乘法之出現與弘傳，遂將人王聖化爲轉輪聖王；於四阿含中實無轉輪聖王及七寶之說。今此經中最原始的阿含系聖典，即是印順所謂之「原始佛教」經典，已經具說轉輪聖王及其七寶也，可證四阿含經典中已曾宣說轉輪聖王之事，非是「後來」大乘經典始有之說也。

由此可證印順所造諸書多屬揣測之詞也，故其所謂**佛教法義演變考證**之說，不可信也，非是眞正佛教法義之考證故，實是古來部派佛教時期諸未證道者弘法時之法義演變故：佛教中之未悟三乘菩提者所弘傳法義，容有種種演變；然而眞正悟得三乘菩提之歷代祖師菩薩，所弘傳之法義，一向同於三乘經典，並無演變之事。

譬如今時平實出於人間而說正法，法義一向與三乘經典無二無別；然近百年來諸宗諸派所弘法義，則有諸種轉變；而此諸宗諸派所弘演之法義，實非眞正之佛教法義，乃是已經誤會後而自稱爲佛教之法義；後代若有人依彼等先出之大法師所說法義，以及後出之平實所說法義而考證之，便將誤以爲：「**平實年代所弘法義大爲轉變，迥異稍早之諸宗諸派。**」若究其實，平實所弘演之解脫道法義，實與古時四阿含所說者無異；所弘演之大乘般若及一切種智之法義，亦與古時大乘諸經諸論所說者無異，唯除錯悟者所造諸論。由是緣故，後代之考證者，若不能了知如是事實（不知百年來大師們都錯會佛教法義），唯觀未悟者及錯悟者之法義表相而作考證，便將產生偏差之說。更後代之學人若不能知此事實，則將誤信彼等後代諸人之考證爲眞，便信彼等誤說之詞：**「古時之法義弘傳至平實年代時，已經有極大之轉變。」**然實所說不正確，迥異事實也！今時之於後時如是，古時之於今時，所作種種考證亦復如是：**若非同以今古眞悟者所說法義，取來作爲考證之標的者，彼考證之結論必皆錯謬。**

今時平實藉此機會提出事實眞相上之辨正，並留有諸多著作，以供後人比對古時諸經及眞悟菩薩之論，可以證實爲眞，則後代考證者便可遠離如是重蹈覆轍之錯誤考證過失，後代的佛法弘傳或可免除印順等人誤導眾生之同一過失。由是正理，平實如是說：佛學考證者必須有開悟般若之證量，並且稍具種智，方可作種種法義是否演變之考證；亦說印順法師尚未悟入三乘菩提，又隨順外國不信佛教之研究學者之說，依據錯悟、未悟者之弘法表相而作成結論、而言考證，悉不可信也！平實歷生不斷弘傳眞正之法義，然大部分不曾被取作考證之資料，或如藏密五世達賴篡改余之法義而誣爲破法者；故彼等考證研究者，依佛教錯悟者弘法表相上之考證結論，皆非正確之說。然而越至後世，證悟之人越寡，而眞悟者更難逢遇知音，更不容易被諸方迷信大名聲之初機學人所信，故將越發少有資料留傳，亦將難有正確留傳下來之可供考證資料，故說彼等考證之言，皆不可信也！

後人若欲考證今時之佛教有無演變者，必須全依今時、後時眞悟者所說之法而作考證，方有正確之處，不得採證於錯悟者所說之法義而作考證；亦須期待今時各大圖書館之善爲保存平實諸書，久遠而具足留傳之，則後世之考證者，若能全依眞悟者所說而作考證之舉，方能有正確之考證結論也！若違其一，考證便將有誤，必將同墮印順所作結論：歷代佛法的法義都有所演變。是故假藉文獻學考證之名而作的結論，多不可信！尤其是不信佛教、不解佛教經典眞意的一神教徒或教內專作學術研究者考證之結論，更不可信也！猶如今時印順法師所作考證之結論，平實近年來已經依四阿含等經，證實其考證法義演變之說都屬虛妄不實，至今印順仍未能提出反證及質疑也！今於此書中，更將全依四阿含諸經的明文記載，次第舉證更爲詳細之事實，證明印順考證之說悉皆虛妄不實。且再言歸初會說法經典本文：

【「是時父王（毗婆尸菩薩之父）慇懃再三重問相師：『汝等更觀太子三十二相，斯名何等？』時諸相師即披太子衣，說三十二相：『一者足安平，足下平滿蹈地安隱；二者足下輪相，千輻成就光光相照；三者手足網縵猶如鵝王；四者手足柔軟猶如天衣；五者手足指纖長，無能及者；六者足跟充滿，觀視無厭；七者鹿膊腸，上下雍直；八者鉤鎖骨，骨節相鉤猶如鎖連；九者，陰馬藏；十者平立，垂手過膝；十一，一一孔一毛生，其毛右旋紺琉璃色；十二，毛生右旋，紺琉璃色；十三，身黃金色；十四，皮膚細軟不受塵穢；十五，兩肩齊亭，充滿圓好；十六，胸有萬字；十七，身長倍人；十八，七處平滿；十九，身長廣等，如尼拘盧樹；二十，頰車如師子；二十一，胸膺方整如師子；二十二，口四十齒；二十三，方整齊平；二十四，齒密無間；二十五，齒白鮮明；二十六，咽喉清淨，所食眾味無不稱適；二十七，廣長舌，左右舐耳；二十八，梵音清徹；二十九，眼紺青色；三十，眼如牛王，眼上下眴；三十一，眉間白毫柔軟細澤，引長一尋，放則右旋螺如眞珠；三十二，頂有肉髻。是爲三十二相。』」】

諸佛有三十二相之說，在印順書中亦說爲後來大乘經中始有者，今者長阿含部之經文中，已具說諸佛之三十二種大人相，非未曾說也！非是大乘經典「後來」發明始有之說也！

【（釋迦牟尼佛）即說頌曰：

善住柔軟足，不蹈地跡現；千輻相莊嚴，光色靡不具；
如尼拘律樹，縱廣正平等；如來未曾有，祕密馬陰藏；
金寶莊嚴身，眾相互相映；雖順俗流行，塵土亦不汙；
天色極柔軟，天蓋自然覆；梵音身紫金，如華始出池；
王以問相師，相師敬報王；稱讚菩薩相，舉身光明具；
手足諸支節，中外靡不現；食味盡具足，身正不傾斜；
足下輪相現，其音如哀鸞；雍脘形相具，宿業之所成；
臂肘圓滿好，眉目甚端嚴；人中師子尊，威力最第一；
其頰車方整，臥脅如師子；齒方整四十，齊密中無間；
梵音未曾有，遠近隨緣到；平立不傾身，二手摩捫膝；
手齊整柔軟，人尊美相具；一孔一毛生，手足網縵相；
肉髻目紺青，眼上下俱眴；兩肩圓充滿，三十二相具；

足跟無高下，鹿膊腸纖纎；天中天來此，如象絕羈絆；
解脫眾生苦，處生老病死；以慈悲心故，爲說四眞諦；
開演法句義，令眾奉至尊。
佛告比丘：「毗婆尸菩薩生時，諸天在上，於虛空中，手執白蓋寶扇，以
障寒暑風雨塵土。」佛（釋迦牟尼）時頌曰：
人中未曾有，生於二足尊；諸天懷恭敬，奉寶蓋寶扇。
「爾時父王給四乳母，一者乳哺，二者澡浴，三者塗香，四者娛樂；歡喜
養育無有懈倦。」於是頌曰：
乳母有慈愛，子生即付養；一乳哺一浴，二塗香娛樂；
世間最妙香，以塗人中尊。
「爲童子時，舉國士女視無厭足。」於是頌曰：
多人所敬愛，如金像始成；男女共諦觀，視之無厭足。
「爲童子時，舉國士女眾共傳抱如觀寶華。」於是頌曰：
二足尊生時，多人所敬愛；展轉共傳抱，如觀寶花香。
「菩薩生時，其目不眴如忉利天，以不眴故，名毗婆尸。」於是頌曰：

天中天不眴，猶如忉利天；見色而正觀，故號毗婆尸。

「菩薩生時，其聲清徹，柔軟和雅，如迦羅頻伽鳥聲。」於是頌曰：

猶如雪山鳥，飲華汁而鳴；其彼二足尊，聲清徹亦然。

「菩薩生時，眼能徹視，見一由旬。」於是頌曰：

清淨業行報，受天妙光明；菩薩目所見，周遍一由旬。

「菩薩生時，年漸長大，在天正堂，以道開化。恩及庶民，名德遠聞。」於是頌曰：

童幼處正堂，以道化天下；決斷眾事務，故號毗婆尸。

清淨智廣博，甚深猶大海；悅可於群生，使智慧增廣。

「於時（毗婆尸）菩薩欲出遊觀，告敕御者嚴駕寶車，詣彼園林巡行遊觀。御者即便嚴駕訖已，還白：『今正是時。』太子即乘寶車，詣彼園觀。於其中路見一老人，頭白齒落、面皺身僂，拄杖羸步，喘息而行。太子顧問侍者：『此爲何人？』答曰：『此是老人。』又問：『何如爲老？』答曰：『夫老者，生壽向盡，餘命無幾，故謂之老。』太子又問：『吾亦當爾，不免此患耶？』答曰：『然！生必有老，無有豪賤。』於是太子悵然不悅，即告侍者迴駕還宮。靜默思惟，念此老苦，吾亦當有。」佛（釋迦牟尼）於是頌曰：
見老命將盡，拄杖而羸步；菩薩自思惟，吾未免此難。
「爾時父王問彼侍者：『太子出遊，歡樂不耶？』答曰：『不樂。』又問其故，答曰：『道逢老人，是以不樂。』爾時父王默自思念：『昔日相師占相太子，言當出家；今者不悅，得無爾乎？當設方便使處深宮，五欲娛樂以悅其心，令不出家。』即便嚴飾宮館，簡擇綵女以娛樂之。」佛（釋迦牟尼）於是頌曰：
父王聞此言，方便嚴宮館；增益以五欲，欲使不出家。
「又於後時，太子復命御者嚴駕出遊，於其中路逢一病人，身羸腹大，面目黧黑，獨臥糞除，無人瞻視；病甚苦毒，口不能言。顧問御者：『此爲何人？』答曰：『此是病人。』問曰：『何如爲病？』答曰：『病者眾痛迫切，存亡無期，故曰病也。』又曰：『吾亦當爾，未免此患耶？』答曰：『然！生則有病，無有貴賤。』於是太子悵然不悅，即告御者迴車還宮，靜默思惟，念此病苦吾亦當爾。」佛（釋迦牟尼）於是頌曰：
見彼久病人，顏色爲衰損；靜默自思惟，吾未免此患。
「爾時（毗婆尸菩薩之）父王復問御者：『太子出遊，歡樂不耶？』答曰：『不樂。』又問其故，答曰：『道逢病人，是以不樂。』於是父王默然思惟：『昔日相師占相太子，言當出家。今日不悅，得無爾乎？吾當更設方便，即復嚴飾宮館，簡擇婇女以娛樂之。』」佛（釋迦牟尼）於是頌曰：

色聲香味觸，微妙可悅樂；菩薩福所致，故娛樂其中。

「又於異時，太子（毗婆尸菩薩）復敕御者，嚴駕出遊，於其中路逢一死人，雜色繒幡前後導引，宗族親里悲號哭泣，送之出城；太子復問：『此為何人？』答曰：『此是死人。』問曰：『何如為死？』答曰：『死者盡也，風先火次，諸根壞敗，存亡異趣，室家離別，故謂之死。』太子又問御者：『吾亦當爾，不免此患耶？』答曰：『然！生必有死，無有貴賤。』於是太子悵然不悅，即告御者迴車還宮，靜默思惟，念此死苦，吾亦當然。」佛（釋迦牟尼）時頌曰：

始見有人死，知其復更生；靜默自思惟，吾未免此患。

「爾時父王復問御者：『太子出遊歡樂不耶？』答曰：『不樂。』又問其故，答曰：『道逢死人，是故不樂。』於是父王默自思念：『昔日相師占相太子，言當出家；今日不悅，得無爾乎？吾當更設方便，增諸伎樂，以悅其心，使不出家。』即復嚴飾宮館，簡擇綵女以娛樂之。」佛（釋迦牟尼）於是頌曰：

童子有名稱，婇女眾圍繞；五欲以自娛，如彼天帝釋。

「又於異時，（毗婆尸菩薩）復敕御者嚴駕出遊，於其中路逢一沙門，法服持鉢視地而行，即問御者：『此為何人？』御者答曰：『此是沙門。』又問：『何謂沙門？』答曰：『沙門者，捨離恩愛，出家修道；攝御諸根，不染外欲；慈心一切無所傷害，逢苦不慼，遇樂不欣；能忍如地，故號沙門。』太子曰：『善哉！此道真正永絕塵累，微妙清虛，惟是為快。』即敕御者迴車就之。爾時太子問沙門曰：『剃除鬚髮，法服持鉢，何所志求？』沙門答曰：『夫出家者，欲調伏心意，永離塵垢；慈育群生，無所侵嬈；虛心靜寞，唯道是務。』太子曰：『善哉！此道最真。』尋敕御者：『齎吾寶衣並及乘轝，還白大王，我即於此剃除鬚髮，服三法衣，出家修道。所以然者，欲調伏心意，捨離塵垢；清淨自居，以求道術。』於是御者即以太子所乘寶車及與衣服，還歸父王；太子於後即剃除鬚髮，服三法衣，出家修道。」

佛（釋迦牟尼）告比丘：「太子（毗婆尸菩薩）見老病人，知世苦惱；又見死人，戀世情滅，及見沙門廓然大悟，下寶車時，步步中間轉遠縛著，是真出家，是真遠離。時彼國人聞太子剃除鬚髮、法服持鉢，出家修道。咸相謂言：『此道必眞，乃令太子捨國榮位，捐棄所重。』于時國中八萬四千人往就太子，求爲弟子出家修道。」佛（釋迦牟尼）時頌曰：

撰擇深妙法，彼聞隨出家；離於恩愛欲，無有衆結縛。

「于時太子即便納受，與之遊行，在在教化。從村至村，從國至國，所至之處，無不恭敬，四事供養。菩薩念言：『吾與大衆遊行諸國，人間憒鬧，此非我宜。何時當得離此群衆，閑靜之處以求道眞？』尋獲志願，於閑靜處專精修道。復作是念：『衆生可愍，常處闇冥；受身危脆，有生有老有病有死，衆苦所集；死此生彼，從彼生此，緣此苦陰流轉無窮。我當何時曉了苦陰，滅生老死？』復作是念：『生死何從、何緣而有？』即以智慧觀察所由：『從生有老死，生是老死緣；生從有起，有是生緣；有從取起，取是有緣；取從愛起，愛是取緣；愛從受起，受是愛緣；受從觸起，觸是受緣；觸從六入起，六入是觸緣；六入從名色起，名色是六入緣；名色從識起，識是名色緣；識從行起，行是識緣；行從癡起，癡是行緣；是爲緣癡有行，緣行有識，緣識有名色，緣名色有六入，緣六入有觸，緣觸有受，緣受有愛，緣愛有取，緣取有有，緣有有生，緣生有老病死憂悲苦惱。此苦盛陰，緣生而有，是爲苦集。』

菩薩思惟苦集陰時，生智、生眼、生覺、生明、生通、生慧、生證。於時菩薩復自思惟：『何等無故老死無？何等滅故老死滅？』即以智慧觀察所由：『生無故老死無，生滅故老死滅；有無故生無，有滅故生滅；取無故有無，取滅故有滅；愛無故取無，愛滅故取滅；受無故愛無，受滅故愛滅；觸無故受無，觸滅故受滅；六入無故觸無，六入滅故觸滅；名色無故六入無，名色滅故六入滅；識無故名色無，識滅故名色滅；行無故識無，行滅故識滅；癡無故行無，癡滅故行滅。是為癡滅故行滅，行滅故識滅，識滅故名色滅，名色滅故六入滅，六入滅故觸滅，觸滅故受滅，受滅故愛滅，愛滅故取滅，取滅故有滅，有滅故生滅，生滅故老死憂悲苦惱滅。』菩薩思惟苦陰滅時，生智、生眼、生覺、生明、生通、生慧、生證。爾時菩薩逆順觀十二因緣，如實知、如實見已，即於座上成阿耨多羅三藐三菩提。」佛（釋迦牟尼）時頌曰：

此言眾中說，汝等當善聽；過去菩薩觀，本所未聞法。
老死從何緣？因何等而有？如是正觀已，知其本由生。
生本由何緣，因何事而有？如是思惟已，知生從有起。
取彼取彼已，展轉更增有，是故如來說，取是有因緣。

如眾穢惡聚，風吹惡流演；如是取相因，因愛而廣普。
愛由於受生，起苦羅網本；以染著因緣，苦樂共相應。
受本由何緣？因何而有受？以是思惟已，知受由觸生。
觸本由何緣？因何而有觸？如是思惟已，觸由六入生。
六入本何緣？因何有六入？如是思惟已，六入名色生。
名色本何緣？因何有名色？如是思惟已，名色從識生。
識本由何緣？因何而有識？如是思惟已，知識從行生。
行本由何緣？因何而有行？如是思惟已，知行從癡生。
如是因緣者，名爲實義因；智慧方便觀，能見因緣根。
苦非賢聖造，亦非無緣有，是故變易苦，智者所斷除。
若無明滅盡，是時則無行；若無有行者，則亦無有識。
若識永滅者，即無有名色；名色既已滅，即無有諸入。
若諸入永滅，則亦無有觸；若觸永滅者，則亦無有受。
若受永滅者，則亦無有愛；若愛永滅者，則亦無有取。
若取永滅者，則亦無有有；若有永滅者，則亦無有生。

若生永滅者，無老病苦陰；一切都永盡，智者之所說。
十二緣甚深，難見難識知；唯佛能善覺，因是有是無。
若能自觀察，則無有諸入；深見因緣者，更不外求師。
能於陰界入，離欲無染者，堪受一切施，淨報施者恩。
若得四辯才，獲得決定證；能解眾結縛，斷除無放逸。
色受想行識，猶如朽故車；能諦觀此法，則成等正覺。
如鳥遊虛空，東西隨風遊；菩薩斷眾結，如風靡輕衣。
毗婆尸閑靜，觀察於諸法；老死何緣有？從何而得滅？
彼作是觀已，生清淨智慧；知老死由生，生滅老死滅。】

此段經文所說**順**、**逆**觀十二因緣法，於後面書中當別作說明。此處不預作解釋，以免讀者閱讀時，對此經前後內容印象之連續性被打斷。

【「毗婆尸佛初成道時，多修二觀：一曰安隱觀，二曰出離觀。」佛（釋迦牟尼）於是頌曰：

如來無等等，多修於**二觀**：**安隱**及**出離**，仙人度彼岸。
其心得自在，斷除眾結使；登山觀四方，故號毗婆尸。

大智光除冥，如以鏡自照；爲世除憂惱，盡生老死苦。】

出離觀者，謂以十二因緣支，細觀十八界法之虛妄不實，斷除我見與我執之現行，因此而得**出離**三界生死；或以四念處法爲行門，依四聖諦而作觀行，現觀五陰、十二處、十八界我之虛妄不實，得斷我見、三縛結；復依八正道而行，修斷我執思惑等三界惑及我所之貪愛，因此而得**出離**三界生死。此二種觀行法，屬於二乘菩提——**世俗諦**；因其所觀皆屬於三界內世俗法之**緣起無常**、**其性皆空**故，五陰十八界等法皆是三界內之世俗法故（詳後數輯中的詳解）；全以五陰十八界作爲觀行之標的者，所觀皆是三界內之世俗法故；二乘所修解脫道之蘊處界虛妄等觀行，悉屬三界內之有爲生滅世俗法故，是故名爲**世俗**；三界世俗法中的有生之法，未來必定從滅，是三界中法的眞理，故名爲**諦**，合稱**世俗諦**。諦者謂此二乘菩提乃是**世俗有爲法**之**道理極成**故。

世俗諦爲初轉法輪之阿含期諸經所宣說之法，即是解脫道，乃是二乘人專修之法；大乘菩薩悟後亦修之，並且是依更勝妙之如來藏爲中心而在三大阿僧祇劫中深修之，非不修也！亦非如二乘聖人之淺修，乃是更須細細修除二乘世俗諦中未曾斷除之習氣種子也。然於大乘見道之前，仍以般若之總相智、別相智之熏習爲主修，不以此世俗諦爲主修，只需旁修我見的滅除即可；大乘見道後，欲入初地時只需斷除五下分結即可，故皆不專事於思惑之斷除，特重於般若別相智觀行的圓滿；初地至七地的聖位菩薩都能斷盡思惑，但都保留最後一分思惑故意不斷，以滋潤未來世受生之種子，以免捨壽後不愼進入無餘涅槃也，名爲留惑潤生。然於初地心起，已開始分分斷除世俗諦二乘聖人所未修斷之習氣種子了；過六地後，雖然不得不取證滅盡定，已具足圓滿證得定性俱解脫大阿羅漢所證有餘涅槃，而不取證無餘涅槃，仍故意再起一分極微細思惑以潤未來世受生的種子，如是捨離有餘、無餘涅槃之貪著，世世常行菩薩久遠之道。故諸地菩薩之**出離觀**，極爲深細，非諸定性大阿羅漢之所能知；此謂三地滿心菩薩能證滅盡定，卻不取證；亦謂大阿羅漢證得滅盡定時，必須滅盡最後一分思惑故，否則不能證滅盡定；然而菩薩卻有方便善巧，能故意留下最後一分思惑而不妨取證滅盡定，成爲六地滿心；乃至七地滿心念念入滅盡定而仍然不入無餘涅槃，轉入八地心中。此後於二乘法之世俗諦已無可再修者，已經不得不取證滅盡定而斷除最後一分思惑故；但卻能在斷除最後一分思惑以後，藉著 佛的加持而進入八地心中，仍然不取無餘涅槃，並且於相、於土皆得自在。

七地加修善巧方便等波羅蜜，滿心已，於二乘解脫道斷除分段生死等法之一切修行，皆成無功用，因爲已經無可再修者，卻能以大願而方便受生於人間，斷盡思惑我執而能繼續在三界中廣行菩薩道，心中不再有絲毫的涅槃貪。

如是，二乘聖人**世俗諦**之法，唯是方便修，非是實義修，只能**出離**三界分段生死，但卻極爲粗糙；是故初地菩薩所知之**出離觀**，非諸二乘無學所能揣測；二乘無學聖人所證之解脫果，不能與大乘般若慧中的**出離觀**相應故。莫道初地，甫破參之第七住位菩薩所證**本來自性清淨涅槃**，已非二乘無學所能測知也。然而實證二乘菩提解脫道而研究之，其實本來即是大乘菩提內的部分行門，不能外於大乘菩提之根本而有二乘菩提也！由是故說二乘解脫道之專修，乃是 世尊從唯一佛乘中方便析出者，以度二乘法中急求**出離三界生死**之畏懼生死者，實非眞正解脫道之正義也，故說爲方便修，不是實義修。眞正解脫道之正義者，必須探究萬法及無餘涅槃之實際，了知一切**法界體性之眞實相**，方是眞正究竟之解脫生死者，已於解脫道之內涵究竟無餘故；二乘聖人雖出生死，然於解脫道之深細內涵尚未究竟了知，乃至尚未少分了知故，皆未證得無餘涅槃之實際故，未曾證知解脫果之究竟及深細內涵故。

四阿含諸經中所說的二乘解脫道，專以出離三界生死爲目標，故在《長阿含經》中說爲出離觀；大乘法中之**安隱觀**者，謂現觀無餘涅槃之實際，證知實際即是第八識自心如來；而此自心如來之體常住不壞不斷，體恆而無刹那生滅相，因此不墮生死中。如是現觀無餘涅槃即是自心如來——第八識如來藏，並且現觀無餘涅槃之實際——如來藏——雖能出生流注生滅之七轉識，而自體常恆且不生滅，離刹那流注相；由如是現觀故，實際證知無餘涅槃中非是斷滅空，亦無蘊處界等「世間有」之生死流轉，故若捨棄十八界而進入無餘涅槃時，雖然已經無有一絲一毫之自我餘存，仍非斷滅空，仍有自心如來——如來藏——獨存無侶，不與三界萬法爲侶而非斷滅空，故名**安隱觀**；不同於阿羅漢不能現觀無餘涅槃中仍有實際不滅，唯信佛語眞實，信非斷滅境界，而不能親自實證無餘涅槃之中並非斷滅，所以只能稱爲**出離觀**而不得名爲**安隱觀**。

安隱觀者，亦謂現觀十因緣之一一有支互爲因緣，從一一有支向前推溯，了知所有因緣法都因名與色而有，但是名與色都從**根本識**而來，不能離開根本識而有名色；若無名色就沒無明可說，但名色卻是從根本識生出來的；眾生的流轉生死，乃因無明故不知名色從根本識出生，誤以名色是眞實常住而不壞滅的實有，所以就斷不了我見而執著名色自我，導致生死流轉；然推溯至無明時，即了知無明其實仍是依止於第八識而存在，無明不是無因而有，不是存在於虛空中，是故因緣法推溯至此第八識即必須退還，不能超過此第八識心，不能再向前推溯，因緣法就不會有推溯無窮的過失。如是而知十二有支之一一支，其現行與運作，悉依此第八識而有無明、而出生七識心王、五陰等，如是而有十二有支之運轉，故都不能外於此第八識——如來藏。

由是緣故，緣覺聖人從**老死憂悲苦惱**推溯生死等苦惱的緣因是**生**，推溯**生**之緣因爲**有**，推溯**有**之緣因爲**取**，推溯**取**之緣因爲**愛**，推溯**愛**之緣因爲**受**，推溯**受**之緣因爲**觸**，推溯**觸**之緣因爲**六入**，推溯**六入**之緣因爲**六識**，推溯**六識**之緣因爲**名**與**色**，推溯**名色**之緣因爲往世之**行**，推溯往世**行**之緣因爲**無明**，推溯**無明**之緣因爲第八識如來藏——一切生死之無明皆存於根本識如來藏中——至此無可再推溯者，是故 佛說「齊識而還」，不能再往前推求第十三有支了。由此現觀之緣故，辟支佛及諸阿羅漢斷此無明——蘊處界我實有不壞的一念無明我見。（因緣觀的深細正義，在後面第五章中將會細說，此處容略。）

無明斷已，斷此世有記業諸**行**，乃至後世**有**種子斷，故無後世**生**，則無後世之**老病死憂悲苦**惱等。由是現觀故，知此世身捨報已，滅盡十八界我之後，無餘涅槃之中有實際不滅、不斷、不壞，即是阿賴耶識如來藏。緣覺聖人由十因緣及十二因緣之現觀故，雖未證得無餘涅槃之實際如來藏，然而推理而知實有根本識；或聲聞羅漢曾聞 佛說無餘涅槃境界中確有如是如來藏，稱為涅槃之實際而常住不滅，故知滅盡**十八界我**以後的無餘涅槃非是斷滅境界；然因二乘聖人終究未曾證得此涅槃之實際故，心中仍有掛礙（此容後數輯中舉說），故唯得**出離觀**，未得**安隱觀**。菩薩則是斷了我見以後，未斷盡思惑就先證此實際、根本識，了知無餘涅槃中之無境界境界——唯是第八識如來藏離見聞覺知而獨存，名為無餘涅槃之實際，名為涅槃寂靜；由是親證，由是現觀故，親自證實無餘涅槃中之實際常住不壞，親自證實無餘涅槃之內非是印順等人所言一**切法空**之**斷滅空**；已親自證實故，菩薩心得安隱，故名**安隱觀**。若斷盡我執而不曾證得如來藏，則唯是仰信 佛語而相信無餘涅槃中不是斷滅境界，只得**出離觀**而不得**安隱觀**，屬於二乘聖人所證，並無般若智慧，也永遠無法成佛。

菩薩亦因先已親證涅槃之實際故，於未入無餘涅槃之前，便已先知涅槃中之實際；由此實際之親證故，能於未滅**十八界我**之前，便已觀見此實際是常住

本來自性清淨涅槃中；亦知無餘涅槃之境界，並非以十八界我或覺知心意識進入其中安住；乃是滅除十八界我，炯然無我，亦非是斷滅空，唯餘如來藏眞我獨存；是故亦不須進入無餘涅槃之無境界境界中，就已實證涅槃實際，因爲菩薩現見自他一切有情：於生死輪迴之中本來即已是涅槃故。菩薩由是親證故，心得**安隱**，於三地滿心之前雖然猶有胎昧，然能不畏隔陰之迷，敢發大願：願**生生世世行菩薩道**、**自度度他乃至成佛**。皆由如是**安隱觀**故方得如此，是名**安隱觀**。**安隱觀**之證得者，必定同有**出離觀**之少分、多分或滿分修證；而此**安隱觀**之證得與功德受用，實由親證涅槃之實際——第八識根本識——自心如來而有，非可外於自心如來而有也！

是故聲聞人由於聞　佛宣說因緣觀，或如辟支佛能獨自親證因緣觀者，其實所觀之因緣法，皆是由於自心如來方得有之；若無自心如來——根本識如來藏——尚不能有無明，何況能有行支乃至生老病死憂悲苦惱？是故一切法皆由自心如來而有，因緣法亦復如是，不能外於自心如來而有。然而此第八識自心如來與十二有支間之關係，其理甚深極甚深，乃是菩薩之所證者，非是二乘聖人之所證者；然而與十二有支息息相關之自心如來，　佛復告誡不得明言，藉此預防眾生之不信而產生誹謗正法惡業，是故菩薩悉皆隱覆自心如來之密意而度人；由是緣故，多數有情眾生聞之完全不解，極難為眾生宣說，由此故說**因緣法甚深極甚深，悟此者方得成佛**，此非辟支佛、阿羅漢們所能得知也！因此緣故，諸佛成道之時，每思及此，往往感嘆而廢，不欲度眾而思涅槃滅度；欲令眾生悟入此理者，極為費時、極為辛苦故。

我 佛世尊亦復如是，後時因於大梵天王之請而應允度眾，只得將此第八識實際暫置不論，施設漸次教導之方便教法，先說聲聞法之八苦、四諦、四念處觀、八正道；緣熟之時再說因緣觀，但唯說十二因緣法中之「無明及名色緣六識」所衍生之十二因緣法等理，初不言此第八識妙理。然眾生聞已，亦生錯解，不能如實了知，故又宣說十因緣法正理，但眾生仍然聞之不解，是故乃有古天竺之月稱、寂天、安惠、阿底峽等人誤會緣起法之**出離觀**，乃有後時藏密之蓮花生、宗喀巴、克主杰、歷世達賴……等人，謂為並無七、八識，妄誣七、八二識妙法為後時部派佛教發展後方有之說，再由今時之印順、昭慧……等人主動繼承如是邪說，推而廣弘之。西藏之阿底峽、宗喀巴、土觀、克主杰、歷世達賴……等人誤會緣起法之

出離觀，乃至今時之印順老法師主動承接西藏密宗黃教所弘之應成派中觀邪見（詳見印順《中觀今論》序文自己所承認之言），而宣揚無因論之**緣起觀**、**出離觀**，迴異　佛在經中所說**以如來藏爲因之出離觀**。如是，世尊從唯一佛乘中方便析出的較爲簡單之緣起法**出離觀**，印順、昭慧、傳道、性廣、證嚴、星雲……等聰明伶俐諸人，尚且橫生錯會，何況更深妙之般若種智中所言之**安隱觀**，彼等凡夫云何能知、能會？況且四阿含中都不曾細說安隱觀之如來藏妙義，彼等諸人何有因緣得能領會？彼等諸人世智辯聰，尚且如是，受學於其法之諸方學人，又何能自外於此？

由是緣故，世尊先說**世俗諦**中之緣起法、因緣觀，令得出離三界分段生死。俟眾生聞熏四諦、八正、因緣法，成阿羅漢已，必然心中生疑：「**斷我見、我執已，捨壽而滅盡十八界法，雖名無餘涅槃，豈非斷滅？**」如是生疑而問於佛，至彼時，佛始爲彼說明無餘涅槃內有本際常住不滅，又名爲實際、我、如、如來藏、眞如……等名，然終不爲彼等阿羅漢諸人明指如來藏所在。

諸阿羅漢聞　佛如是說已，了知十二因緣乃依第八識有，非能外於第八識心而生一一有支；則了知**無餘涅槃非是實有法**，**唯名無實**，了知無餘涅槃實依如來藏而建立其名，唯是如來藏不復出生十八界法時之自住境界爾。諸阿羅漢聞已，了知無餘涅槃非是斷滅，雖猶未能證取第八識實際，然心中稍微安心而無恐懼，猶未能如菩薩之親證實際而得**決定**、**安隱**。定性聲聞因仰信佛語故，得以安心滅盡十八界自我，出離三界生死，故名**出離觀**。如是**出離觀**，迥異菩薩之親證涅槃實際而得決定、安隱，故聲聞法及因緣法都不得名爲**安隱觀**。然而四阿含諸經若已函蓋全部佛法者，則應已宣說成佛之道的安隱觀，但四阿含諸經中卻未曾明說、細說安隱觀之內涵，要待後時第二、三轉法輪時的般若、方廣諸經中，方才顯說、細說安隱觀的內容，才算是具足成佛之道；此即是四阿含諸經中所顯示之實情，迥異印順等人所說，故印順等人所說不實。此《阿含正義》諸輯中，亦將次第舉證**安隱觀**之根源如來藏識，在四阿含諸經中曾經隱說之處；也將漸次舉證最後身菩薩所觀行之十二因緣觀，確實是依於第八識心而作觀行，與初會說法之**出離觀**有所差異，但已**密意**隱說了**安隱觀**。

如是事實，其實於阿含諸經之經文中，已曾多處隱說，非未曾說，後將一一舉證，則大眾便得確實認清事實：**本來唯一佛乘之正理，世尊確實分爲三會而說；十二因緣觀確實是依如來藏而有**。如是舉證之意，在於令大眾了知：

四阿含未曾細說或解說**安隱觀**，要待阿含期後的第二轉法輪般若期中，以及般若期後的第三轉法輪方廣唯識種智期中，方才圓滿的宣演出大乘**安隱觀**，才圓滿具足了成佛之道的法義。四阿含諸經既是第一次結集就已經完成了，當然隨後大眾部菩薩們的千人窟外結集，必屬第二、三轉法輪的般若中觀諸經及方廣唯識諸經了。所以，原始佛教之實際情況，與印順等人對原始佛教所作之定義，完全迴異；所以，印順等人所說**大乘般若及方廣唯識諸經非是　佛口**親說者，絕對錯誤；如今仍有大、小乘教中最完整的漢譯四阿含諸經可以證明此一事實，而印順所作的考證多是依據後來數百年中才結集的諸派各說各話的律部經典而作考證故。

二乘無學所證得之有餘涅槃，雖能令其心中安隱無懼，其實非真安隱；唯是信佛語故，知無餘涅槃中確有實際存在而不滅不壞，非是斷滅空，是故證得有餘涅槃之後得安其心；非如菩薩之親證無餘涅槃實際，而得**決定**安隱，無絲毫懷疑，不必依賴　佛陀的安慰、保證；故二乘人得出分段生死之安隱者，非真安隱，唯是能**出離生死**之觀行而稍得**安隱**爾。

菩薩親證無餘涅槃之本際，親自證實無餘涅槃之中絕非斷滅空，而得**決定**

安隱，故不畏懼胎昧與生死，願在未離胎昧之前，世世再來人間受生、住持佛法、自度度他；如是之心，超勝於二乘聲聞、緣覺，然猶有煩惱障之習氣種子隨眠尚未斷盡，猶有所知障之無始無明隨眠尚未斷盡，是故涅槃實際之如來藏中種子仍在變易，仍有變易生死，雖是眞實安隱，但仍非究竟安隱者。唯有佛地完全斷盡變易生死，方是**究竟安隱**也。如是**安隱觀**，非諸聲聞、緣覺所能了知，亦非大乘法中諸多未悟之凡夫所能知之；乃至初悟般若之大乘菩薩猶未能知之，要待諸地菩薩爲之開示其理，或悟後依諸大乘經典進修，逮至相見道功德圓滿的通達位已，然後方得了知如是正理。

印順法師之隨從者，每依印順著作中之邪見，倡言：**蘊處界一切法皆滅已，並無如來藏獨存，乃是一切法空；一切斷滅而空盡以後成爲滅相，這個滅相永遠不再滅失了，就名爲眞如**。如是所言者，悉皆墮於斷滅見之邪見中，成爲斷見外道法，尚不得出離觀，何況能得安隱觀？今者第一次結集完成的《長阿含經》，則已具說**安隱觀**與**出離觀**，已密意顯示無餘涅槃非是印順等人所言之斷滅空法，大異印順等人所說也。由是緣故，我說今時諸方稱譽之**阿含學專家**印順……等人，實是不懂阿含學之凡夫俗子，所說悉墮斷滅空故，所言完全非是

安隱觀故，乃至根本未曾證得**出離觀**基本境界之初果現觀故。

如斯等人悉以自意妄想，外於　佛說而別行施設**滅相不滅**之**滅相眞如**妄想，以實際斷滅之**滅相**，作爲不墮斷滅空之補救措施；然而「**滅相**」一法，乃是依**蘊處界有**而施設**蘊處界之滅相**；如同**兔無角**是**依牛有角**而施設：依牛有角方能有兔無角之法，兔無角固是眞理，但此眞理卻是依牛之有角而存在；若無牛有角之觀念，即不可能產生兔無角之觀念；所以兔無角之滅相眞如、滅相不滅說，是依蘊處界有而存在；若非蘊處界有，即無可能使蘊處界的滅相存在，故滅相本質仍是依蘊處界有虛妄法而存在，當然更是虛妄法，是依虛妄性之蘊處界有而再施設蘊處界之滅相不滅。是故彼等建立「滅相」作爲涅槃之實際者，乃是兔無角法，仍是依於**蘊處界有**而存在之虛妄想，只是在虛妄性的覺知心中建立的一種依虛妄法存在的虛妄觀念，仍是世俗法中的一種觀念而已，與法界之眞實相無關，非是眞正大乘佛法般若中觀也。

今者，四阿含諸經現在，迄猶可稽。今時猶存而現前可稽之事，印順等人尚且考證錯誤，顯現如是大敗闕，云何彼等取材於後時部派凡夫各依自己立場而結集之律典，並對部派時期眞悟者的法義加以曲解，用來考證古時佛教法義弘傳等事，而能正確無誤？無是理也！是故印順……等人所「考證」之佛教「法義弘傳之演變」，所考證之「後人創造大乘佛經」等理者，皆是依藏密應成派中觀之六識論，主觀而顯然錯誤的見解作爲藍本，復又錯解三乘佛經法義後，再取材於後後時才結集的各部派律典而作之結論，當知難以得到正確的結論；是故彼等所作「考證」之言，皆是預設藏密應成派中觀的六識論邪見作爲自己考證佛經的立場，而後加以曲解者，都不是誠實的考證者。所以他們所作的考證結論，沒有絲毫的可信度。以上是依《長阿含經》中出離觀與安隱觀的眞實義辨正，再回到原經文：

【「毗婆尸佛於閑靜處復作是念：『我今已得此無上法，甚深微妙，難解、難見。**息滅**、**清淨**，智者所知；非是**凡**、**愚**所能及也。斯由眾生異忍異見、異受異學，依彼異見各樂所求、各務所習，是故於此**甚深因緣**不能解了。然愛盡涅槃，倍復難知；我若爲說，彼必不解，更生觸擾。』作是念已，即便默然，不復說法。」】

凡是說尚未斷我見的凡夫，**愚**是說二乘聖人愚於法界實相。一切未悟三乘菩提之人，我見及三縛結皆猶未斷，皆名凡夫；已悟得二乘菩提而成聲聞初果乃至四果者，或已悟二乘菩提而成緣覺者，雖非凡夫而名爲聖人，雖然已經成爲世間應供，然於大乘別教法中，由於他們尚無般若實相智慧的緣故，仍然說他們是愚人；這是因爲諸凡夫與二乘聖人都未能證得涅槃實際之故，所以諸凡夫不但是凡，兼名愚人。只有親證無餘涅槃實際者——一切已悟之菩薩——方離凡、愚之列。此段經文中 毗婆尸佛所言「非是**凡**、**愚**所能及也」，乃言如是十二因緣法，非諸凡夫與二乘愚人所能知之，彼等諸人都不能至此境界也。彼諸二乘聖者，唯能了知十二因緣法中之**出離觀**，而不能了知十二因緣法之**安隱觀**故。由是故說 毗婆尸佛所證悟之十二因緣法，「甚深、微妙，難解、難見」，非諸**凡**、**愚**所能了知。 釋迦牟尼佛所說十二因緣甚深難解者，亦謂此也；阿難迴心轉入大乘之前，曾說「十二因緣法易知易解」 遭 佛斥責，亦謂此也；謂十二因緣法依本識而有，凡夫與二乘聖人都不能親證本識，故說爲凡、愚。

云何**清淨**？是說自心如來常住於本來自性清淨涅槃境界中，無始劫以來不曾與貪瞋相應，如是第八識如來藏自住境界者，方是眞正之**清淨**與**安隱**，此種無境界相之清淨智慧境界，唯有證悟之菩薩方能知之，非是二乘聖人所能知之，更非印順、昭慧、星雲、證嚴、性廣……等凡夫之人所知；實因菩薩已親證無餘涅槃之實際故，現住於**本來自性清淨涅槃**之中故，二乘聖人雖證有餘及無餘涅槃而未證涅槃之實際，印順一類諸多凡夫則皆未曾證得其一，故皆未能了知如是正義（如斯所說「二乘聖人未證涅槃實際」之眞義，佛子欲知其詳者，詳閱拙著《邪見與佛法》書中敘述即知，此處容略）。

云何謂**息滅**？謂自心如來雖處三界生死流轉之中，不斷顯現種種功能，不斷流注一切種子，令眾生常住三界中流轉生死，而其自身卻是常住於性淨涅槃中，雖然處在三界生死中，而自身無生死；雖處於三界煩惱中，而自身無煩惱；其心體自身（非謂所含藏之七轉識及七轉識……等種子）與一切生死不相應，與一切煩惱不相應，故名**息滅**；菩薩親證這個無始以來就不起煩惱的眞實心，轉依祂以後，才算是眞正的息滅；不是以先有煩惱而在修行以後轉變爲無煩惱的意識心，作爲被轉依的心。如是正義，唯有證悟之菩薩方知，非諸二乘聖人所知，故名二乘聖人爲**愚**；非諸凡夫所知，而諸凡夫未斷我見，故亦名彼諸凡夫爲**凡**。凡夫具足**凡**、**愚**二法，二乘聖人唯有**愚**之一法；如是正義，難說難解，非是三言兩語所可分說；若明說之，緣淺眾生亦難信受；由是緣故，毗婆尸佛及我　世尊初成道時，每欲取滅於人間：只欲入色究竟天中爲諸地菩薩而說，不欲爲人間剛強無智眾生而說。

由是緣故，佛說十二因緣法甚深微妙、難知、難解、難證、難說者，非謂初轉法輪時專爲二乘人所說**出離觀**之簡略十二因緣觀也；二乘人所觀之十二因緣觀者，唯在世俗諦中現觀爾，唯是**出離觀**爾；不能現觀 佛所親證大乘之十二因緣正理，不涉大乘法中所說之**安隱觀**也。二乘所修之十二因緣觀者，乃是世尊隱覆密意而說之方便法也，非是 佛所親證十二因緣「實際」現觀之境界也。如是大乘十二因緣微妙正理，於後第五章中將依於阿含之經文，一一舉證解說而令大眾知之，方知十二因緣觀之密意所在及其深妙也！

長阿含此段經文中所說**愛盡**之涅槃者，謂一切愛染習氣皆盡之涅槃也，即是佛地具足四種涅槃之境界也。所謂：有餘依涅槃、無餘依涅槃、本來自性清淨涅槃、無住處涅槃；具足此四，名爲**愛盡**。聲聞、緣覺極果之人，尚有三界愛之習氣種子未斷盡故，皆非是究竟愛盡者。究竟愛盡之涅槃，方是大乘《心經》所說之**究竟涅槃**也；此非二乘聖者所能知之、證之，更非凡夫所能臆想也。

二乘聖人未知愛盡之密意者，謂心量狹小；或如慧解脫之未離胎昧，故對發願重新受生後的來世，必將頓忘此世所證解脫智之事，心生畏懼，恐怕會再領受無盡的輪迴，可能來世不再有親證解脫道而斷我執的機會，唯恐解脫無期，由是緣故畏懼生死，故不肯發起受生願而再來人間受生、住持佛法，捨壽時必取無餘涅槃；又因涅槃實際的如來藏心體幽隱而難證，實無把握能證，故於大乘菩薩所修證之自心如來所住境界，不能生起好樂心而求親證，故於如是境界不能了知；斯過實由無始劫以來之異忍、異見、異受、異學所致。

今時諸多南傳佛法、北傳佛法中之凡夫，尤其是好樂南傳佛法及藏密應成派中觀六識論邪見之凡夫們，於聲聞所證世俗諦中之十二因緣**出離觀**，尚且不能了知，何況大乘菩薩所修、所證大乘十二因緣之雙具**出離觀**與**安隱觀**耶？譬如今時有某法師倡導大自然佛法，主張應多親近大自然，主張應於大自然中攝心而觀，主張應隨時隨地**活在當下**；如是之人，名爲不懂二乘**世俗諦**中之因緣觀者；未能如實現觀世俗諦中之十二因緣法故，墮在意識我見中故，尚且未能親證聲聞初果，何況能知大乘十二因緣觀之**實際**境界？而復出在人間傳法，妄謂可以令人證得聲聞初果，決非眞實語也。如是等人，皆由此世及往世之異忍、異見、異學、異受，誤以爲覺知心可以常住不滅所致，顯然我見具存。

異忍者，謂如是理非是正理，而能安忍之，是名異忍。異見者謂如是理非是正理，而生如是不如理作意之見解，堅執為眞，是名異見。異受者，謂於他人教誡之不如理作意等邪見，不能了知其異於正理；由信受不疑故，自以為所受之法正眞，是名異受。異學者，謂不能自作簡擇，於諸異生凡夫所說邪理而信受、熏習、修學之，是名異學。由是緣故，隨諸名師世世受學常見、斷見等法，便於二乘所修學之十二因緣法，生諸錯會，導致後世對於眞正佛法不能信受修學，故成異見、異忍之人。

如是等人，異受、異見、異忍、異學之後，乃至極力營謀而成為歷史上之當代聞名之大師，而作種種謬說、誤導世人者，古今同出一轍：佛護、清辨、月稱、安慧、智軍、寂天、阿底峽、宗喀巴、克主杰、達賴、印順師徒等人即是其例；由是緣故，印順便藉文獻考證之名，以錯誤之取材而作種種**錯誤推理**，否定眞正之佛法，專弘錯誤之二乘解脫道法義，竟然冠以大乘之名，以為大乘成佛之道；彼等尚未斷除二乘解脫道見道所斷之我見，尚不能知二乘所證**出離觀**之見道，何況能斷思惑？何況能知大乘菩薩所修之**安隱觀**？如是等人，尚不能證小乘之**出離觀**眞義，欲求更深妙大乘成佛之道眞實義者，無有是處！

【(釋迦牟尼佛又向阿難說：)**「時梵天王知毗婆尸如來所念，即自思惟念：『此**

世間便爲敗壞，甚可哀愍。毗婆尸佛乃得知：此深妙之法，而不欲說。』譬如力士屈伸臂頃，從梵天宮忽然來下，立於（毗婆尸）佛前；頭面禮足，卻住一面。時梵天王右膝著地，叉手合掌白佛言：『唯願世尊以時說法，今此眾生塵垢微薄，諸根猛利，有恭敬心，易可開化；畏怖後世無救之罪，能滅惡法、出生善道。』（毗婆尸）佛告梵王：『如是如是！如汝所言。但我於閑靜處默自思念：所得正法甚深微妙，若爲彼說，彼必不解，更生觸擾，故我默然，不欲說法。我從無數阿僧祇劫，勤苦不懈、修無上行，今始獲此難得之法；若爲淫怒癡眾生說者，必不承用，徒自勞疲。**此法微妙，與世相反**；眾生染欲，**愚冥所覆**，不能信解。梵王！我觀如此，是以默然，不欲說法。』時梵天王復重勸請，慇懃懇惻，至于再三：『世尊！若不說法，今此世間便爲壞敗，甚可哀愍。唯願世尊以時敷演，勿使眾生墜落餘趣。』】

毗婆尸佛時，世人亦多不信佛法者，亦多不信 佛所言之正法者；是故 毗婆尸佛不欲爲眾生說之也。佛菩提甚深難解，求證倍復甚難，觀乎二乘菩提之斷我見功德，如彼印順、昭慧……等人之世智聰辯，尚且無法取證，何況深妙於二乘菩提多倍之佛菩提意涵？淺機眾生聞之，卒難信受；彼時與此時眾生略同，是故 毗婆尸佛成佛之後不願爲眾生說之，欲取滅度。

如 毗婆尸佛所言：「**此法微妙，與世相反**。」謂眞正佛法與一般大師及學人所認知的佛法相反，實難以令世人信受也。譬如世人愚癡無智，聞 釋尊說有涅槃可證，而不能眞實了知無餘涅槃之親證境界，每欲以靈明覺了之意識心及作主之末那識，入住無餘涅槃之中，此即是 佛所說世人對涅槃之錯誤認知也！然而佛法大違世人之認知，與世相反，乃是滅除意識一切粗細心，進而滅除處處作主之意根自己，方是取證無餘涅槃，方是 佛所說之涅槃實義；如是涅槃眞義，已然微妙，**與世相反**，古今凡夫位之大法師、大居士所不能接受，是故至今仍有反對平實、誣謗平實者，如昭慧、證嚴、星雲者流；於二乘涅槃尚不能知，何況大乘**本來自性清淨涅槃**，當知更無論矣！平實早年以《邪見與佛法》一書，明說「所謂入無餘涅槃者，即是滅盡十八界法，不復出生十八界法，故無生死輪轉。由是緣故，說二乘聖人無涅槃可證；無涅槃可證者，方是眞實親證無餘涅槃者。」以如是事實，方可依般若別相智而作如是言：「所謂證無餘涅槃者，即非證無餘涅槃，是名證無餘涅槃。」如是正理，彼等大法師、大居士中，至今仍然執著**覺知心我**常住不滅者，執著**作主心我**常住不壞者，聞之悉不信受，更謗平實所說如是佛法正理爲謬。早年大陸某些大法師，更因此而蒐集《邪見與佛法》焚之，可見智慧淺狹而不能信受之一斑也！

如是正理，實是四阿含中 佛所言之無餘涅槃眞義，然而都違於世間眾生之所認知：「**覺知心清淨了，就可以入住無餘涅槃中。**」大違眾生執著**離念靈知心**之我見、常見，是故 毗婆尸佛言：「**此法微妙，與世相反**」。我 釋迦世尊亦於阿含部經典中而作是言：「**佛之明法，與俗相背**；俗之所珍，道之所賤。清濁異流，明愚異趣；忠佞相仇，**邪常嫉正**。」（阿含《佛說羅云忍辱經》）正謂此也！是故世人珍愛覺知心自我、作主心自我，初學佛者固然難脫此執，老修行人及諸大法師、大居士亦復同墮此執之中，皆欲以如是**意識自我**而入無餘涅槃中安住，甚難斷除我見與我執也！如是等人，於余所言「**二乘無學聖人不入無餘涅槃，滅盡十八界我而令自我消失者方是無餘涅槃**」，都不信受。釋尊正法之無餘涅槃境界中**滅卻一切我**，覺知心我、作主心我皆悉滅盡，與凡夫最珍愛之自我相背，是故凡夫大法師聞皆不喜；平實據實說出，彼等便作種種誹謗之言，更相轉謗、異口同聲誣謗平實是外道，如斯等人皆是 佛所說「**邪常嫉正**」之人也。由有如斯等事，是故 佛說：「**佛之明法，與俗相背**；俗之所珍，道之所賤。」此之謂也；禪宗眞悟祖師說之爲金屎法，亦同此意。

【「爾時（毗婆尸）世尊三聞梵王慇懃勸請，即以佛眼觀視世界眾生：**垢有厚薄，根有利鈍，教有難易**；易受教者，畏後世罪，能滅惡法，出生善道。譬如優鉢羅花、鉢頭摩華、鳩勿頭華、分陀利華，或有始出汙泥未至水者，或有已出、與水平者，或有出水、未開敷者，然皆不爲水所染著，易可開敷。世界眾生亦復如是。」】

「教有難易」者，並非唯有平實說之；佛亦謂二乘解脫道較易修學，只須斷除我見與我執即可出離三界生死，不須如大乘菩薩進而證知法界一切法之體性與實相，亦不須修集極廣大福德資糧，復不須修除性障習氣種子，不須發廣大無盡之大願，便可修證解脫道，以此緣故謂之爲**易**；故說此二乘菩提解脫道是「**已出汙泥未至水者**」所能修之，已出汙泥、未至水者，謂二乘聖人也。

大乘般若實相正理，雖非二乘愚人所能了知、所能親證，然於具有大乘根性及曾修大乘佛法福德資糧者，則易修之，是故三賢位之七住菩薩能親證實相般若，了知般若智慧之總相智與別相智；如是正理，要須一劫、二劫、三四五劫承事諸佛而供養之，復須再以多劫親近諸佛菩薩，累世奉侍供養及熏習般若，然後始能證之；此乃決定性之二乘聖人所不能修證者，謂之為**難**；此等七住位以上菩薩則是「**或有已出汙泥，與水平者**」，謂三賢位菩薩能修證之者。

極難者，謂大乘般若之一切種智正理，即是第三轉法輪方廣及唯識諸經所示如來藏唯識增上慧學也；若於如是深妙正理欲得親證而現觀之，要須一大無量數劫承事諸佛，努力破邪顯正、護持正法、救護學人，以法施、財施饒益眾生；如是無量數劫累世修集極廣大福德，要須性障極輕微（已除煩惱障異生性與所知障異生性），已具足**性種性與道種性**；要須基本定力發起，要須深心發起十無盡願而力行不輟，要須悟後承事大善知識修學不已，然後始能證之，然後能了知成佛之道內容與次第，得入初地，故名極難。乃至轉進諸地中，必須四禪八定具足，乃至諸地無生法忍一一親證具足而登十地，故名極難；此等皆是一至十地菩薩所應修法，都非三賢位菩薩所能臆想而知，如是一至十地菩薩即是「**或有出水而未開敷者**」。由有如是眾生心性差別，故說佛道親證之難易事理，是故　毗婆尸佛說：「**根有利、鈍，教有難、易。**」

多數眾生雖然信根信力未足，不易開化之；然其中亦有少數性障輕微、薄具善根者，或有善根稍厚者，或有善根具足者，故謂「**垢有厚薄，根有利鈍**」。

此諸眾生雖屬眾多眾生中之少數，然是可以得度之人。由有如是三種多分少分具備善根福德之眾生故， 毗婆尸如來觀察當時眾生根性之後，乃受梵天王之請，不辭辛苦，分佈聲聞解脫、般若中觀、唯識種智之漸教次第，以諸方便而爲眾生三**會**說法。

如是三**會**說法，《長阿含經》中，已如是具體宣說，非未曾說；只因二乘聖人聞之不解，將第二、三轉法輪所說大乘經典，結集成爲二乘解脫道經典。由此事實，可徵大乘般若中觀、方廣唯識如來藏系諸經，皆是 釋迦世尊親口所說；可徵印順等人所謂考證之說，乃是取材錯誤之後所作錯誤研究結果之虛妄言，不足信也！若是印順所主張「大乘經典非佛所說」之言爲眞，則是 釋迦世尊化緣未盡便取滅度；唯作四阿含解脫道**第一會**之說而度**聲聞人**故，未曾詳盡宣說**第二會**所說般若以度三**賢菩薩**故，未曾詳盡宣說**第三會**所說唯識增上慧學以度**諸地菩薩**故。然今**長阿含**中已具說三**會說法**之事，故有「**始出汙泥未至水者，或有已出、與水平者，或有出水、未開敷者**」等言，分別指稱二乘聖人、賢位菩薩、聖位菩薩，以作區別。而四阿含中，都未曾略說般若及唯識如來藏正理，要待第二、三轉法輪時方作深廣宣說故；由是阿含經典所載事實，可知印順所謂考證者，皆是不實之說，顯違阿含經文所說正義故。

【「爾時（毗婆尸）世尊告梵王曰：『吾愍汝等，今當開演甘露法門；是法深妙，難可解知。今爲信受樂聽者說，不爲觸擾無益者說。』爾時梵天王知佛受請，歡喜踊躍，遶佛三匝，頭面禮足，忽然不現。」】

往昔無始劫以來，世間學佛之人，每於暗冥長夜之中，異見、異受、異學、異忍，而復自以爲正見、正受、正修、正忍，自認是已離暗冥長夜者。如今末法季時，更多如是之人，可謂比比皆是，遍於中國海峽兩岸，亦遍於南傳佛法小乘聲聞人中，更遍於諸多竊盜佛法之**附佛法外道**輩中，特別是藏密中人。此類人皆不知自省其非，猶振振有辭、自認已經親證聲聞解脫道，自認已經親證大乘佛菩提道；乃至更有未證聲聞解脫道之印順、昭慧……流類，摒除佛菩提道，改以二乘解脫道取代成佛之道，而彼所說二乘解脫道亦已誤會在先，距離佛菩提道更遠矣！斯等末法眾生，於眞善知識所說之法，不能信受，反作種種誹謗之說；然而此類愚癡世人，於過去佛時已然有之，非唯今有；由是緣故，毗婆尸佛作如是說：「今爲信受、樂聽者說，不爲觸擾無益者說。」

今者如斯等人，於此人壽百歲、五濁惡世末法時節中，其數更多，比比皆是；於 佛所說正法，皆不能信受樂修；若善知識宣說正眞之法時，彼等便覺善知識已觸擾彼，便生瞋恨而誣謗之。余所說法亦復如是，唯爲彼諸信根純熟、信力已具、福德深厚之人宣說，不爲彼諸聞已不信之無益人而說，不爲彼諸尚處汙泥而未至水者說。

【「其去未久，是時（毗婆尸）如來靜默自思：『我今先當爲誰說法？即自念言：『當入槃頭城內，先爲王子提舍、大臣子騫茶，開甘露法門。』於是（毗婆尸）世尊如力士屈伸臂頃，於道樹忽然不現，至槃頭城、槃頭王鹿野苑中，敷座而坐。』」（釋迦牟尼）佛於是頌曰：

如師子在林，自恣而遊行；彼佛亦如是，遊行無罣礙。

「毗婆尸佛告守苑人曰：『汝可入城，語王子提舍、大臣子騫茶：〈寧欲知不？毗婆尸佛今在鹿野苑中，欲見卿等，宜知是時。〉』時彼守苑人受教而行，至彼二人所，具宣佛教。二人聞已，即至佛所，頭面禮足，卻坐一面。佛爲說法，示教利喜：施論、戒論、生天之論、欲惡不淨、上漏爲患，讚歎出離，爲最微妙、清淨第一。」】

諸佛常法，凡是三會說法者，必於最初爲未聞佛法眾生說法時，先說人天善法，所謂施論、戒論、生天之論。如是說已，見彼信受，方爲宣說欲惡不淨、上漏爲患，方爲讚歎出離爲最微妙、清淨第一。若此亦能信之，方爲宣說二乘菩提所證之解脫道也。若觀察根猶未熟者，則唯說至人天善法即止，不復言說；眾生縱使再三請求，佛亦不說，默然不應。此謂眼前之人我見我執深厚，未可轉易，說之無益，佛乃默然不應。

【「爾時（毗婆尸）世尊見此二人心意柔軟，歡喜信樂，堪受正法，於是即爲說苦聖諦，敷演開解，分布宣釋：苦集聖諦、苦滅聖諦、苦出要諦。爾時王子提舍、大臣子騫茶，即於座上遠離塵垢，得法眼淨；猶若素質，易爲受染。是時地神即唱斯言：『毗婆尸如來於槃頭城鹿野苑中，轉無上法輪；沙門、婆羅門、諸天、魔、梵、及餘世人所不能轉。』如是展轉，聲徹四天王，乃至他化自在天；須臾之頃，聲至梵天。」】

宣說二乘菩提之意者，其實意在後時引入大乘佛道中。然因眾生福德之欠缺，信力之不具，慧力之乏、劣，則說至二乘聖人所應證知之解脫道即止，不復宣示佛菩提也；若到後時根器上進有所轉變，方說般若乃至種智，此名**漸教**施設應機。試觀 佛說法華時，猶有二乘聲聞五千人不信，當場公然退席拒聞；

何況一般眾生，焉能生信不疑？是故不欲一時便說，是故將一佛乘之法拆解為三會分說，次第演說解脫、般若、唯識增上慧學；以此緣故，釋尊甫度眾生時，不能為多疑寡信少福眾生，逕行宣說佛菩提道。毗婆尸佛亦復如是，先說人道、天道善法，所謂戒論、施論、生天之論；同時觀察王子提舍等二人，信根信力已具，心意柔軟，已受人天善法，是為堪受正法之器，乃為漸次宣說苦聖諦、苦集聖諦、苦滅聖諦、苦出要諦。由是緣故，彼等即時證得聲聞初果，得法眼淨。由是緣故，地神亦受其惠，乃出大聲宣告諸天；由是緣故，天界佛子悉遙聞之，此後乃有諸天菩薩之來人間隨佛受學。

余出人間，時節亦然，當須諸方大師之教導眾生修諸人天善法；復須土城廣老之示現般若正理確可親證，而後平實方得出世宣說般若總相智、別相智、一切種智之理，不得提早出世弘法，此乃緣所必然者。由是緣故，余常讚歎諸方大師宣揚初階佛法接引初機學人之功德也。然諸方大師後來非議、毀謗正法，余已五、六年間不指名稱姓而說其法之謬，冀得改正；不意諸方大師悉皆為名聞利養所囿，反於平實生瞋生惱，繼續誣謗正法乃至變本加厲；是故平實改絃易轍，指名稱姓舉例辨正而述其謬。此殆勢所必然乎！不能不感嘆之！

【佛（釋迦牟尼）時頌曰：

歡喜心踊躍，稱讚於如來；毗婆尸成佛，轉無上法輪。
初從樹王起，往詣槃頭城，爲鶱荼提舍，轉四諦法輪。
時鶱荼提舍，受佛教化已，於淨法輪中，梵行無有上。
彼忉利天眾，及以天帝釋，歡喜轉相告，諸天無不聞。
佛出於世間，轉無上法輪；增益諸天眾，減損阿須倫。
昇仙名普聞，善智離世邊；於諸法自在，智慧轉法輪。
觀察平等法，息心無垢穢；以離生死軛，智慧轉法輪。
苦滅離諸惡，出欲得自在；離於恩愛獄，智慧轉法輪。
正覺人中尊，二足尊調御；一切縛得解，智慧轉法輪。
教化善導師，能降伏魔怨；彼離於諸惡，智慧轉法輪。
無漏力降魔，諸根定不懈；盡漏離魔縛，智慧轉法輪。
若學決定法，知諸法無我；此爲法中上，智慧轉法輪。
不以利養故，亦不求名譽；愍彼眾生故，智慧轉法輪。
見眾生苦厄，老病死逼迫，爲此三惡趣，智慧轉法輪。

斷貪瞋恚癡，拔愛之根原；不動而解脫，**智慧**轉法輪。
難勝我已勝，勝已自降伏；已勝難勝魔，**智慧**轉法輪。
此無上法輪，唯佛乃能轉；諸天魔釋梵，無有能轉者。
親近轉法輪，饒益天人眾；此等天人師，得度于彼岸。】

解脫果之親證，不論屬於慧解脫，抑或俱解脫，皆是因於聲聞一切智之十智或九智而得解脫果，非是因於靜坐之一念不生所能得致也。俱解脫大阿羅漢之無生智，能導致親證滅盡定之結果，然亦是因解脫之智慧而證，非因禪定而證也！四禪八定之定境唯是俱解脫之助因，正因仍是解脫道之盡智與無生智；是故，在此《長阿含經》 釋迦世尊之偈中，一再重複宣示：「**智慧轉法輪**」，意在此也。今時諸方道場**以定為禪**之大師，同皆倡導一**念不生**之靜坐開悟者，倡導靜坐一**念不生**之修證解脫者，是欲**以定轉法輪**，皆與聲聞解脫道智慧無關，何況佛菩提道之智慧？更何況他們至今仍未實證禪定，何能廣利學人？

【「是時王子提舍、大臣子騫荼，見法得果，眞實無欺，成就無畏，即白（毗婆尸）佛言：『我等欲於如來法中淨修梵行。』佛言：『善來！比丘！吾法清淨自在，修行以盡苦際。』爾時二人即得具戒。具戒未久，如來又以三事示現：

一曰神足，二曰觀他心，三曰教誡，即得無漏心解脱生死無疑智。爾時槃頭城內衆多人民，聞二人出家學道、法服持缽，淨修梵行；皆相謂曰：『其道必眞，乃使此等捨世榮位，捐棄所重。』時城內八萬四千人往詣鹿野苑中毗婆尸佛所，頭面禮足，卻坐一面。佛漸爲說法，示教利喜：施論、戒論、生天之論，欲惡不淨、上漏爲患。讚歎出離爲最微妙，清淨第一。爾時（毗婆尸）世尊見此大衆心意柔軟，歡喜信樂，堪受正法，於是即爲說苦聖諦，敷演開解；分布宣釋苦集聖諦、苦滅聖諦、苦出要諦。時八萬四千人即於座上遠塵離垢，得法眼淨；猶如素質易爲受色，見法得果，眞實無欺，成就無畏。即白佛言：『我等欲於如來法中淨修梵行。』佛言：『善來！比丘！吾法清淨自在，修行以盡苦際。』時八萬四千人即得具戒。具戒未久，世尊以三事教化：一曰神足，二曰觀他心，三曰教誡；即得無漏心解脫生死無疑智現前。八萬四千人聞佛於鹿野苑中轉無上法輪，沙門、婆羅門、諸天、魔、梵及餘世人所不能轉，即詣槃頭城毗婆尸佛所，頭面禮足，卻坐一面。」（釋迦牟尼）佛時頌曰：

如人救頭燃，速疾求滅處；彼人亦如是，速詣於如來。

「時（毗婆尸）佛爲說法，亦復如是。爾時槃頭城有十六萬八千大比丘衆，提舍比丘、騫荼比丘於大眾中上昇虛空，身出水火，現諸神變，而為大眾說微妙法。爾時（毗婆尸）如來默自念言：『今此城內乃有十六萬八千大比丘眾，宜遣遊行，各二人俱，在在處處；至於六年，還來城內說具足戒。』時首陀會天，知如來心，譬如力士屈伸臂頃，從彼天沒，忽然至此，於世尊前，頭面禮足，卻住一面；須臾白佛言：『如是世尊！此槃頭城內，比丘眾多，宜各分布，處處遊行；至於六年，乃還此城說具足戒。我當擁護，令無伺求得其便者。』爾時（毗婆尸）如來聞此天語，默然可之。時首陀會天，見（毗婆尸）佛默然許可，即禮佛足，忽然不現，還至天上。」】

如是，毗婆尸佛**初會**說法總有三次，所度弟子共十六萬八千人，皆得親證聲聞極果，皆成大比丘，皆是初會說法中得度而成為阿羅漢。是故 佛於前段經文中說：「**毗婆尸如來三會說法，初會弟子有十六萬八千人。**」故知初會說法共有三次。是故 世尊說 毗婆尸如來「**二會弟子有十萬人**」，已不同初會人數之多也！若依世法，先有十六萬八千阿羅漢已，再度之人必當更多，然而盛名遠播之後二度之人竟只度得十萬人，當知第二會說法是般若會；而般若之理甚深微妙，已非不具菩薩福德慧力者所能證知故。若是證得般若總相智及別相智後所應進修之一切種智，當知更爲難修難證，是故 世尊說 毗婆尸如來「**三會弟子有八萬人**」，種智甚深、極甚深，能深入了達十二因緣法之根源故，非唯專在**世俗**諦上而作觀行故，亦非只在般若總相及別相智上觀行故；由是緣故，毗婆尸如來第三會弘演種智時，得法弟子再減至八萬人，至少另有八萬八千大比丘已經不能信樂之。由是緣故即可證明：**初會**說法爲**聲聞解脫道**，**二會**說法爲**般若**正理，**三會**說法爲**增上慧學**之方廣經典**唯識種智**正理，否則第三會說法時不應有已證解脫果之**大比丘眾**八萬八千人不信受之。依《長阿含經》佛說 毗婆尸如來三**會度眾**之狀況，則平實如是之言，可徵爲實；阿含乃是第一次結集的聲聞僧所記錄之原始佛教聖典，是佛門四眾共所認定 佛口親說者故。

如是之理，在長阿含中，已隱覆密意而說之，唯是未證種智之二乘愚人所不能知爾，唯是印順、昭慧……等凡夫所不能知爾；如是阿含諸經中之正義，於今已經略明。今爲護持正法，平實舉證而具言之，願我佛門四眾弟子悉皆親從阿含諸經佛語文句之中，加以探究而確認之，方能眞信：**第二會說法之般若實相智**，**絕對異於初會說法之解脫智也**！方能眞信：**第三會說法之增上慧學**，**乃是一切種智成佛正理也**！眞信之後，方有信心修學大乘法道，乃可謂之爲根熟之人；根熟之後，加修大乘證理所須之福德資糧，而後方能親證之也。一旦親證，便入菩薩數中，非是凡夫，亦非二乘愚人也！

當時 毗婆尸佛出現在人間傳法，親證種智之人，有八萬人之眾，同時亦有至少八萬八千大比丘眾不信或不熏習方廣唯識種智妙法；若時無 佛住持正法，而至末法之季，欲覓一、二、三人具有種智者，極甚難也；已證種智之人，大多不願親來人間受生而弘傳之，此時人間眾生根多未熟故，大多欠缺福德資糧故，大多我見、見取見深重故，大多迷信表相大師故。同此緣故，今時娑婆地球，除了曾在正覺同修會修學者以外，尚不能覓得親證般若總相智之人：**欲覓一位眞正明心者，已不可得，何況能有親證般若別相智及道種智之人**？凡此明心而有總相智之人，乃至悟後親證種智之人，於今時或可見之將來，唯我正覺同修會有之，餘皆不得也。此等般若、種智妙慧，尚非聲聞聖人所能知之、證之，何況少福寡聞、性障深重之凡夫大法師，焉能知之？

復次， 毗婆尸佛開示之解脫道，與 釋迦世尊所說相同，乃是「**無漏心解脫生死無疑智**」，乃是依**無漏心**，而證得**解脫生死無疑之智慧**；無漏心者，固謂意識覺知心親證而自知無漏解脫，亦兼謂無餘涅槃之本際是眞住於解脫境界中者，即是如來藏第八識心也。絕非印順、昭慧……等人所說五陰滅盡後之「滅相」空無也。如是無漏心者，亦名無礙心，前七識心皆是有礙之心故，唯有第八識涅槃本際方是無礙心也。譬如長阿含部之《十上經》中說：「云何一證法？謂**無礙心**解脫。」此乃本識如來藏之本來解脫也。至於意識心相應之心解脫，乃是慧解脫的三果證境，容於第七章第二節慧解脫中另作詳細開示，此處容略。

如是無漏心、無礙心者，於阿含期中，不廣宣說其體性，唯於阿含期末之《央掘魔羅經》中略示之；留待第二轉法輪之般若系諸經中，再作總相智與別相智之廣泛宣說；留待第三轉法輪之方廣唯識系諸經中，方作種子智慧之廣說。是故，第八識如來藏乃是四阿含諸經本已隱覆密意而說，但不明說、廣說者，絕非印順所謂之四阿含諸經中未曾述說。

【「其去未久，（毗婆尸）佛告諸比丘：『今此城內比丘眾多，宜各分布，遊行教化；至六年已，還集說戒。』時諸比丘受佛教已，執持衣鉢，禮佛而去。」（釋迦牟尼）佛時頌曰：

佛悉無亂眾，無欲無戀著；威如金翅鳥，如鶴捨空池。

「時首陀會天，於一年後告諸比丘：『汝等遊行已過一年，餘有五年，汝等當知：訖六年已，還城說戒。』如是至於六年，天復告言：『六年已滿，當還說戒。』時諸比丘聞天語已，攝持衣鉢，還槃頭城，至鹿野苑毗婆尸佛所，頭面禮足，卻坐一面。」】

天界有無佛法，此**四阿含經典中已明確說之也**，印順何得主張唯有人間方有佛之教法？星雲與證嚴法師何得推廣印順所倡導之人間佛教狹窄邪思耶？何得否定天界亦有諸佛教法弘傳及修證耶？故說印順人間佛教之主張爲邪謬之狹小短淺見解也。今者平實舉證阿含經中所言**天界亦有佛法弘傳**之事例，可徵爲實，非唯大乘經中方說天界亦有佛教也，以此證明印順**否定天界佛教**之人間佛教**主**張乃是邪思。若印順與星雲、證嚴、昭慧…等人，不信阿含經中佛語者，尚可名爲佛教之法師耶？應名爲身披佛教法衣而求名聞利養之凡夫法師。

彼等若信阿含經中佛語者，即應公開宣示：「揚棄印順否定天界佛教、否定他方佛教之**人間佛教**邪謬主張，揚棄印順所主張**大乘諸經非是佛口親說**之邪謬主張，即日起**回歸**阿含所言之**三會**所說**三乘菩提**正法。」即應認定：唯識增上慧學所宣示之如來藏，非是外道梵我、神我思想。則應公開懺悔，回歸大乘般若之根本心如來藏，回歸阿含所說本識、大乘方廣諸經所說唯識增上慧學深妙正理。若不如是，捨壽時至，地獄罪難逃，屆時莫怪平實未曾好意先言也！

【(釋迦牟尼)佛時頌曰：

如象善調，隨意所之；大眾如是，隨教而還。

「爾時(毗婆尸)如來於大眾前，上昇虛空，結跏趺坐，講說戒經：『**忍辱為第一，佛說涅槃最；不以除鬚髮，害他為沙門。**』時首陀會天去(毗婆尸)佛不遠，以偈頌曰：

如來大智，微妙獨尊；止觀具足，成最正覺。

愍群生故，在世成道；以四真諦，為聲聞說：

苦與苦因，滅苦之諦；賢聖八道，到安隱處。

毗婆尸佛，出現于世，在大眾中，如日光曜。

說此偈已，忽然不現。」】

所謂忍辱者，以親證涅槃最為第一，名為無生忍故，意謂能安忍於蘊處界之不再有生；或謂亦能安忍於如來藏之本來無生，實住涅槃，皆名無生忍。是故修忍之佛弟子，當以斷我見、我執之無生智，以及親證如來藏本來無生之智慧，作為證得之後而能安忍之實修境界，方名真實修忍之法也。毗婆尸如來亦說：「不以除鬚髮，害他爲沙門。」意謂：不因爲剃除鬚髮就可稱爲出家的修行人，更不以出家身而害他人墮入邪見中者可以稱爲沙門。世尊於此經中特別引述毗婆尸如來的偈語來告誡弟子，凡我佛門弟子皆宜注意自我檢點。

【爾時（釋迦牟尼）世尊告諸比丘：「**我自思念：昔一時於羅閱城、耆闍崛山，時生是念：**『我所生處、無所不遍，唯除首陀會天。』謂生彼天，則不還此。我時，比丘！**復生是念：**『我欲至無造天上。』時我如壯士屈伸臂頃，於此間沒，現於彼天。時彼諸天見我至彼，頭面作禮，於一面立，而白我言：『我等皆是毗婆尸佛弟子，從彼佛化，故來生此。』具說彼佛因緣本末，『又尸棄佛、毗沙婆佛、拘樓孫佛、拘那含佛、迦葉佛、釋迦牟尼佛，皆是我師。我從受化，故來生此。』亦說諸佛因緣本末，至生阿迦尼吒諸天，亦復如是。」**】**

於此經文中處處可見，佛世尊於度化眾生之際，意識覺知心中亦常起念、念於應度之眾生，而不妨礙解脫道之果證，亦不妨礙佛菩提道之證量。是故，學人欲求般若者，欲證中道者，莫以覺知心恆處於一念不生而不分別諸法之暗冥境界中，莫誤將定境作爲般若慧學之修證也。當以覺知心覓取從來不分別、從來不起念之實相心——第八識如來藏。一切證悟之人，悉不如是**以定爲禪**；

皆是鍛鍊覺知心能住於一念不生之境界中，而以如是與定相應之覺知心，於四威儀中，時時處處尋覓自身本具之第八識如來藏，親證本來離言說、本來離境界相、本來涅槃之如來藏。如是證已，無妨覺知心常起語言文字而爲眾生說法，無妨覺知心常起念而爲學佛之廣大眾生設想，無妨覺知心中起念而造諸書、破斥邪說，救拔眾生出於末法大師所設我見、邪見深坑；如是常與本來離念之本識如來藏共同遊止，共同廣造諸行而利眾生。不應效諸末法大師邪見，鎮日裡靜坐保持一念不生，以定爲禪，皆墮外道五種**現見涅槃**生死境界。

又此段經文中，進一步明說天界實有更多大乘菩薩住世，證明天界亦有佛教修行者及法教之流傳，是故印順所倡**人間佛教**精神，將佛教侷限在人間一隅，實屬不當。

【佛（釋迦牟尼）時頌曰：

譬如力士，屈伸臂頃，我以神足，至無造天。
第七大仙，降伏二魔；無熱無見，叉手敬禮。
如晝度樹，釋師遠聞；相好具足，到善見天。
猶如蓮華，水所不著；世尊無染，至大善見。

如日初出，淨無塵翳；明若秋月，詣一究竟。
此五居處，眾生所淨，心淨故來，詣無煩惱。
淨心而來，爲佛弟子，捨離染取，樂於無取。
見法決定，毗婆尸子，淨心善來，詣大仙人。
尸棄佛子，無垢無爲，以淨心來，詣離有尊。
毗沙婆子，諸根具足，淨心詣我，如日照空。
拘樓孫子，捨離諸欲；淨心詣我，妙光焰盛。
拘那含子，無垢無爲；淨心詣我，光如月滿。
迦葉弟子，諸根具足；淨心詣我，不亂大仙。
神足第一，以堅固心；爲佛弟子，淨心而來。
爲佛弟子，禮敬如來，具啓人尊：所生成道，
名姓種族，知見深法，成無上道。
比丘靜處，離于塵垢，精勤不懈，斷諸有結。
此是諸佛，本末因緣；釋迦如來，之所演說。

佛（釋迦牟尼）說此大因緣經已，諸比丘聞佛所說，歡喜奉行。】（《長阿含經》

卷一，《大本經》全經畢）如是舉證此經全文，證非斷章取義之說。

由第一次結集所成的《長阿含經》之《大本經》全文中 釋迦世尊的開示，已明示一件事實：此娑婆世界的天界，仍有許多前佛所度弟子繼續在修學佛菩提法，今由 釋迦世尊前往天界弘化而得一一前來面見；並且同皆歸命爲 釋迦世尊之弟子。由此可見印順、昭慧、星雲、證嚴……等人將佛教侷限在人間，是心量狹小、識見短淺，而且不懂阿含經義的不正確說法。

《長阿含經》卷一《大本經》之十二因緣順、逆觀之眞實義，逐段略釋如下，先行導正佛子們以往被誤導之處，細說部分則俟第五章中再行補說：

經文：【「復作是念：『衆生可愍，常處闇冥；受身危脆，有生、有老、有病、有死，衆苦所集；死此生彼，從彼生此，緣此苦陰流轉無窮。我當何時曉了苦陰，滅生老死？』」】

語譯：毗婆尸菩薩復作是念：「衆生誠可憐愍，常常處於暗冥無知之生死長夜中；世世受生之色身又是危險脆弱之身，是故一直都有生、老、病、死等苦；此所生之身，復是衆苦所集之身，一切苦苦、壞苦、行苦、煩惱苦等，皆悉集於此身。如是死於此世界已，往生至他方世界；於他方世界死已，復又受生至此世界；死於此人間道已，復又受生於畜生道中；復由畜生道轉生彼餓鬼道中，然後受生於人間；由於不肯捨此苦陰之身，是故緣於此苦陰之身，流轉此方、他方之三界六道永無窮盡。我於何時方能知曉、了知苦陰之本質？以此而滅卻生、老、病、死等苦？」

【「復作是念：『生死，何從、何緣而有？』即以智慧觀察所由：『從生有老死，生是老死緣；生從有起，有是生緣；有從取起，取是有緣；取從愛起，愛是取緣；愛從受起，受是愛緣；受從觸起，觸是受緣；觸從六入起，六入是觸緣；六入從名色起，名色是六入緣；名色從識起，識是名色緣；識從行起，行是識緣；行從癡起，癡是行緣；是爲緣癡有行，緣行有識，緣識有名色，緣名色有六入，緣六入有觸，緣觸有受，緣受有愛，緣愛有取，緣取有有，緣有有生，緣生有老病死憂悲苦惱。此苦盛陰，緣生而有，是爲苦集。』」】

略釋：既有生死，則知必定有一能令有情生死之根由，是故 毗婆尸菩薩如是探究：「隨於兒時**出生之緣故**，後來便有**老與死**；若**無出生**，則無後來之**老與死**，是故**出生即是老死之因緣**。」

出生則是由於前世蒐集了許多**後有種子**而引起的，是故前世所蒐集之**後有**

種子即是此世出生之因緣；既無前世所蒐集之**後有種子**，則無此世之出生，是故前世所集後有種子即是此世出生之因緣。

前世之後有種子，則是因爲覺知心不斷的在六塵法了了分明，如是**攝取**六塵萬法而了知之，即是**取**種種法；若前世之覺知心不時時了知及**執取**種種六塵萬法認以爲實，則不致於蒐集種種**後有種子**，是故，**取**六塵——於六塵境了了分明的了知——即是取受**後有種子**之因緣；取自己——欲使靈知心自己了了分明的存在不滅——即是取受**後有種子**之無明因緣。

取之現象產生的原因，則是由於**愛樂**了知六塵中之種種法，也**愛樂**覺知心、作主心之自己，希望自己可以永續恆存，是故生起**取**六塵、**取**我之現象與心態；若不**愛樂**於了了分明而知六塵萬法之境界，若不**愛樂**於覺知心、作主心之自己，則不會有**取**；若對六塵及自我無所**愛貪**之時，則**取**不生，是故，**愛**是**取**之因緣。

愛樂自己、**愛樂**六塵之情則是從**受**而起，由有順境之**受**，故生貪著；乃至由於苦受與不苦不樂**受**之**愛樂**與貪著，**取**隨之而生。若無**受**者，則**愛樂**不生，**取**亦隨之而滅。然而眾生愚癡，不了知**受**之虛妄，是故因**受**而生**愛樂**，不願棄捨三受、五受，是故意識的**受**心所有法即是**愛**之出生因緣。

苦、樂、捨等三**受**之出生，則是由於**觸**而起；因眼識之**觸**美色、耳識之**觸**美聲、……身識之**觸**觸覺，乃至意識之**觸**順境而生樂**受**等，莫不由眼識乃至意識之**觸**六塵而生；若無意識的**觸**心所有法者，則亦無**受**；是故，**觸**是**受**之因緣。

觸之現象出生，則是因於**六入**而起；若無六塵入於心中與六識相觸，則無**觸**之一法，是故**六入**爲**觸**之因緣。若欲滅**觸**者，則當滅除六塵之**入**，已滅六塵之**入**，則無六識心之**觸**心所存在，**觸**則滅；**觸**滅則**受**滅，**受**滅則**愛**滅，**愛**滅則**取**滅，**取**滅則**有**滅，**有**滅則**生**滅，**生**滅則**老病死憂悲苦惱**俱滅，成就二乘涅槃。

六入則是由**名**與**色**而生起者，由有**眼根**攝取色塵，故有**色入**；……由有身根攝取觸塵、乃至由有**意根**攝取法塵，故有**法入**，是名**六入**。由有六入故有六識心之**觸**六塵，如是引生來世的名色，又有六入，是故流轉生死。若無**六入**者，則無**觸**、**受**、**愛**……等法，則無**生老病死憂悲苦惱**。是故應當探究六入之所由來，探究之結果，即知**六入**從**名**、**色**生。**色**者謂**五色根**：眼耳鼻舌身五色根（包括五扶塵根及五勝義根）及五塵；**名**者謂依色身五根爲緣，輾轉而有意識之受心所一定會產生的**受陰**（三受或五受）、**想陰**（一念未生時之了知性）、**行陰**（覺知心了知之過程）、**識陰**（意根與眼等六識）。若無**名**與**色**，則六塵不入於心中；**六塵**既不入心中，則六入不復存在；故知**名**與**色**即是六入出生之因緣。

名與**色**之現起運作，則是依於**意根意識**而生起；若無**意根意識**所統領之識別性、了知性、思量作主性，則受、想、行陰悉皆消失不存；則意識等心永遠不能現行，則色身便將壞滅，則「名」中受想行陰亦將隨識陰而壞（植物人意識並非消滅，唯是不能表示意思而已。是故植物人亦有睡眠及非睡眠時之差別不同，若意識永不能現起，則意根必會捨壽而入中陰階段，則應無植物人生活於人間受苦）。是故，色身之生起與存在，實以意識意根能現行運作爲其所緣；若意識意根不能再起現行，則不能有**名**中之**受**、**想**、**行**陰，則必導致捨報而壞**名色**；是故說意識等六識之覺知與了別等熏習，即是**名**與**色**之因緣，故說**名色從識起**，說**識陰**是**名色**之因緣。

此世**意根**與**意識**則以往世之**行**支爲因緣，若無往世之身行、口行、意行等**行陰**所造作之善惡業而成立**行**支，以及好樂世法之熏習，則無此世之**名**與**色**，則此世**六識**不致於再出生；此世六**識**不再出生者，則無後世**名**與**色**，則無六入、**觸**、**受**……等，則無生死輪轉。是故，往世造了一切善惡業**行**之**有**支，乃是此世五陰**名色**生起之因緣，故有此世之六**識身**。

行支生起之因緣，則是**無明**；由**無明**故，不能令意識意根自願永遠消失，不能令意識意根不執著我所，是故意識意根生起之後便有種種善惡**行**支之造作；是故意識等心有**行**支之造作者，乃是由於**無明**所致。

無明者，謂眾生不能理解了知意根與意識覺知心之虛妄不實，不能解了六塵萬法之虛妄不實，執爲實有；謂眾生不能解知處處作主之意根虛妄不實，以爲意根實有不壞；謂眾生不能解知想陰虛妄，以爲無念而能了知六塵之覺知心自性眞實不虛，不知道了知性、直覺性就是想陰，都是由眾緣和合而有者；亦謂眾生不能解了三受五受虛妄，不能解了身行、口行、意行之虛妄，以爲實有不虛，是故生執；更謂眾生對五陰中之十八界法，不能如實解了其虛妄，以爲十八界法中之某一法、某二法眞實不虛，以爲五陰之自己實有不壞；如是種種誤認而執著者，皆是**無明**。此即是逆觀十二因緣。

由有如是**無明**故，緣於如是**無明**，而有**六識**心之造作種種善、惡等有記業之**行**支；緣於**行**支之善惡業故，便有業種必須轉入來世報償，亦有不願**六識**滅失之**心行**不斷，便致中陰階段之**六識**覺知心不願使自己滅失，便致重新受**生**而有來世之**六識**心復現。由意識等六識心希望來世復現之勢力而入胎故，便有**恆審思量**之意根，促使來世之**名**與**色**從如來藏識中再度出生；色身之五**色**根具足時，來世之意識等六心便又出生現行運作，具足了**名**與**色**，便有六識心之心行，便有六識心之想陰——覺知性——現前，便有識陰出現，是名**緣識有名色**。

由有七識心**名**與五色根的**色**，則色入、聲入……乃至法入便又出現，故說**緣於名與色故而有六入**。由有**六入**故，則有**觸**；六入是**觸**之因緣故。由有**觸**故則有**受**，苦樂捨**受**隨即出生。由有**受**故，便有**愛**貪；由有**愛**貪故，便有**取**，便時時而欲了別萬法，不欲處於無所了別之境界中，是名**取**支。緣於**取**支故，便產生後**有**之種子，死後再因**後有種子**而入胎之勢力便增長焉；緣於**後有種子**勢力故，則復受**生**入胎，則有**生**，則有**老病死憂悲苦惱**等。如是謂爲**苦盛陰緣於生**而有。如是受生之因緣，即是**苦集諦**之正義，此即是順觀十二因緣觀也。

由上述所言苦集諦之正義，可以了知苦集之最終因緣在於無明：我見、我執，虛妄執我。非是從**我所**之貪愛瞋恚等而言之也，只有嚴重貪著之眾生，方才兼有我所貪愛執著也。是故一切佛子若欲修學解脫道者，當知執著覺知心我、思量心我者，即是已墮於苦集之中；若不離苦集，則不能滅苦，是故不應如同諸方大師之專在摒除**我所**貪愛上著眼也；應在斷除我見與我執上著眼，方是解脫道之正修也。若專在**我所**上著眼，而不能在五陰我、眾生我、三界我上面而作觀行者，則不能現前觀察**種種我**——**特別是意識我**——都是虛妄法、都無眞實我，終究無法斷除我見與我執，則是不懂修學解脫道之人，則是不知修證解脫道之無智人也。如是順觀、逆觀十二有支之因緣觀者，名爲**出離觀**，不名**安隱觀**；唯能出離三界生死苦故，無法親證本來無生無死之**安隱**境界故。

【「菩薩思惟苦集陰時，**生**智、**生**眼、**生**覺、**生**明、**生**通、**生**慧、**生**證。」】

毗婆尸菩薩作如是思惟推究時，了知**苦集**之正理；已了知五苦陰之生起，皆是由於愚癡**無明**所致；若非對於自己之虛妄不實無所了知，則無生死之輪轉。如是思惟**苦集陰**之時，出生**苦集諦**之智慧、出生法眼、出生覺悟之智慧、出生明性（已了知無明，謂爲明性）、出生通達解脫道之智慧、出生了推究**苦集陰**根源之智慧、出生了親證**苦集諦**之證量。

【「於時菩薩復自思惟：『何等無故老死無？何等滅故老死滅？』即以智慧觀察所由：『**生**無故**老死**無，**生**滅故**老死**滅；**有**無故**生**無，**有**滅故**生**滅；**取**無故**有**無，**取**滅故**有**滅；**愛**無故**取**無，**愛**滅故**取**滅；**受**無故**愛**無，**受**滅故**愛**滅；

觸無故受無，觸滅故受滅；六入無故觸無，六入滅故觸滅；名色無故六入無，名色滅故六入滅；識無故名色無，識滅故名色滅；行無故識無，行滅故識滅；癡無故行無，癡滅故行滅。是爲癡滅故行滅，行滅故識滅，識滅故名色滅，名色滅故六入滅，六入滅故觸滅，觸滅故受滅，受滅故愛滅，愛滅故取滅，取滅故有滅，有滅故生滅，生滅故老死憂悲苦惱滅。』菩薩思惟苦陰滅時，生智、生眼、生覺、生明、生通、生慧、生證。爾時菩薩逆、順觀十二因緣，如實知、如實見已，即於座上成阿耨多羅三藐三菩提。」】

於十二因緣之順、逆觀而證得苦集聖諦時，又復深入思惟：「是由於何等法無故，能使老死隨之而無？是由於何等法滅故，能使老死隨之而滅？」即以苦集諦之智慧，觀察老死出現之根由：

由於不再出生之緣故，老死便隨之而無；出生之因緣消滅故，老死便隨之而滅。由於後有種子已經不復存在故，後世之出生便隨之而無；後有種子滅除了的緣故，後世出生的現象便隨之而滅。

若心不取種種六塵萬法——不欲了知六塵萬法，則取支便無；取支已無故，後世有支便隨之而無；是故當滅取——滅卻對六塵之了別性——滅掉離念靈知；由於**取**支滅——於六塵不欲了別、不自我執取了別性之故，後世**有**支便隨之而滅。

由於**愛貪**已無故，**能取**與**所取**（能了別的我、與我所了別的六塵）便隨之而無，是故當滅除對於六塵萬法能作了知之**愛貪**；如是，能了別六塵之心對於自己的**愛貪**滅故，**取**支亦隨之而滅——能知六塵的心與所知的六塵的自我**執取**——便隨之而滅。

由於**受**之消失故，能了別六塵之我，對自己的**愛貪**便隨之消失；是故當滅**受**，當於一切**受**皆無所**貪愛**；**受**之**貪愛**滅故，對於六塵萬法了別之**貪愛**便隨之而滅，則六塵我所的貪愛已滅。

觸若消失不存，則**受**支亦隨之而無；是故當斷**觸**之執著——心中不復執著於能**觸**六塵之心性；**觸**支如是滅已，**受**支則滅，則不復有**生死**輪轉。滅**受**支已，已得四禪八定具足的人就能入住滅盡定中，不令覺知心現行，則不於六入生**受**、生**愛貪**，亦不生**想**（即是不樂於再出生知覺性，想即是知故），亦不出生「我已離念、離想」之了別。

由於**六入**之不存故，則無**觸**支，則無流轉，是故當滅**六入**；滅**六入**已，則

觸支隨之而滅。若能使**名**與**色**皆悉不存，則永無**六入**，則是無餘涅槃之無境界境界，是故當滅**名**與**色**；**名**與**色**若俱滅時，則是十八界法俱滅，則我之五**色**根與**意根**滅，則我之**六識心**亦滅，則無**六入**現行，**六入**已完全滅失，永無六塵之**觸**，則對六識見聞知覺性之執著已滅。此謂：十八界滅故意識與意根皆已不復現行存在，意識與意根願令自己永滅故，則不入胎，則無來世之**名**與**色**，則出離三界分段生死；而意根無能力自己了別如是出生死法，必須靠意識之現觀與了別，必須除去意識之**我見**與**我執**，是故當令意識覺知心自己願意永滅不現。若能令意識覺知心永滅者，意根受意識所熏，斷除對於意識覺知心之貪愛，也斷除對於作主思量心意根之自我貪愛，則意根將隨意識而滅，則意識與意根即不入胎而永滅不存，來世之**名**與**色**俱滅，永無來世之**名**與**色**生起，成無餘涅槃，出離三界生死。若欲繼續保持**離念靈知**存在，就是**我見**未斷，意根會被意識這種錯誤判斷所熏習，將會繼續把意識的**離念**及**有念**的**知覺性**，外執爲意根自我所有的功德，就會想要保持離念靈知的**知覺性**常在不滅，就更加無法斷除意根的**我執**了，當然也會使得離念靈知繼續保有**六入**，當然無法取證無餘涅槃。

若欲令來世意識**覺知心**永不復現，除須斷除**我見**與**我執**以外，亦當了斷種種善惡業種，以免受到善惡業種子異熟性的牽制。後世善惡業果報是由此世**行支**之勢力所形成，由**行支**之勢力故，令意識與意根不願滅失自我，則必復有來世之**名**與**色**，則復受**生**而有六入，有**六入**則有**生死**。由是緣故，當令惡業**行支**不存，亦不應造作種種善業而生果報執著，方免復受來世之善業果報所牽而重新**受生**復有**名色**，導致再有**六入**而重新流轉**生死**，是故當滅**行支**；**行支**滅則意識心之業果隨之而滅，方能於捨壽時滅盡十八界自我，出離三界生死流轉。

由**無明**之不復存在故，**行支**隨之不復存在，則不造作導致復生來世意識之種種**業行**，則捨報時意根方能隨之自我滅失，方能滅盡十八界而取證無餘涅槃，是故當滅**無明**；若能了知十八界自我確實是虛妄假合，則**無明**滅除；**無明**滅除時，**行支**隨之而滅，則出離三界生死苦。由是緣故，當了知**苦聖諦**，當學**苦集聖諦**，當學**苦滅聖諦**——熏學滅除無明之眞實義——了知十八界自我之虛妄不實，了知五陰自我之虛妄不實，了知**六入**必會使人產生**覺受**而起**愛貪**，應該如是如實的現觀之。

無明者，謂眾生不能了知如如是正理：三界有情所寶愛的自我，乃是十八界等法假合而有；由無明、業種、五色根、意根與六塵爲緣，然後眼等六識覺知心才能在根塵互觸之處現行、運作，識陰之知覺性無有一法是實有而不可滅者。亦謂衆生不能理解**三界我**之虛妄，執著**三界我**爲眞實不壞之常住法，是故生起我愛與我貪……等：譬如世俗人執著**能受能想**之**覺知心**爲常住不壞的眞實我，又譬如修行人執著一念不生而能面對六塵了了分明之**覺知心**爲常住不壞的眞我，又譬如修行人執著一念不生而離五塵之了了分明之**覺知心**爲常不壞我；亦譬如四禪中的修行人，執著定境中滅除覺知心之寂靜境界中之色身爲常不壞我，因此落入外道無想定中，誤以是實證無餘涅槃。又如修行人執著定境中似有覺知、似無覺知之非想非非想定中之覺知心自我，作爲常住不壞我；乃至緣於想像所得的外法譬如上帝、阿拉、四大極微、冥性、大梵、神我……等**兔角法**爲常住不壞之大我，如是等種種妄想，皆與法界根源之眞實體性相悖，都會在死後爲了保持**六入知覺性**而繼續入胎受生，是故都不能滅除我見與我執，必定因此**無明**而導致流轉生死，這就是**無明**。

修行人若能如理作意而現前觀察世間法界之眞實體性，則能破除二乘人所破除之**無明**，是人則是已發起**明性**者。**明**者乃是滅除虛妄想而證知有餘、無餘涅槃的眞義，然而藏密所言**明性**者，乃是以自意妄想而解釋之，以覺知心處於六塵境界中而了了分明者，妄謂為**明性**，誤解佛法大矣！當知了了分明而欲保持之，必定會想要繼續保持六入不滅，則將只有繼續受生入胎而保有**名色**，方能使**六入知覺性**繼續存在；這種想要保有**六入知覺性**的想法即是**無明妄想**，正是遠離涅槃正見之邪見。滅除上述所言之**無明**者，方是二乘極果所滅之**無明**，方得發起二乘解脫道之**明性**。

如是，**無明**滅故**行支**隨之而滅，是名**癡無故行無**，**癡滅故行滅**；行支滅故，**意識知覺性**不樂再度現行，是名**癡滅故行滅**，**行滅故識滅**；意識知覺性不樂再度現行故，不畏懼自我滅失，則於中陰時不復受生入胎，是故中陰階段之**名色**滅時不復入胎，則後世**名**與**色**皆永不復現，成為無餘涅槃；這是由於六識自我想要滅失的正見與熏習已完全被意根所接受了，所以六識與意根都樂意滅除自己而不再入胎，就不會再有下一世的**名**與**色**出生，是名**識滅故名色滅**；名色不復出現故，則**六入**亦復不現，永滅六入，是名**名色滅故六入滅**；六入滅故，則永無六塵之觸，是名**六入無故觸無**、**六入滅故觸滅**；由於**觸支**已不復現起故，則**受支**亦不復出現，是名**觸滅故受滅**；由於**受支**已滅故，則無三受、五受等，則於六塵境界之**受**便隨之而滅，則無**境界受**之**愛貪**，故名**受滅故愛滅**；由於**愛**

貪已滅，不復出現故，則**取支**亦滅——不再想要有**知覺性**來了知六塵萬法——是名**愛滅故取滅**；取滅——了知六塵萬法之勢力與現象已不復出現——則**後有**之種子亦隨之而不復出現，是名**取滅故有滅**；**後世有**之種子（種子亦名爲界，亦名功能差別）已不復出現，則不復入胎受生，則無來世之出生，是名**有滅故生滅**；由於不復出生之緣故，則無來世之**老死憂悲苦惱**等事，生死已了，是名**生滅故老死憂悲苦惱滅**。如是名爲**苦滅聖諦**。

由如是思惟觀察時，毗婆尸菩薩生智、生眼、生覺、生明、生通、生慧、生證。即時而知苦滅之道，便滅除對於五陰、十八界自我之貪愛，便於座上成就無上正等正覺。但是，若未能配合**十因緣觀**之法，若不能理解**十因緣觀與十二因緣觀之關聯**，則不可能實證因緣觀，故非單作十二因緣觀即可成就因緣法的現觀；其中更詳細之內涵，容後第五章中再舉 世尊之開示詳加解釋。如上所說因緣觀，純依二乘解脫道而說，非依大乘解脫道而說十二因緣之正觀——不是依十因緣本識的內容而作十二因緣觀——非依成佛前所修一切種智而觀。

要須親依眞善知識所說正理，於一一支皆加以詳細觀察，方得除滅三界我及我所之貪愛。然欲一一現觀之前，要須檢驗善知識所說者是否如理作意？若是不如理作意者所說，依之而作觀行者，終生不能取證解脫果：**我見必不能斷**，**遑論我執**？乃至追隨印順、昭慧法師……等破法者，步入歧途猶不自知，而自以爲已證解脫果之初果乃至四果，便作**因中說果**之愚行，便已成立大妄語罪。是故欲作十二因緣之觀行以前，要須親隨眞善知識熏習因緣觀之正理；欲熏習因緣觀正理之前，要須細觀善知識之法義，詳審蒐集諸方善知識之法義而作比對、思惟、觀察、簡擇，並一一比對阿含諸經所說，然後選定其中之正確而勝妙者所說，依之如實細觀，一生便得親證初果……乃至慧解脫之阿羅漢或辟支佛果。若不如是審愼而行，唯依名聲而選擇依止師者，則墮表相，一生勤苦修行，終將徒勞無功，唐修福德、智慧。

如上所言爲**出離觀**，至於**安隱觀**者，如下略說：【「毗婆尸佛初成道時，多修二觀：一曰**安隱觀**，二曰**出離觀**。」佛（釋迦牟尼）於是頌曰：

如來無等等，多修於二觀：**安隱**及**出離**，仙人度彼岸。

其心得自在，斷除眾結使：登山觀四方，故號毗婆尸。

大智光除冥，如以鏡自照；爲世除憂惱，盡生老死苦。】

略釋：由是經文中，可知 我佛世尊隱覆密意而略說大乘法，於初會說法的阿含期中實不細說大乘法也。云何謂此段經文所說者爲隱覆密意而略示大乘法？謂說「諸佛成道時所觀行之十二因緣法中，皆有**安隱觀**」也。然而說**安隱觀**之名已，世尊並未加以宣說及解釋，留待後時解說十因緣與十二因緣之關聯時，才作說明，卻仍然隱覆本識密意而說，故名隱覆密意而說；此乃由於初會說法之內容，唯是二乘菩提之**出離觀**故。

出離觀者，謂能令人出離三界生死之觀行也。出離三界分段生死之觀行者，但須斷除我見與我執、我所執即可，不須修證禪定功夫（初禪是離欲時自行發起的，不是修來的），亦不須修證神通境界，更不須修證法界萬法之實相心如來藏，即得慧解脫之有餘涅槃；捨壽時至，則能在捨壽時或中陰階段滅除自我，不復有意根與意識覺知心再去入胎受生，則永無意識之**知覺性**復現，則永無意根之**思量作主性**復現，則永無三界生死復現，即已出離三界中之分段生死。能作如是觀行者，是名**出離觀成就**之人，成爲慧解脫之辟支佛或阿羅漢。然而如是二乘聖人，於大乘法中，唯能於通教中稱爲聖人；若迴心而入大乘別教法中，則非聖人，唯名六住位賢人，尚未證得**安隱觀**之無生忍及無生法忍故。

安隱觀者，謂諸佛菩薩皆以眞實之自心——第八本識如來藏（阿賴耶識，佛地改名無垢識、真如）——作為一切法之所依，現觀一切法皆從自心如來——自性彌陀如來藏——第八識中出生，乃是依自心如來為因，依父母及四大業種等法為緣而假合出生者，非是**唯**憑無明、父母及四大為緣便可出生者，謂無明、父母、四大等緣具足時，要有如來藏心體的功德自性運作，才能出生名、色等法，然後才會因為六根的具足而有六入，才會有離念靈知心的生起與運作。諸佛、菩薩皆依第八識自心如來而觀察十八界等法，皆依此本識自心如來而觀察十二有支；於二乘聖人所觀察之十二有支中，別有自心如來為因，別有自心如來在十二有支之一一支中運行不輟，是故了知十二因緣觀之實相，是故了知十八界法之一一自我滅失以後，非是斷滅空；由是緣故，諸佛、菩薩證得四聖諦、八正道、十二因緣觀之正觀已，證實無餘涅槃之中並非斷滅境界，亦證實自身尚未捨棄十八界法時的本識即已常住於無餘涅槃境界相中；本來就不需滅除十八界法而取無餘涅槃，在十八界法存在的當下就已現觀無餘涅槃中的境界了，何須像二乘聖人一般滅除十八界法而取無餘涅槃？何須像二乘聖人一般對無餘涅槃中的境界而作猜測與臆想？是故心中了然分明而得自在，由是緣故而使心中悉無恐怖，洞悉無餘涅槃其實是本來無生、將來亦將永不斷滅，由是心得安隱，是名**安隱觀**。如是正理，在四阿含諸經中並無詳示與說明，故說四阿含偏重解脫道之**出離觀**，未曾細說**安隱觀**，只提出安隱觀的名相。

二乘聖人所證得之十二因緣觀，乃是**出離觀**，唯能出離三界中之分段生死苦，不復有十八界法中之任何一界存在，六識與六塵皆滅盡，眞實無我，眞實寂滅，迥無心行，完全符合三法印的**涅槃寂靜**，亦完全符合其餘二印：諸法無我、諸行無常。由三法印所印定故，諸多二乘聖人得以出離三界分段生死苦。然此**出離觀**之親證者，若所證爲聲聞法而非緣覺法，則於實證**出離觀**而滅盡五陰之後，心中必有一疑：**疑無餘涅槃爲斷滅境界**。由有此疑，故不安隱。是故阿含部經典中所載，曾有比丘爲此而生諍論：**無餘涅槃位中，是否有心獨存**？若無一心獨存，則成斷滅；若是斷滅見，則如來滅度後成爲斷滅空無，則爲諸比丘所不能信受者。是故有時互諍：如來涅槃後有，如來涅槃後無，如來涅槃後非有，如來涅槃後非無，如來涅槃後非有亦非無。

由是緣故，世尊爲諸阿羅漢宣示：**無餘涅槃之中雖無十八界法之任何一界存在，雖是完全無我，然有實際不滅而獨存，然有本際或名爲我、或名爲如、或名實際、或名大梵……者，離三界萬法厥然獨存**，不受一切境界，無一切三

界我之我與我所，故非斷滅。諸阿羅漢比丘聞 佛說已，不復生疑，方得安住；然而無餘涅槃中之實際，究何所在？究竟如何？諸大阿羅漢，悉皆不能知之、證之，要待第二會說法之宣說般若諸經時，方令已迴心大乘者親證之；所證亦唯是般若之總相智與別相智爾，仍不能涉入第三轉法輪之唯識諸經所說一切種智正理。是故 佛於長阿含中宣說諸佛常法：「初成道時，多修二觀：**一曰安隱觀，二曰出離觀**。」故於**初會**說法時，唯說**出離觀**，不說**安隱觀**；唯除僅作一會說法，不分作二會、三會而說法之諸佛，方於一會說法時逕說安隱觀。

是故，諸佛菩薩所現觀之十二因緣觀，乃依自心如來而現觀十二因緣法，不許離十因緣法而作十二因緣觀也。非如聲聞所作純依十八界法而作之四聖諦因緣觀也；亦非如緣覺推知無明及十八界等法皆依眞識而有，但未實證也。然而如是正理，甚深難解、難修難證，是故**初會**說法時，不應爲二乘人說之；如是大乘十二因緣正觀之眞實理，容俟第五章中細說，亦俟未來我會中人造作《大乘緣起觀》時別作極細解說，此處且置不說，今且言歸二乘十二因緣觀。

諸佛菩薩由於親以自心如來現前運作之觀行，而於十二因緣法之一一有支中，以自心如來與一一有支而作種種極爲詳細運作之觀行，由是而成就一切種智深妙正理。如是深妙正理，要須極爲長時之宣說，方能得盡其理；聞者亦須先已親證本識自心如來已，然後多劫追隨諸佛、諸地菩薩熏習，並一一加以修證而起現觀，方能盡得其理，方得具足**安隱觀**。而此**安隱觀**之正理與內容，我佛 釋迦世尊於**初會**說法時未曾宣演之，要待第二般若會、第三種智會中，方才開始宣說之；故於《長阿含經》中 世尊自說：「我今**一會**說法，弟子**千二百五十**人。」所度皆是聲聞人，都是阿羅漢，還沒有度得一位菩薩眾。

余作是說者，衡於四阿含諸經所說，衡於南傳佛法阿含諸經（尼柯耶）所說者，可證爲眞實之言也。是故，印順、昭慧……等人依於外國研究佛教之一分凡夫學者，認定第二會說法之般若系列經典非是 佛口親說者，認定第三會如來藏系列諸唯識方廣經典非是 佛口親說者，其說邪謬不實；乃是破壞佛教正法之言，乃是削減佛教學人對大乘佛教諸經之信心者，亦是自杜見道因緣之愚人，故說印順、昭慧……等人表相上雖是弘傳佛法者，實際正是破壞佛教正法者。所以者何？謂般若正理及唯識方廣正理，在四阿含諸經中，皆唯略提其名，而不宣示其義故。而聲聞人在 佛陀入滅後，皆將他們所聽聞之大乘法，結集成小乘聲聞解脫道之法，容納於第一次結集所成的四阿含諸經中，故說四阿含諸經中的某些經典，本是第二、三轉法輪之大乘法義理，但聲聞人聞之，只能領受其中與解脫道有關的部分，所以便結集成爲小乘阿含道的經典了！其中某些本質應屬大乘經典的法義，　世尊所說而曾被第一次結集收入四阿含諸經中的大乘法，則都屬於第二會、第三會說法所攝；在第一次結集後隨即展開的窟外結集時，另由大乘在家、出家菩薩正確的結集爲般若系及唯識系的經典；但也唯有般若諸經中，方始宣說般若之總相智與別相智。

阿含部經典中的部分經典，本是第三會說法的大乘經典，但因聲聞人聞而不解，對大乘法的**念心所**不能成就，故都只能依聲聞人所聽懂的解脫法義來結集，收入第一次結集的阿含部諸經中。於第一次結集的四阿含諸經中，對於一切種智都只略示名相，顯示大迦葉等聲聞聖人是曾經聽聞過某些大乘經典的，只是聽不懂罷了！所以一切種智的唯識增上慧學，都只在第三會說法時方始宣說；所以菩薩另行結集而成的唯識系諸方廣經中，才有細說般若實智中的一切種智，方始宣示成佛法道的次第與內容。然而第二、三轉法輪所說諸經，二乘聖人都只能聽懂其中與解脫道有關的部分，在不知、不解般若及唯識種智的情況下，只能結集成二乘小法解脫道的四阿含經典，也是可想而知之事。

長阿含部諸經本屬初轉法輪**第一會**所說之法，今者如上所舉長阿含經中的《大本經》中明文具載，於諸佛初成道時所修之**安隱觀**都不作解釋，唯示其名；卻於初會說法應具說之**出離觀**著墨極多，乃至老婆無比、一一重複不斷的演說；然於**安隱觀**則無所宣示，要待第二會、第三會中方始說之。安隱觀的法義實質，於四阿含諸經中覓之皆無，只有唯示其名，可見解脫道是第一會的法義。

復次，今者此阿含部之經文中，　佛亦已宣示：**諸佛常有三會說法者**，非是唯有一會而只說阿含法道者。是故，　釋迦世尊第二會說般若諸經，第三會說唯識如來藏系諸方廣經，乃是方便分設，以漸教之法廣利眾生，皆是　佛口親說，非是後人之杜撰者。現見後人智慧遠不及於諸佛故，是故印順不應隨於外國一分不信佛教之佛學學術研究學者謬論，妄言**大乘諸經皆非佛說**。

復次，　釋迦世尊亦如　毗婆尸佛初成道時之欲取無餘涅槃，不欲說法；觀此五濁惡世眾生之剛強難度故，觀此五濁惡世眾生我見、我執、見取見之深厚難斷故，觀此五濁惡世之眾生邪見紛然故。後因大梵天王之三請，方允爲眾生說法。既已觀察五濁惡世眾生善根多屬不具足者，不能一時便說甚深、極甚深之第三轉法輪唯識種智妙法，亦知不應一時便說第二轉法輪之般若妙義，由此緣故思惟應當如何利益此界五濁心性眾生，則知必須先淺後深、施設漸教之次第：**始從二乘菩提解脱道先說，次敘般若實相正理，以支持二乘菩提解脱境界不墮斷滅空；後述一切種智唯識增上慧學成佛勝義。**故說 釋尊在此五濁惡世弘法者，必是三會說法，絕無可能一會說法而圓滿化緣；成就菩薩般若見道之法，尚未於阿含期中演說故；成就諸地所修成佛之道唯識種智正理，尚未於般若期中演說故。若是一會說法者，必定是起始便說唯一佛乘，函蓋三乘菩提於唯一佛乘之內而具足宣說之，不分爲三會宣說：不說三乘菩提，只說唯一佛乘，則是以佛菩提的般若及種智爲主。

今於此阿含部四大部之千餘部經典中，我 釋迦世尊亦言阿含部諸經爲「第一會」說法，所度者只有聲聞羅漢一千二百五十人，菩薩眾尚未列於其中，亦不宣說般若中道及方廣種智。今阿含期中既言只是一會，而未曾涉及般若中道及成佛所依之種智妙法，未度菩薩眾，只度聲聞羅漢眾，可徵其後必定別有二會、三會之宣說般若及種智妙法，以度菩薩眾也！《長阿含經》法義既言初會說法所度唯有聲聞羅漢眾，仍缺菩薩眾，顯然度緣尚未圓滿，則 佛陀實不應即取滅度；然今 世尊已取滅度，故知必有後來之二會、三會說法，而有般若中道、方廣種智妙義之宣揚也！由此可徵雜阿含、增一阿含多數本屬大乘經典，而被二乘聖人在第一次結集時集爲小乘解脫道經典；由此可知長阿含的《大因緣經》，是第一會說解脫法的最後一時所說。由此可知第二轉法輪之般若系諸經，都確爲　佛口親說，而由菩薩在遊說聲聞聖人結集而不可得之後，再行結集而成者（但極少分外道所創造而於後世混入佛門中的經典，譬如〈大正藏〉密教部中與雙身法有關的密經、密續，都屬外道法混入佛門中者）；由此可徵第三轉法輪之唯識系如來藏方廣諸經，除彼極少分外道所創造而在後世混入佛門者以外，都確爲　佛口親說，是故印順、昭慧……等人依於外國研究佛學者之謬說，而認定第二會、第三會所說之般若系、如來藏系諸經非是　佛口親說者，乃是謬說，乃是隨順歐美、日本一分研究佛教者所作之破壞說，絕非正說也。

縱使大乘經典結集之時間較晚，亦不得因此就認定彼經爲非佛說。譬如阿含諸經之結集，**假使**不能一時成辦具足，未能全部結集完成而留待三百年、五百年後，人力物力具足而可成辦時，始將一向口傳之經旨文字化，亦未可因此便言其法爲非也。重要的主旨在於所結集成的經典是否眞實契符　佛陀本意？是故大乘經典結集之理亦復如是，不可因結集時間較晚（其實只是晚於第一次五百結集幾個月）就定其眞僞，亦不可因爲不是聲聞聖人所結集者，便判定爲非佛說，要因其理是否完全契合　佛陀在世時所說的大乘勝法旨意而定眞僞。

復次，大乘諸經所說者，皆是四阿含諸經中　世尊唯說其名而未說內涵之法道，並未違於阿含諸經隱說之正理，也未違於四阿含解脫道正理；並且發起阿含諸經所隱說之般若妙義，發起阿含諸經所隱說之八識心王妙義，發揚阿含諸經唯說其名之成佛法道妙義，亦建立阿含解脫道於不敗之地，令諸外道不能置一言而破之、而攀緣之，完全符合大乘一實相印、小乘三法印、涅槃實義、四聖諦、八正道、十二因緣觀，亦發揚阿含所未宣示之二乘解脫道更微妙正義。如是完全契合佛意、護助二乘解脫道之大乘經典，因何可說是智慧遠不及佛之後人所創造者？是故，大乘諸經非是印順、昭慧……等人所說之**非是　佛口親說，是後人創造結集成經者**。

復次，觀乎印順法師著作，對於初會說法之四阿含諸經中，　世尊所說**出離觀**之妙義，眼前仍可反覆不斷細讀及思惟之法義，尚且錯會到極爲嚴重之地步，現前就可以依阿含經文考證印順所說**解脫之道**處處邪謬；以此現前仍可考證之最原始、最具公信力之阿含諸經文義，證明印順對於四阿含諸經文義解釋的種種錯謬；何況是根據部派佛教的未悟弘法者事相，而且是根據更後期部派佛教各依自派立場而結集成的不同律部、不同說法，又豈可取來作爲絕對正確的考據依憑？則印順、昭慧……等人所謂文獻學考證之說，有無準確度可言？思亦可知矣！

復次，印順對四阿含諸經之法義，著墨甚少；而於大乘法義，著墨甚多；然印順法師對於大乘般若之法義，卻又純以錯會二乘菩提之無因論緣起性空、一切法空的斷滅空而宣說之、解釋之；對於般若諸經中常以實相心的中道性來演說般若，對於般若諸經明說以實相心爲本的實相法義，對於般若系的《金剛經、心經》都以實相心爲主的妙義，全部錯會爲一切法緣起性空的二乘解脫道，他們對般若眞義都已誤會到極爲嚴重之地步，怎能說是懂得般若的人？不但如此，他們還將　佛陀阿含道中，以本識爲中心而說的蘊處界緣起性空，加以改變，排除　世尊以本識爲中心而說緣起性空的前提，所以他們的解脫與涅槃，都不免變成錯會了的解脫道。至於第三會說法之如來藏系方廣諸經，印順則是故意曲解爲**虛妄性的唯識論**，無視於經中兼說**眞實唯識**與**虛妄唯識**二門的事實；對於方廣諸經中所述說之眞實唯識門已函蓋虛妄七識法之眞實義，亦完全不能知解或故意加以忽視，只是一味加以否定，故意一味的判定爲虛妄唯識而誣爲方便法，與藏密宗喀巴的邪見行爲如出一轍。而其所說之二乘菩提法義，卻又與 世尊在四阿含諸經中所說之二乘菩提**出離觀**眞正法義迥異，處處違背 世尊在四阿含諸經所說；如是僧人，不依 佛陀的教法而知、而修、而說，可以說之爲佛門中之法師耶？

今於此長阿含之《大本經（大因緣經）》中，已顯示諸多證據，證明印順等人之所謂考證者，皆是取材於阿含結集百年後之部派佛教未悟菩提的各派自說之虛妄言語，皆是昧於阿含經典所明載事實之虛言，何可信之？而今時昭慧、性廣、證嚴、星雲、聖嚴……等人猶一心盲信之，眞可謂爲痴人兼凡夫也。

復次，今擇此部經文於《阿含正義》第一輯中而全經說之者，總有十因：

一者，爲示古有諸佛示現人間，非唯 釋迦一佛。印順書中常言：**如來一名本是外道法中所有者，如來常住**思想本是古印度外道所常傳說者。意謂：**如來常住**的思想本非佛法，唯有蘊處界緣起性空、一切如來示現於人間之時亦是緣起性空，不免要入滅，所以沒有常住的如來，這才是眞正的佛法。所以大乘法中如來常住的思想，是後來摻雜了外道法的表相佛法，不是眞正的佛法。只有二乘菩提解脫道的諸法緣起性空，才是眞正的佛法。然而如來並非印順所說的壞滅法、緣起性空法；而如來一名本是前佛所曾宣說於人間者，後來正法、像法、末法之後，佛教已滅沒於人間，只留下傳說中的「如來常住」之言繼續流傳於人間；在前佛之法教滅沒之後，尚未有後佛再度出現於人間時，人間尚無佛教，則如來常住的傳說存在於人間之各種宗教中，當然可以說是流傳於外道中；但這並不表示外道歷代傳說中的如來常住不滅的思想有誤；這是平實在此特別舉此全經證明此一事實的原因所在：往世有佛出於人間，但法已滅盡，只剩下如來常住的名言成爲傳說，繼續流傳於各種宗教中；這些宗教本來不被稱爲外道，只在後來新佛出現在人間時，這些不屬於佛教的宗教才被稱爲外道，前一佛所傳的佛教已經滅沒故；而且以往諸佛的法教仍然會在長壽的天界中流傳，有時會有人間眾生感應到天人、天主在後來的人間示現，而爲人類說出如是教言，已可證實如來教法仍流傳於天界，非唯人間方有佛法也！今由此經中，釋迦佛親自宣說過去七佛之一會說法、二會說法、三會說法等事，佛並且親自證實天界至今仍有　毗婆尸如來之弟子，仍依　毗婆尸如來之教化而修學佛法，能觀因緣來至人間護持後佛所說正法，並已於天界親向　釋迦佛表示

自己曾是　毗婆尸佛之弟子，如今同時亦歸依　釋迦佛，證明天界亦有佛教。故印順諸書暗示　釋迦世尊是人間之唯一佛，暗示以前不曾有佛出現，所說爲謬。

二者，爲示阿含經中已略示菩薩行等大乘法，故錄此經以證明之；如是則顯示大乘法本有，唯是阿含期中簡略而言，未明說、未具足說爾；要待後時第二會中宣說般若中觀法義，及第三會中宣說如來藏唯識法義而宣說佛道之次第與內容時，方作詳細宣說。今舉此部阿含經典的全文爲證，避免印順一派人責爲平實斷章取義之說。亦可分明顯示：大乘佛法絕非印順法師等人所說之爲後來**部派分裂後始出現者**，而是　佛陀在世時確曾演說之法。故知印順法師等人所說文獻**考證**之理，所言**原始佛教阿含解脫、初期大乘般若中觀、後期大乘方廣唯識、祕密大乘雙身法坦特羅「佛教」**等區分之說，乃是謬說也。何以故？大乘佛法之宣揚，早在第一結集完成之四阿含諸經中，已曾隱說及略示了；而四阿含諸經中本有許多大乘經典，是聲聞人聽聞大乘經典之後，於第一次結集時由他們結集成解脫道之小乘經典，這是有四阿含經中文獻可以證明確實的。

譬如阿含部經典中既說　釋尊法中有三部之眾，而長阿含部之經中又說：「**我今一會說法，度千二百五十人。**」十餘年中的聲聞會說法所度皆是聲聞眾，尚無菩薩眾，當知必定會有後來的第二會演說般若中道，及第三會演說方廣唯識種智，此乃事之必然也！而此一明說　釋尊佛法有三部大眾之阿含部經典，是增一部之阿含經典；誠如平實在上一章中所說：有許多阿含部經典，本屬大乘法，然聲聞人聞之不解，對其中的大乘法義即不能成就念心所，當然無法憶持；所能憶持的部分就只有大乘經中有關解脫道的部分，所以聲聞人結集之後便成爲只說小乘法解脫道之經典，便攝在阿含部中，此《增一阿含經》之記載即是現成事例之一。

是故聲聞人亦曾在佛座下聽聞大乘經典，然因尚未實證如來藏眞識，當然無法結集成大乘經典；菩薩們若爲繼續弘傳　佛陀開示的大乘妙義，當然就只有等待第一次由聲聞聖人結集大乘經典的成果，但後來發覺全然失眞以後，當場表示要另外結集，於是另行召集菩薩四眾再行結集，這是必然、而且是不得不隨即去作的重要事情。印順、昭慧等人也許會想：「聲聞人眞的會去聽聞大乘經典嗎？聲聞人若遇有佛住世時，是否會拒絕聽聞佛所演說大乘法義之聚會？」答案一定是「不會」，都一定會參加大乘法義的弘法聚會，隨力聽聞　佛的演說而加以熏習；不但過去佛時如此，未來　彌勒菩薩降生人間成佛時也一樣，座下的聲聞人必定也會參加第二轉法輪及第三轉法輪的大乘法義宣演；但是他們後來結集大乘經典時，仍將不可避免的會只就他們聽得懂的解脫道部分加以結集，其結果當然會把大乘經典結集成阿含部的解脫道經典；古今及未來都必定同出一轍，皆因未證本識如來藏的緣故，所以只能對其中的二乘解脫道相通的法義成就念心所，不能對大乘法義成就念心所。

有何根據，而說將來 彌勒菩薩成佛後，當時的聲聞人不但會參與第一轉法輪的龍華三會而證阿羅漢果，也將與聞第二會的般若及第三會的方廣唯識法義？今有 釋尊預記的經文爲證：《增一阿含經》卷三十八 世尊云：**【「正使將來彌勒佛出現世時，如來、至眞、等正覺值遇彼會，使得時度。彌勒出現世時，聲聞三會：初會之時九十六億比丘之眾，第二之會九十四億比丘之眾，第三會九十二億比丘之眾，皆是阿羅漢，諸漏已盡。」】**這些聲聞眾，當然如同阿含部《新歲經》所說的一樣，是包括娑婆世界其他星球中同來的有神通聲聞眾。他方星球有神通者也會來到 彌勒尊佛座下而證聲聞極果，當然 釋尊在世時宣說的大乘法，已證聲聞法的此處聲聞眾，當然會與菩薩們同時參與第二法輪的般若法會，並參與第三法輪的方廣唯識法會，後來 世尊入涅槃了，他們當然會將所聽聞的大乘經典結集成二乘解脫道經典，所以四阿含諸經中一定會有大乘經典的蛛絲馬跡存在，也就不足爲奇了！但是將來 彌勒佛座下的聲聞人聽聞大乘經法以後，結集出來的當然仍將會是單說解脫道的法義，永遠都將如是，古今及未來都不會有所改變。

話說回來， 世尊於演說阿含部的解脫道法義時，於聲聞會的末期所演說長阿含部經典中，既然已說當時是**第一會**的說法，所度者也只是**聲聞眾**一千二百五十人，全無菩薩眾與成佛之法；又於**第二會**說法之般若期中，更已明示所度爲三賢位菩薩眾，所說爲阿含期中所未曾演說的大乘般若總相智與別相智等佛法；末則再於**第三會**說法之如來藏唯識方廣期中，更作極爲詳細之成佛法義明示，所度爲諸地菩薩，所說爲諸地進修次第成佛的一切種智修行法要；如是三會說法後，方始圓滿三乘法道的化度因緣，方可取滅度。除非印順否定 釋迦世尊一生三會的弘化，堅持 釋尊非是三會說法，只有一會說法；除非印順認定 釋迦世尊一生之弘化，唯有一會說法而單說二乘菩提之解脫道，不曾說過般若及方廣唯識妙法。

若印順作此認定者，則其意應爲： 釋迦世尊尚未成佛。則有大過：其一、違於阿含諸經所載三會說法之事實：第一會說法的初轉法輪時期只度聲聞人，不度菩薩眾。**其二**、違於阿含諸經所載**世尊化緣已畢之說**，阿含期中並未宣演般若及種智慧學故。**其三**、應言　釋迦世尊入滅後，應再於　彌勒菩薩下生成佛之前，以佛身再度降生人間繼續演說大乘法，方能圓滿化緣而取滅度。**其四**、應有經典記載如是再度示現於人間續說大乘經典之預記。然而諸經都無是記，而且般若中觀與唯識種智等法亦已宣說完畢，是故印順主張**大乘佛教第二、三轉法輪諸經非是　佛口親說**之「考證」者，實有大過。是故阿含部經典之中，世尊既說阿含部經典只是**第一會**說法，而且這一會十餘年中只度得聲聞人一千二百五十人，都未度得菩薩眾；於四阿含諸經中所說者又皆以聲聞法解脫道為主，並未說到般若中觀與方廣唯識諸法，當知第二轉法輪之般若系列經典，及第三轉法輪之方廣唯識系列經典，應都是　佛說，否則即是　世尊化緣未滿，尚有般若中觀及方廣唯識等法待說，焉得言為化緣已滿、便入涅槃而不再以佛身來到人間？由此可證第二、三轉法輪諸大乘經，皆是　佛說。此是印順……等人所不能否認者。

三**者**，選錄此阿含部經典於第一輯中解說者，欲證實天上、人間俱有佛法，非唯人間之地球一隅有之，故印順不應主張人間佛教，以之否定天界尚在流傳之佛教；今者此第一次結集所成的四阿含經典中，已明說天上亦有佛法宣揚，有許多前佛所遺之佛弟子尚在天界住持前佛所弘正法，並非唯有人間的 釋尊所遺正法仍在弘揚；乃至 釋迦世尊出世，親至五淨居天時，猶有過去佛之諸多弟子尚在五淨居天中修習佛法，悉皆前來禮敬 釋迦世尊，歸命於 釋尊而繼續學法修行，是故 釋尊曾如此說自己：

「譬如力士，屈伸臂頃；我以神足，至無造天。
第七大仙（釋尊是過去七佛之第七佛），降伏二魔；無熱無見，叉手敬禮。
如晝度樹，釋師遠聞；相好具足，到善見天。
猶如蓮華，水所不著；世尊無染，至大善見。
如日初出，淨無塵翳；明若秋月，詣一究竟。
此五居處，眾生所淨，心淨故來，詣無煩惱。
淨心而來，爲佛弟子，捨離染取，樂於無取。
見法決定，**毗婆尸子**，淨心善來，詣大仙人。
尸棄佛子，無垢無爲，以淨心來，詣離有尊。

毗沙婆子，諸根具足，淨心詣我，如日照空。

拘樓孫子，捨離諸欲；淨心詣我，妙光焰盛。

拘那含子，無垢無爲；淨心詣我，光如月滿。

迦葉弟子，諸根具足；淨心詣我，不亂大仙。

神足第一，以堅固心；爲佛弟子，淨心而來。

爲佛弟子，禮敬如來；具啓人尊：

所生成道，名姓種族；知見深法，成無上道。」

如是五淨居天中仍有往世親隨前六佛學法之天界佛弟子，悉來禮敬　世尊，具說往世從於過去諸佛學佛之因緣，此乃印順等人所謂**原始佛教**之根本經典四阿含諸經中所明載者，非屬大乘經典所說者；亦是四阿含部諸經中處處經文皆可稽核之事實，是故印順認定**唯有人間方有佛教**之說法，乃是妄語，非誠實語，意在貶抑　釋尊，使其人格化；並貶抑　世尊之法教同於印順所知所見，令人對　佛功德及信心大降，成爲與世人一般無二但有解脫智慧的人，使印順在書中所說修證解脫道成佛的說法可以成立，印順因此得以成立**阿羅漢**等於**佛**的主張，亦兼使　世尊的佛格滅而不存，同於世俗人類，此即是印順私心之所思、所爲。今由此第一次結集而成的長阿含部經文，誠證平實之言不虛，證實印順倡導人間佛教之思想極爲狹隘，亦是眼光短、淺。

是故，星雲、證嚴、昭慧、聖嚴……等人，在人間推廣佛法雖爲善事，但彼等隨順印順法師之書中錯誤言論則爲不善，印順諸書中皆否定天界亦有佛法故；彼等諸人提倡**人間佛教**，認爲只在人間方有佛教，將廣大深遠之佛教，侷限於人間地球一隅之短短萬年之中，違　佛旨意，實爲不善。一切人間佛子固然應當於此人間弘傳佛法，然亦不應否定天界及十方世界皆有佛法，如是方爲正理之說；異此說者，否定天界及十方世界佛法而主張只有人間方有佛教者，則違　釋迦世尊本懷，則其所說違於　佛旨，不應信之。

四者，檢證此阿含部經典而說者，欲示　佛陀在四阿含每一時期都曾密意宣說佛菩提道，非唯解脫道爾；是故舉此經中所說菩薩歷事諸佛，今復投於　釋迦文佛座下爲弟子，而住於天上自修佛法，有時來人間親聞　釋迦佛說法，有時來人間擁護佛法；乃至未來無量世中仍將常住於天界中，有佛之世常來人間禮敬，歷事人間出現之諸佛，一一承事、供養、受學；於無佛之世，則度人間有緣眾生，爲人間尚未具緣之眾生，宣說「如來」二字之義，演說如來常住之理；彼時聞法眾生雖仍不能親證，然可令其流傳**如來常住**之思想於人間而作世諦流布，藉以催熟法緣，以俟未來緣熟、芽種之生，然後始能有妙覺菩薩觀察緣熟而示現於人間成佛說法以度之。如是過去諸佛之弟子眾，生生世世常住天界，有時生於人間而住持佛法；如是歷事諸佛，自度度他，然後方可成佛。

復次，阿含部經典中常說：修習解脫道而證初果之人，其中懈怠、障重之人，命終捨壽之後，當於人間、天上歷經七次往返，然後取證阿羅漢果而入涅槃。如是阿含解脫道之法理中，亦早已顯示天上必有佛弟子繼續修行及住持佛法，然而印順等竟未之信，令人確信印順及其隨學者都不懂阿含解脫道正理。

今此《長阿含經》中非唯如是宣示，復又進而宣說**安隱觀**法道之名，謂佛法非唯二乘所證之**出離觀**爾。**安隱觀**者則須親證自心如來，證此如來藏之實有，並且現觀此第八識心體常住不滅，方得確認無餘涅槃非是斷滅，由是緣故心得安隱決定，故知**安隱觀**乃是佛菩提道，迥異二乘菩提所證之**出離觀**。是故，印順諸書悉以緣起性空之**出離觀**所修證之解脫道，用來演繹佛菩提道，所說皆謬，根本不是佛菩提道，故其所造《成佛之道》書中所論者，完全與成佛之法道無關，唯是印順個人對於成佛法道之妄想爾。今以此二觀之理，證實阿含期初轉法輪時，已曾密意隱說大乘法之**安隱觀**，證實阿含期非以大乘法為弘化之主軸，而以**出離觀**解脫道為阿含期說法之主軸，然亦已舉示大乘**安隱觀**之名，以俟後時第二、三轉法輪時細說之。由此證實第二、三轉法輪之般若中觀、方廣唯識種智諸經，皆是 佛說，只是不由聲聞羅漢結集，而由菩薩隨後結集。

五者，崇尚四阿含之印順、昭慧、證嚴、星雲……等人，往往依印順之書中所言，主張轉輪聖王及其七寶，以及佛身之三十二大人相等事，皆為後來大乘法中始有者，妄言四阿含中無之。今於此長阿含部之第一部大經中，已可證明：長阿含之第一部經文中，已有轉輪聖王之說，已有七寶之相，亦已具足宣說佛身之三十二大人相之事，可證印順書中言為大乘經中始說者，乃是虛妄之言；更何況阿含部其餘諸經中，亦曾多次說到轉輪聖王及其七寶，非如印順主張之**原始佛教中未曾說此**。

六者，此阿含經中，已明說諸佛有**一會**說法者，有**二會說法**者，有**三會說法**者，則已顯示古今諸佛常有觀察眾生因緣，而分析唯一佛乘之法為**三乘**者，是故施設**三會**而為眾生宣說。由《長阿含經》中如是舉證，已可了知：聲聞阿含解脫智、大乘般若中觀智、大乘方廣唯識種智，如是三轉法輪所說者，皆是佛說，是故印順法師等人所說唯有阿含諸經方是佛說，般若與唯識等大乘諸經非是佛說者，乃是謬言妄語。今觀印順等人之心性及聰慧，連阿含解脫道都能嚴重錯會，何能單以唯一佛乘而度之？何況大乘深妙法義？當然要三會說法而施設三乘菩提。又因四部阿含諸經中未曾廣說大乘法理，多屬唯舉大乘法義名相而未言其義者，要待第二、三轉法輪諸經中方始宣說故。由是可知：印順法師所作「考證」之言，違背最早期的第一次結集阿含此經　佛說，於餘阿含諸經所說亦相違逆。故其「考證」之言全違第一次結集之四阿含諸經所載事實。

七者，以此長阿含《大本經》所載如是佛語，證明非唯　釋迦佛為三轉法輪（三會說法），於過去佛時，已曾有　毗婆尸佛三轉法輪也，釋尊並特別宣演　毗婆尸如來之成道及三會說法等詳情。如是，釋迦文佛之法，將唯一佛乘妙義分為「阿含解脫、般若中觀、唯識如來藏種智」等三轉法輪之事實，於初轉法輪之長阿含部經文中，已經引證而具說之，非未曾說；是故阿含諸經宣示完畢以後，必然要隨之以第二轉法輪之般若系經典，必然要在般若諸經宣講完畢之後，繼之以方廣唯識增上慧學之第三轉法輪經典，以宣示一切種智可以令人成佛之眞實義。今由此阿含部經中已可顯示如是眞相，然而印順法師與昭慧、星雲、證嚴……等人，閱之都不能理解，至今猶自違背阿含諸經所載佛語正說，仍繼續曲解阿含意旨。

今者長阿含中之此經文句，已可證實印順「考證」之事、理，全違第一次結集所成之四阿含聖教，皆屬夤緣外國一神教學者對於佛法之不實考證言論，多屬引證他人虛妄不實之說，多屬植基於密宗應成派中觀六識論邪見而作的假名「考證」，非是符合佛教眞正法義弘傳史實之考證。是故，如斯等人所謂佛教法義弘傳演變之「考證」等說，乃是假借考證之名而行否定正法之實，實與根據事實所作的考證不同，故其考證必須以「」符號顯示其非屬眞實之考證。今觀印順所說「考證」之言，都屬刻意取材不當文獻而捨正當文獻，違逆阿含史實，絕無可信之處，一切佛子若欲修學三乘菩提者，於此皆當留意也。

八者，此長阿含部經典，乃是印順等人所承認之**原始佛教**聖典，亦是第一次結集完成的四阿含中最有權威性的經典；非唯北傳佛法有之，南傳佛法亦復有之；復因漢譯阿含部經典爲所有南、北傳阿含經典中最具足者，是故舉以爲證，證明 釋迦世尊確實是三會說法：分爲阿含解脫、般若中觀、方廣唯識三會，三轉不同法輪；今舉如是阿含具載之事實，以杜印順、昭慧……等人之口，以證印順等人所謂「佛法流傳演變數百年後方有大乘般若唯識等經」之說，全然違背佛教歷史事實，是故印順等人所說大謬。

《雜阿含》諸經在南傳佛法中名爲《相應部》，《中阿含》諸經在南傳佛法中名爲《中部》，《增一阿含》諸經在南傳佛法中名爲《增支部》，《長阿含》諸經在南傳佛法中名爲《長部》；《雜藏》（南傳名爲「小部」）內容固有小差異，其餘四大部阿含的內容，與南傳者亦大致相同，差別不大。今者長阿含尚非猶如《雜阿含》常常隱說了義法，卻已足以宣示大乘佛法之正眞無訛，已足以證明印順等人所說皆是胡人所言，何況後輯中更將舉證之《雜阿含》諸經所說，必將證實印順等人所謂考證者，實屬扭曲教史，完全違背原始經典之具體記載。

九者，印順認爲大眾部是後來分出之部派，所以大眾部所承認之萬法主體本識心是方便建立法，故認爲第八識心體（自心如來）是後來始有者，亦是從外道神我轉化而傳入佛教中者。然而此長阿含經中，已曾宣說「**無漏心**解脫生死無疑智」，又於阿含部餘經中宣示：無餘涅槃中實有本際常住。在在處處都已顯示確有此第八識心，唯因略說之故，印順等人讀之不解。意根與前六識皆非眞實無漏心，皆是入涅槃時應予滅除之有漏心故，唯有第八識心方屬無漏心故。然而印順……等人讀之不解，每言阿含期諸經不曾說有第七、八識；是故平實選錄此最原始的第一次結集而成的長阿含部經典置於第一輯中而證明之。若印順等人認爲此經尚不足以取證，則尚有其餘三大部阿含諸經所隱說第八識心之經文聖教可以爲證，證實四阿含中已曾密意隱說七、八識，唯是略示其名而不作細說爾，要待後時第二會宣說般若、第三會宣說方廣唯識種智時，方作細說也；由此證明第二、三轉法輪諸經皆爲 釋迦佛金口親說者。

如是四阿含諸經中，處處宣示：確已曾說此本識，非未曾說。唯是印順、昭慧……等人依於藏密應成派中觀六識論之主觀見解而建立一己虛妄之說，假藉考證之名而昧於事實、謗爲未說，誣指第八識如來藏爲後來大乘佛教發展興盛後始有之法，誣指如來藏同於外道神我、梵我，書中處處作是誣謗之說：「如來藏思想富有外道神我、梵我色彩，是後來部派佛教分裂發展後，出現了後期大乘佛教後，始有如來藏法之弘傳。」然實 佛在世時已經宣揚，非未曾說；唯是眾生根器未熟，新學如來藏甚深法義時難以親證，悟者極少；要須多世弘揚，始有多人親證，要須多世熏修方得增進智慧，方能弘傳興盛。猶如平實往世雖亦熏修之，至於今世方更圓熟，出而住持大乘正法、弘傳大乘正法，所說法義較之往世所弘揚者更爲勝妙，然不得因此便言平實往世未曾弘揚之，便妄言唯識種智之學是在末法時代的此時方有禪宗中人弘揚之；其實只是往世弘揚之成績遠劣於今日爾，但不得言往世爲無。是故大乘佛教之般若中觀、唯識種智等法，皆是佛世已說；然而當時佛子初學，所證尚淺，要待世世增益之後，方能發揚光大之。今者四阿含具在，　佛於四阿含諸經中所隱說第八識妙法等聖言量，猶可檢校，非是印順、昭慧……等淺學無智之人所可狡辯爲無者。

十者，藉長阿含部此經　佛語，及餘四阿含中諸經　佛語微跡，亦可直探大乘佛法之根源，不須假藉古今未悟之弘法者事相上偏頗一邊之考證名義，而作弘法事相上法義流傳演變之推演；如是直接從**原始佛教**四阿含諸經典中隱說之眞義，證明大乘法義如來藏正理之正眞與深妙，證明大乘絕妙法義在　佛世第二、三轉法輪時已曾宣揚，不是　佛滅之後的弟子們所創造者，以證明第二、三轉法輪之般若與唯識諸經確是　佛口親宣者，則彼等所謂**大乘佛經非是佛口親說，是後人長期創造編集**，以及彼等所謂**眞心派多編爲經典，是後人長期體驗創造**等「考證」之說，都可以休矣！何以故？謂四阿含中所隱說之密意，已足以證明大乘佛法、大乘經典眞是　佛說也。

既然以上十點所說四阿含諸經中，已足以證明 釋迦世尊確實建立了三會說法，則第二、三轉法輪所說大乘佛法諸經眞是 佛口親說者，已可確立也。而第二會及第三會所說之大乘諸經正理，與四阿含諸經所言並無絲毫牴觸，且更深妙於四阿含諸經所說，並且可以用來印證二乘菩提涅槃絕非斷滅境界，可以用來支持二乘涅槃不被斷見及常見外道所附和或破斥，由此可知第二、三轉法輪諸大乘經典勝法眞是 佛說。如是證明已，印順所作《印度佛教思想史、中國佛教史略、如來藏之研究》等所謂「考證」等語，已無實義。

再以較爲重要之事實而簡言之：**其一**，印順所謂之考證，與阿含諸經所載佛先預記三會說法之史實相違。**其二**，印順所謂之考證，與歷代眞悟者所弘法義及修證之實質無關。**其三**，彼等皆是依古今未悟者的佛教弘法之教相表相而作考證，非依各時代眞悟者法義弘傳時之法義內容事實而作考證。**其四**，歷代佛門未悟之人，於佛教眞正法義之弘傳都不能證解，所言皆是因於誤會而說者；譬如數年前仍然有人誤以爲平實所說之如來藏即是彼等所「悟」之離念靈知心，要待平實廣破離念靈知心之異於如來藏恆離見聞覺知性，載於書中廣爲流通之後，此類誤會方始弭平之。亦如數年前常有大法師誣謗平實爲邪魔外道，後人若取如是妄謗之說，據以爲實，則其所作考證即成虛僞，然將仍以考證之名而令後代人覺得不可質疑，後代仍將會有許多人信受其不正確之考證結論，續將護持正法、弘揚正法的平實說爲破法者。是故古時未悟之人所寫所說者，非必一定符合事實；若取誤會者所說所寫文字語言，作爲考證之根據，則其考證絕對違背史實。故應以最早結集而成的四阿含經典所載爲準，不應以後時第二、三結集的部派佛教各說各話的律部所載資料爲準，已經墮於未悟凡夫之見解中故，本非歷史上眞悟者所弘正確法義故。

譬如 龍樹菩薩《中論》所說般若中道觀之正理，乃是以如來藏爲體而作宣示者；然而印順卻以藏密黃教之應成派中觀六識論邪見而解釋之，便謂 龍樹所弘傳者爲「一切法空之中觀」，謂爲「外於如來藏之緣起性空中觀」，爲「性空唯名之般若中觀」；印順如是判教，誤會 龍樹之意旨殊甚。如是 龍樹所造之《中觀偈頌》現在，猶可稽核；而 龍樹之親傳弟子 提婆，於被外道殺害之前，終其一生皆以如來藏來解釋 龍樹之中觀，可以誠證。然而印順……等人竟然否定中道觀本源之如來藏，判定般若中觀爲**性空唯名**之**虛相法**，錯會中論所說實相至於如是嚴重地步；現前仍可稽核之《中觀偈頌》全論具在，尚且如是嚴重的全盤誤會錯解，則其餘所謂考證之言，其可信度如何？思亦可知矣。

由如上所述十種理由，選擇長阿含部此一《大因緣經》爲先，以證大乘經典皆是 佛口親說，非是 佛滅後之四眾弟子長期創造編輯而成者。後復舉諸阿含經典 佛語聖教誠證，用證印順……等人所謂之考證，全屬虛妄之言，皆屬違背大乘佛教法義本有之事實，皆是違背歷代眞悟菩薩弘傳大乘佛教法義之史實，證實唯識學本屬四阿含諸經中所曾隱說之密意，證實第二、三轉法輪經典皆爲 佛口親說者。

如今已經從四阿含經典中，直探唯識增上慧學本識如來藏之本源故；今從《長阿含經》中，已經直接證實大乘佛教之般若中道及唯識種智法義乃是第二會、第三會所說之妙法故，已可確認 釋迦世尊確如 毗婆尸如來之分爲**三會**而說初期阿含解脫、第二期般若中觀、第三期方廣唯識種智；是故第二轉法輪之般若中道法義，第三轉法輪之唯識如來藏法義，確爲 釋迦世尊金口親說者，已可確定不是印順、昭慧……等人所能假藉考證之名而否定者。

第三節　原始佛法中本有三乘菩提之提示

現代一分佛學研究者創造**原始佛法**一詞，但其意涵有所偏頗：一、原始者謂草創、雛形也。既言原始的佛法，當知不能函蓋大乘法之般若及種智深妙法，乃單指初轉法輪時期原始型態之解脫道法義，則成爲殘缺的佛教。二、若原始二字是以佛法流傳的最初時間而言，則不該單指四阿含的解脫道法義，亦應函蓋大乘般若及種智法義，因爲都屬於 佛陀親口所宣的最早期經典。故彼等新創**原始佛法**而單指四阿含，實有不當。今且暫仍援用其原始佛法的定義而說。

「原始」佛法四阿含中雖然以解脫道爲主要法義，卻又已曾明說確有三部之眾，這已顯示一項事實：世尊在世宣說第二會及第三會的大乘法義時，聲聞人也是一起參與聞法、護持的，才會有聲聞人結集而成的聲聞法四阿含中的經典，卻講出大乘法中才會有的修證名相，譬如三**乘部眾**的說法即是明顯的事證。既然阿含部經中已說有**聲聞部**、**緣覺部**（辟支部）、**佛部**（菩薩部）等三部大眾，顯見成就三個部眾之法義必定有所不同，當然不該只有四阿含的解脫道，否則應當只有一個部眾而無三個部眾，亦將必定唯有一乘法而無三乘法。

經云：【是時，阿難復白佛言：「彼人為在何部？**聲聞部**、**辟支部**？為**佛部**耶？」佛告阿難：「彼人當名正在**辟支部**。所以然者，此人皆由造諸功德、行眾善本，修清淨四諦，分別諸法，……。」】（《增一阿含經》卷 41）由此阿含部經典所說者，可知佛法中確有三種部眾：**聲聞部**、**緣覺部**、**佛部**。既有三種部眾，當知所修之法必有三種不同；而今現見四阿含所說者，偏在聲聞部及緣覺部之解脫道；舉凡聲聞、緣覺二部之法，皆已一一細說而且不斷重複宣演；然於佛部之菩薩道所修般若中觀、唯識種智等成佛之道，則都只說其名相而未傳授；由此可見初會說法的阿含期解脫道宣講圓滿後，必將會有第二會之宣講般若諸經，及第三會之宣講唯識諸經。由此正理，亦可證實第一結集後隨即由菩薩們再結集而成的大乘般若、種智經典等法，皆是 釋迦佛親口所說無誤。

復次，世尊曾預記 彌勒菩薩將來成佛時，亦將同樣宣說**三乘**之法：【爾時諸剎利婦，聞彌勒如來出現世間、成等正覺，數千萬眾往至佛所，頭面禮足、在一面坐，各各生心求作沙門、出家學道；或有越次取證，或有不取證者。爾時，阿難！其不越次取證者，盡是奉法之人，患厭一切世間，不可樂想。爾時彌勒當說**三乘之教**。】（《增一阿含經》卷 44）然而 彌勒佛**聲聞三會**度的都是聲聞人，當然會再有菩薩諸會來宣演般若及種智，以度賢位及聖位菩薩，成就三乘之教。由是證實三乘佛法絕非後人妄編妄說，由此緣故，第二會的般若中觀及第三會的方廣唯識如來藏妙義，當然正是第二、三轉法輪所說的經典，當然是佛陀親口所說，印順豈可隨意謗言般若諸經及方廣唯識諸經非佛親口所說者？

彌勒菩薩成佛時必將演說三乘法教，不是只作一會說法而單講唯一佛乘之法；我佛世尊亦復如是演說三乘法道，有經爲證：《增一阿含經》卷一：【猶如陶家所造器，隨意所作無狐疑；如是阿含增一法，**三乘教化**無差別。佛經微妙極甚深，能除結使如流河；然此增一最在上，能淨三眼除三垢。】

《增一阿含經》卷五亦載：【「若迦葉！此頭陀行在世者，我法亦當久在於世；設法在世，益增天道，三惡道便減；亦成須陀洹、斯陀含、阿那含，**三乘之道**皆存於世。」】

《增一阿含經》卷十六：【「……莫生長壽天上，莫與人作奴婢，莫作梵天，莫作釋身，亦莫作轉輪聖王；恒生佛前，自見佛，自聞法，使諸根不亂。若我誓願**向三乘行**，速成道果。」】

《增一阿含經》卷十八：【「過去久遠阿僧祇劫有佛，名善念誓願如來、至眞、等正覺出現於世。當於爾時，人壽八萬歲，無有中夭者；彼善念誓願如來當成佛時，即其日便化作無量佛，立無量眾生在**三乘行**。」】

《增一阿含經》卷三十八：【「以此功德、惠施彼人，使成無上正眞之道。持此誓願之福，施成三乘，使不中退。復持此八關齋法，用學**佛道**、**辟支佛道**、**阿羅漢道**。」】

《增一阿含經》卷四十五：【「今此眾中有四向、四得，及**聲聞乘**、**辟支佛乘**、**佛乘**。其有善男子、善女人欲得**三乘之道**者，當從眾中求之。所以然者，**三乘之道**皆出乎眾。」】

由如上第一結集完成的《增一阿含經》中的說法，已經顯示一件事實：阿含的解脫道並不能函蓋全部佛法，必須具足三**乘之道**、修三**乘**之行、成三**乘**菩**提果**，才能使人**成就佛果**。但是現前可稽的是：阿含部的經典只曾說解脫道，分爲聲聞法與緣覺法，所得的果報是解脫三界生死，這只能成就二乘菩提的解脫道，不能令人親證般若實智，也不能令人成就佛道。由此事實以觀，當然就必須在阿含期以後進而宣講般若實相智慧法門，令菩薩眾實證般若實相智慧，度化諸菩薩進入三賢位中；然而如是仍然未能圓滿化緣，諸菩薩仍無成佛之可能，所以再於第三會中宣講方廣諸經，將唯識增上慧學的一切種智，以及成佛的內涵與過程，一一演述，然後成佛之道方始具足，釋尊的化緣方能圓滿，方可取滅度而示現進入無餘涅槃而無所入。所以第二轉法輪的般若諸經，第三轉法輪的方廣唯識諸經，當然是 佛口親說的，否則 世尊即不應取滅度。

又菩薩法式與三乘經法，並非大乘經中始有所說，乃是阿含經典中本有者，可見 佛在世時，已曾演說三乘法義，特因聲聞人聞之不解，結集如是大乘經典時必定會成爲聲聞法經典。譬如四阿含中明載：【爾時天人復語長者：「此是持戒人，此是犯戒人；此向須陀洹人，此是得須陀洹人；此向斯陀含人，此是得斯陀含人；此向阿那含，此得阿那含；此向阿羅漢，此得阿羅漢；此是**聲聞乘**，此是**辟支佛乘**，此是**佛乘**：施此得福少，施此得福多。」爾時師子長者默然不對，何以故爾？但憶如來教誡：不選擇而施。…………佛告長者：「…………爾時**菩薩**終無此心：『此應施，此不應施。』然**菩薩**執意而無是非，亦不言此持戒，亦不言此犯戒。是故長者！當念平等惠施，長夜之中獲福無量。」】（《增一阿含經》卷 45）此經文亦可證明：聲聞人聽聞及結集大乘經典的結果，則將使大乘經典成爲二乘法義的聲聞部經典。

【世尊告曰：「……聖眾者所謂四雙八輩，是謂如來聖眾，應當恭敬、承事、禮順；所以然者，是世福田故。於此眾中皆同一器，亦以自度，復度他人至**三乘道**，如此之業名曰聖眾。是謂：諸比丘！若念僧者便有名譽，成大果報，諸善普至，得甘露味，至無為處，……。』」】（《增一阿含經》卷二）所以說聲聞、緣覺、菩薩都是如來聖眾，只論證量、不論在家或出家。如是 佛口所說之言，亦證實 釋尊佛法中確有三**乘之道**；然於第一次結集就全部完成的四阿含諸經中，並未詳說三乘法中之菩薩法師與菩薩法道，是故必須有第二、三轉法輪之般若中觀、方廣唯識勝法之由菩薩結集也！由此證實般若與唯識，都是 釋尊親說者，不可效法印順邪說，大膽妄謗第二、三轉法輪諸經不是 釋尊親說者。

佛言：【言善聚者即五根是也！所以然者，此最大聚，眾聚中妙；若不行此法者，則不成須陀洹、斯陀含、阿那含、阿羅漢、**辟支佛**及**如來至真等正覺**也；若得此五根者，便有四果、**三乘之道**。】（《增一阿含經》卷24）

又如：【佛告阿難：「如汝所言，吾恒說**三乘之行**；過去、將來三世諸佛，盡當說**三乘之法**。」】（《增一阿含經》卷41）

又如中阿含部的《新歲經》卷一說：【爾時世尊見歲時到，愍念諸會；在比丘前三自令竟，所立畢訖，五比丘從座起，建立新歲。適立新歲，一萬比丘得成道跡，八千比丘得阿羅漢；虛空諸天八萬四千，咸見開化，皆發無上正眞道意，講說經法；不可計數眾生之類，**建立三乘**。今佛慈哀，枉屈至尊，處在眾座，度脫危厄，十方蒙濟。於時難頭和難龍王各捨本居，皆持澤香栴檀雜香往詣佛所，至新歲場，歸命於佛及與聖眾，稽首足下，以栴檀雜香供養佛及比丘僧。〕】此三段經文中所說者，亦復同義，都同樣說有三乘部眾及三乘之法；然而四阿含諸經所說者唯是二乘部眾及二乘之道，並未建立三乘之法，唯有三乘之名，當知必定要有後來第二會及第三會的宣演般若及方廣唯識之法義，則知第二、三轉法輪的經典必是般若及方廣唯識妙法，無可疑議。

一者，如前所舉 佛之開示，說佛法中之修行者共有三類部眾，即是聲聞部、辟支部、佛部。今又說有三乘之法：聲聞法、緣覺法、佛法（菩薩法）。既如是，顯然可知：聲聞部與辟支佛部之行門定有不同之處，即是四諦八正與四念處觀的聲聞法，十因緣、十二因緣順逆觀的緣覺法；然而三乘菩提中的佛部之法，四阿含中幾乎不曾演說，只有《雜阿含部》的《央掘魔羅經》中略說而已，其餘悉皆未曾解說而只有名相被提及。四阿含法義的實修結果，也只能使人證得聲聞及緣覺的極果——阿羅漢與辟支佛果——不能使人成就佛道，乃至菩薩所證的**本來自性清淨涅槃**的智慧境界，也不可能成就。由此亦可證知佛部的菩薩們修行成佛之道的內容與所修之道，必定不同於聲聞部與辟支佛部，而四阿含諸經中的佛法是有欠缺的：欠缺了佛部的般若智慧法門，以及成佛之道所仰賴的唯識一切種智法門。由此可以證實一件事實：由聲聞聖人在第一次結集完成的四大部阿含諸經，只宣講聲聞部及緣覺部之解脫道行門與內容，絕對不同於菩薩道的佛部行門。所以 世尊必須在後時另設第二會宣講般若中觀，當然是現前仍存的般若諸經；也必須在更後時另設第三會而宣講唯識種智法門，當然是現前仍存的方廣唯識教法。由此事實故說：第二轉及第三轉法輪的般若諸經及唯識種智諸經，都是 世尊親口所說者。

復從聲聞部的行門，唯能使人取證解脫果，唯能出離三界生死輪迴，卻不能了知法界的實相，也不可能令人成佛以觀；三由 世尊示現入滅之後的佛教僧團歷史觀之，在 世尊入滅之後，不曾有任何一位三明六通的大阿羅漢敢自稱已成佛道而紹繼佛位；所有三明六通的大阿羅漢所宣說的佛法，也都只是聲聞道中的解脫道法義；除非後來迴入大乘法中成爲菩薩，從 佛親證佛菩提，否則都只能宣說聲聞解脫道之法，不解佛菩提之義理。四由佛部（菩薩道行者）的行門來看，並不是只修解脫道的世俗諦而已，更重要的是：必須親證法界實相境界，以親證本識作爲入門的根本智慧。而此法界實相的境界，則是世俗諦的根源，也是**蘊處界緣起性空**的根源：正是蘊處界生處、滅處之涅槃本際。

法界實相的如來藏心，即是能出生蘊處界萬法，使得蘊處界緣起性空的世俗諦可以成立及修證。這就是佛部的修行法門與內容，大異於三明六通不迴心大聲聞之證境所在；這也正是聲聞部與辟支部聖人所無法知悉、無法親證的。因爲他們只須滅除蘊處界就可以取證解脫果而出離三界生死，但是蘊處界之所從來的根源、以及附屬於蘊處界而有的緣起性空正理，其實都從如來藏而生、依如來藏而有，但聲聞、緣覺聖人卻可以不必親證法界根源的如來藏第八識心，就能出離三界生死。然而佛部的修行人——菩薩——卻必須進一步親證蘊處界生起的根源，必須藉著親證第八識如來藏才能了知眾生法界及十方世界的根源，才能發起般若實智。再由此基礎而深觀：一切有情蘊處界壞滅後的處所，其實正是如來藏，唯有祂才能具足圓滿這個功能。然後再進修如來藏中所含藏一切種子的智慧，由圓滿一切種智而發起四智圓明境界，方能成就究竟佛果。

由此可以證明，菩薩的法道截然不同於解脫道，不可像印順一樣的單以解脫道來作爲成佛之道的內容，而又誤會了解脫道的實質法義與意涵。

如今第一次結集而成的阿含部經典中也已明說：佛法確有**三乘**的不同，所謂**三乘**之道。亦已明說：佛門修行人中確有**三部**的不同，所謂**聲聞部**、**辟支部**、**佛部**。由此證明：大乘法確實有其大異於聲聞解脫道之處。所以印順一向以解脫道所說蘊處界緣起性空的世俗諦，替代親證法界實相如來藏的佛菩提道第一義諦，而且又誤會、錯解了二乘解脫道法義，所以他的法義不但是完全違背大乘法教的，也是完全違背四阿含經典中的佛語聖教；所以他企圖把四阿含拆成二次或三次結集才完成的，企圖以此手段來影響大家對大乘方廣諸經的觀感，隨從他認定第二、三轉法輪的般若及唯識經典是後人的創作，卻又把成佛之道侷限在四阿含諸經所說的解脫道中，都是完全違背教證與理證的。然而，印順將一次就結集完成的四阿含拆解爲二或三次的說法，設使能夠成功，仍然無妨大眾部菩薩們的七葉窟外千人結集大乘經典的事實並存而不能抹殺、磨滅，所以他違背四阿含諸經記載的史實，謊說四阿含的結集次數與時間，並無意義。

第三章　陰界入

第一節　六根之體性

陰界入是三個法，即是五陰、十八界、六入。有時又分說爲蘊、處、界，即是五蘊、十二處、十八界，是以十二處來瞭解六入，解說十二處的緣生本質及六入的虛妄，令人容易證知**我所**及**六識我**的虛妄，因此成就解脫之道。然於六入之法義中，必須以十二處爲基礎來說明，才能使人瞭解六入，所以本章中將把十二處分割爲六根與六入來分說，將六根獨立爲一節來說明，另將六塵與六入合爲一節而解說之。五陰則另立一節來說明。

在瞭解六根的體性以前，應先瞭解六根的意涵。人間之六根者：謂眼根、耳根、鼻根、舌根、身根、意根。六根中之意根是無色根，是心，不是物質的色法，不是有色根，即是二乘法中所說的意根、意處、意，亦是大乘法中所說之末那識心體、意根，不是印順在〈佛教瑣談〉文中所說的大腦，意根是伴同入胎識如來藏一起入胎的，怎會是大腦？由於意根比較複雜，所以留在本節的最後來說。其餘的眼耳鼻舌身等五根都是有色根，都屬於色法所攝，即是「**名**

色」中的色。眼根有扶塵根與勝義根之差別，眼之扶塵根謂眼窩中之眼球及其所屬的視覺神經，眼之勝義根即是腦部掌管視覺之頭腦局部。其餘四種有色根也都有這二種根的差別：都各有勝義根與扶塵根。耳、鼻、舌、身根的扶塵根與勝義根二種差別，行者依眼根比類而推之即可知之，不重細述。

五根者謂眼根、耳根乃至身根等，都是隨有色根立名；譬如眼根，因爲屬眼，而且是接收色塵的受器，立名眼根；此根隨眼立名而爲眼識生起及運作時的所依根，故說爲眼識的根，名爲眼根。耳、鼻、舌、身根，乃至心法的隨「意」立名而爲意識生起及運作時的所依根，故說爲意根。換句話說，若無眼根的具足，縱使外色塵仍在，眼識也將依舊無法生起，當然也無法有眼識存在而運作；耳、鼻、舌、身乃至意識也一樣，若無意根的具足存在，縱使法塵仍存在，意識也無法生起，當然無法有意識覺知心存在而運作：沒有意識存在就不能做種種直截了當的了知，何況能細加以觀察及思惟諸法？眼根是眼識的所依根，耳根是耳識的所依根，乃至鼻舌身意等根是鼻舌身意等識的所依根，所以六根是六識的所依，若六根有問題時六識就無法生起或正常的運作。六識即是識陰全體，所以六根是識陰的所依；由此可知，識陰中的意識覺知心，在人間的清醒位中當然是以五色根及意根爲所依的；若是五色根壞了或功能受控制（譬如被全身麻醉）而不能正常運作時，意識覺知心就無法生起而暫時斷滅了。

由這個道理而加以實際觀行之後，確認這個事實眞相，了知識陰六識都是虛妄間斷法，我見就斷除了！這時您就是聲聞初果人了！如果生起悲心想要救度眾生而不想斷除我執而進入無餘涅槃，願意世世生在人間救護眾生同證解脫果，那麼您就是大乘通教的初果菩薩了！然而六根與六識的分際，是愚人們所不能了知的；乃至號稱佛門的大修行人、大法師們，已經出世弘法二十幾年了，都還弄不清楚根與識的分際，常常將根與識合爲一法而與眞善知識諍論不休，所以聖　玄奘菩薩頌曰：「愚人難分識與根。」因此，將六根先理清楚，是修學解脫道的首要任務；這也是求取大乘明心見道的人首要急事，若不能弄清楚根與識就不能斷除我見，想要明心是絕無可能的，難免會落入識陰之中而不自知。

想要修習解脫道而證聲聞初果、預入聖流，必須先斷我見；我見若斷，三縛結隨後即斷；但是斷我見的唯一而且不可取代的本質，就是認知及現觀六識心的虛妄：**現觀識陰六識都是緣生之法，都是緣起法所攝的有生有滅之法，虛妄不實**。如果想要觀行識蘊六識的虛妄，想要觀行六塵的虛妄，就必須先了知六根的虛妄，才能如實的觀察到六塵的虛妄，進而觀察識蘊六識的虛妄，我見才可能眞的斷除。本書中在此之前雖也曾略說六根，但只說其名而未舉證經文來解釋，也還沒有作很詳細的說明，所以在這一節中，先舉經文爲證，然後再加以說明。

六根之體性，依據《中阿含經》卷五十八的開示說：【……復問曰：「賢者拘絺羅！有五根異行、異境界，各各受自境界。眼根，耳、鼻、舌、身根，此五根異行、異境界，各各受自境界。誰爲彼盡受境界，誰爲彼依耶？」尊者大拘絺羅答曰：「五根異行、異境界，各各自受境界。眼根，耳、鼻、舌、身根，此五根異行、異境界，各各受自境界。意爲彼盡受境界，意爲彼依。」尊者舍黎子聞已，歎曰：「善哉！善哉！賢者拘絺羅！」尊者舍黎子歎已，歡喜奉行。復問曰：「賢者拘絺羅！意者依何住耶？」尊者大拘絺羅答曰：「意者依壽，依壽住。」尊者舍黎子聞已，歎曰：「善哉！善哉！賢者拘絺羅！」尊者舍黎子歎已，歡喜奉行。】

語譯如下：【……尊者舍梨子又問說：「賢者拘絺羅！有五色根不同的運作、住於不同的境界中，各各觸受自己相應的境界。眼根，耳、鼻、舌、身根，這五根有不同的運作行爲、住於不同的境界中，各各觸受自己相應的境界。這五根，是誰接受了他們全部的觸受境界呢？又是誰作爲五根的所依呢？」尊者大拘絺羅答說：「五色根有不同的運作行爲、住於不同的境界中，各都自己領受不同的境界，都是只能領受五塵中的一塵，不能同時領受其餘諸根所領受的四塵。眼根，耳、鼻、舌、身根，這五根各有不同的運作行爲、各住於不同的境界中，各各領受自己相應的境界；意根則是一體的領受了五根爲祂而受的境界，因爲意根同時也是五根的所依根。」尊者舍黎子聽了以後，讚歎的說：「善哉！善哉！賢者拘絺羅！」尊者舍黎子讚歎過了，歡喜奉行。又再度請問說：「賢者拘絺羅！意根是依什而安住的呢？」尊者大拘絺羅答說：「意根是依壽而住，是依壽而住的。」尊者舍黎子聞已，歎曰：「善哉！善哉！賢者拘絺羅！」尊者舍黎子歎已，歡喜奉行。】

這就是小乘聲聞法中所說的六根，前五根所說並無異於大乘法之處，但是對於意根，差異可就極大了！可見大阿羅漢對於意根的理解，還是很有限的。在這一段阿含部的經文中，二位大阿羅漢對六根有過這樣的一段問答。如上語譯以後，讀者若能詳細閱讀並且思惟而不誤解的話，其實已經很容易理解六根了；但是對於意根與意識的分際，阿羅漢們的理解其實是不夠深入的。

在這段大阿羅漢的對話中，說明了五色根各有所行境界，互不相同；也就是說，眼根只能運行於色塵境界，耳根只能運行於聲塵境界，……乃至身根只能運行於觸塵境界，所以說「五根異行、異境界」，但是五根所行是色、聲、香、味、觸等五塵境界，所以五識在五勝義根所在的處所，領納五塵中各自應該領受的境界；但是五根各自領受五塵中的一塵境界，無法統合領納全部五塵而作應對，當然得要有另一個心來統合五根對這五塵的領受，否則就會變成五個有情各自領受不同的境界了。若是領受五塵後，必須先對五塵中的某一塵應對以後，再對其餘四塵依照先後來領受及應對，豈不就成爲精神病患或反應極遲鈍的殘障者？當然得要有意根來統合五根而全面的領受了。可是舍梨子尊者問「意根依何而住」時，尊者大拘絺羅卻說：「意者依壽，依壽住。」意思是說，意根依壽而住。這就值得吾人探討了！

依二乘法來說，壽，是命根成立的三個要素之一；命根又是依什麼而有的呢？最正確的答案是：「壽、暖、識三，說爲命根。」現在尊者大拘絺羅說：「意根依壽而住。」問題來了！意根若是依壽而住，則意根應該是只有存在一世的，那麼意根在有情入胎、或受生時，是在什麼時期生起的呢？若是從來就一直存在的，意根就不可能是依壽安住而有生起時，因爲依壽而住的心體，在壽命終了時是會毀壞的；若是捨壽就會毀壞的心，那麼意根就不可能是意識的所依根了，又怎能說是意識之根呢？若是受生之後才出生的，所以說是依壽而住的心；那就必須說明：意根是何時出生的？是不是生滅法？能不能作爲意識及前五識的所依根？這樣子說明以後，二乘佛法才可以算是完整的。

假使尊者大拘絺羅，是合說意識與意根爲意（這在二乘法中是常常見到的現象），但是這樣一來又有問題產生了！意根與意識若是同一個心，十八界的建立就成爲虛妄建立了！因爲意既然是根，就不應該同時也是識蘊六識中的一個識；假使意根同時也是識蘊中的意識，十八界就應該改爲十七界；而且世間也不應該有睡眠這個法相，或者睡眠這個法相的定義必須要作修改：在睡眠時還是對六塵境界清清楚楚、明明白白的。因爲眠熟後仍有意根存在，而意根即是意識，意識存在時必定有別境五心所，所以一定是清楚了了的，所以眠熟後應該仍然清楚明白的知道自己正在睡覺，因此睡眠的定義必須重新界定。不但眠熟時如此，在悶絕位、無想天中、正死位、初住胎位、無想定中、滅盡定中，也都應該清清楚楚、明明白白的，那麼這些法相都應該重新定義。但是現見事實並不是如此，所以尊者大拘絺羅說「意根依壽而住」的說法，是值得商榷的；因爲壽是出生了五色根以後才有的，壽是依五色根不壞而說有壽。

如果他說的**意**是指意識，則「依壽而住」的說法才可以通，但意識卻不應該歸類在六根之中，然而這段經文中說的卻是歸類在六根中而稱爲**意根**，顯然「意」字不是說意識，所以意根不該是依壽而住的。應該說：因爲有了五色根的出生，有了壽命，意根才能主導意識示現在人間現行及運作。由此可知，意根與意識是二法，不是同一法；一定是意根與意識不同，才可以說這二心中的一心是根、另一心是識。假使意根同時也是意識，那麼意根就不可能成爲意識之所依根了，那又怎能說是意根呢？所以尊者大拘絺羅的說法不是正確的；我們寧可認爲是結集經典的人記錯了，不願說是尊者大拘絺羅說法錯了，但是已被大迦葉等聲聞僧結集成這樣了。由此可知，二乘聖人對大乘法的勝妙深義，仍然是不能理解的。

在這一段經文中說的六根，其中的五根都是各自運行於自己的一塵境界中，都不涉觸到其他四根所運行的四塵境界，所以眼根只能觸取色塵，耳根只能觸取聲塵，……乃至身根只能觸取觸覺上的觸塵，這就是五根各自行於自己所行境界，所以是異行、異境界。但是意根統合五色根所行的不同境界，這也只是方便說，因爲這種說法實際上也是有過失的；意根只能統合六識所行的境界，不是五根；所以意根統合五根所行境界，這只能在五塵所顯現的極昧略法塵上面來說，才能講得通。如果意根也能像意識一般的統攝五塵境界相，就表示祂也能像意識一般的了別五塵境界的細相了！那麼大家眠熟之後，意識滅了，意根應該仍可繼續了別五塵境界的細相，就應該大家眠熟時都仍然在清楚明白的領受六塵才對，那麼人間就沒有所謂睡眠可說了。

假使意根眞的可以如此，那麼意識的存在也就沒有必要了，大家只要有六根及五識就夠了！乃至五識也不必要了，都只要有六根就夠了，因爲意根就能統攝前五根、前五識所行的境界了，那就只需要保持色身五根就夠了，就成爲只要意根及五根就夠了，前五識及意識也都不必要了；這樣子，又何必要有六識識陰的存在？所以，「意根單獨就能統攝五色根所行的五塵互異境界」，那是說不通的，必須要有意識、前五識的配合，意根才能依意識的了知而統攝前五根所攝入的五塵境界（這是在內相分與外相分合而爲一的情況下來作的方便說）。

另外，尊者大拘絺羅說：「意爲彼依。」彼字是講五色根，意思是說：意根是五色根的所依根。這也有問題！因爲：意根只是心，五色根又是色法而不是心體，在意根沒有**大種性自性**所以不能攝持五色根的情況下，是不可能成爲五色根所依的；只有第八識心體具有**大種性自性**，是出生五色根的心，祂才有可能是五色根的所依心。所以這也是尊者大拘絺羅說錯法（應該是結集的人聽錯了）的地方。在二乘法的四阿含諸經中，有沒有二乘聖人其他同樣開示的記錄，就讓讀者自己去尋覓吧！因爲這不是本書所要開示的重點。這裡要說的是：意根是心，不是色根，祂也沒有**大種性自性**，所以不能接觸到五色根，何況執持五色根？當然不可能是五色根的所依。但是祂卻成爲六識心王的所依根，從眼識到意識，都必須有意根作爲所依根，才可能出生、現行、運作，所以說意根爲前六識的共同所依根；但是前五識在沒有意識藉意根的緣出生之前，前五識也是不可能出生的，所以意識心同時也是前五識的所依根。但這都是從六識心王來說的，如果是五色根，就只能以本識如來藏爲所依根，不以意根爲所依根。不論是從正確而了義的教典、或從法界實相親證的正理來說，都必定如此。

五色根都各有扶塵根與勝義根（淨色根），五色根的扶塵根（眼球、耳朵、鼻子、舌頭、身體）的所行境界是外相分五塵，屬於外五入所攝；五色根的淨色根（掌管視覺乃至觸覺的各部分頭腦）所行境界是內相分五塵，屬於內五入所攝；意根則只能在淨色根所顯示內五入的五塵中所顯示的極昧略法塵上觸知及運作；在不與意識覺知心配合運作的情況下，凡是五塵及法塵的細相，意根都是無法領受而運作的，所以「意根統攝五色根所行境界」，是說不通的。因爲五色根的外五入及內五入（其實都是兼有法入）的極大部分，意根都是無法運行於其中的，又怎能統攝呢？阿羅漢有解脫道的一**切智**而沒有佛菩提道的一**切種智**的分證，所以對這些意涵是無法深入了知的。

眼等五根中之扶塵根，都屬於外入處，是粗色根：眼如葡萄、耳如荷葉、鼻如懸膽、舌如偃月、身如肉桶，都可以看得見；但五根之勝義根都是內入處，雖然也都是有色根，卻不可見、有對；可是意根屬於內入處，所以意根是心，非色，不可見、無對：【……佛告彼比丘：「**眼是內入處，四大所造淨色，不可見、有對。**」耳、鼻、舌、身內入處亦如是說。復白佛言：「**世尊！如世尊說：『意是內入處。』不廣分別。云何意是內入處？**」佛告比丘：「**意內入處者，**

若心、意、識，非色，不可見、無對，是名意內入處。」】（《雜阿含經》卷13第322經）

語譯如下：【……佛告訴那位比丘：「眼根是內入處，是藉地水火風四大所製造出來的清淨色，不會被外面的塵土所染污，也不可以肉眼看得見，但是可以面對它而感覺到它的存在。」佛對耳、鼻、舌、身內入處也是這樣子說明。比丘又向佛稟白說：「世尊！譬如世尊所說：『意是內入處。』不爲我們廣作分別說明。『意是內入處』的意思是什麼？」佛告訴比丘：「『意是內入處』的意思是說，意根就像過去心、未來意、現在識的三世意識心一樣，都不屬於有色根，無法以肉眼看得見；祂也不能像意識一樣能讓凡夫們感覺到，所以不可面對：凡夫們都無法了知意根的存在，所以無法面對意根，這就是說意內入處。」】

換句話說，佛對二乘人方便說法時，開示說意根是心、是無色根，不是有色根，不是根性遲鈍的人所能了知的，所以說非色、不可對。在二乘法中，因爲二乘人的智慧不像菩薩的深利，所以常常將意根與意識合說，所以常有方便說法的情況。但在這裡，既然說的是六根而不是六識，經文中的「意」當然就是說意根。意根既然是無色根，是心體，當然就無法觸到外色法五塵，所以，在外五塵上顯示出來的外法塵，意根當然也是無法觸到的；當然要經由外六入而由具有**大種性自性**的如來藏來變現內相分的內六塵而成爲勝義根中的內六入，這種由本識心所變現的內相分六塵，似色而非色，是自己的第八識心所變，所以意根才能觸到，才能在內六入的法塵上作極昧略的了別，這就是「意內入處」。意的外入處，則只是意根藉如來藏對山河大地及四大、五色根等法的直接攝受而生起的遍計執性，不屬於阿羅漢所斷除的我執內容。這牽涉到一切種智的意涵，說來話長，也不是本書要宣示的法義，是一切種智中極甚深而不易被證悟菩薩所知的密意，屬於諸地菩薩無生法忍證境內容，此處略而不說。

【如是六根種種境界，各各自求所樂境界，不樂餘境界：眼根常求可愛之色，不可意色則生其厭；耳根常求可意之聲，不可意聲則生其厭；鼻根常求可意之香，不可意香則生其厭；舌根常求可意之味，不可意味則生其厭；身根常求可意之觸，不可意觸則生其厭；意根常求可意之法，不可意法則生其厭。此六種根，種種行處、種種境界，各各不求異根境界。】（《雜阿含經》卷 43 第 1171 經）在這裡，根的體性是依**與識同在時**的自性而說的，根的自身既不是識心，當然不可能會有貪厭的心行，所以這裡是將六根與六識的自性合在一起而說，使初學解脫道的行人容易理解：眼根只樂行於色塵境界，不樂行於耳根所行的聲塵境界；並且是只樂於可意的色塵境界，厭惡不可意的色塵境界。耳根只樂行於聲塵境界，不樂行於眼根所行的色塵境界；並且是只樂於可意的聲塵境界，厭惡不可意的聲塵境界。鼻、舌、身、意根也是一樣的自性，依理推之可知，這就是六根的自性。但是意根卻透過五根、五識而攀緣執著六塵中的一切法（在大乘的無生法忍智中，可以現觀到意根的所緣其實不止如此），所以導致眾生不斷的輪迴生死，乃至淪墮三惡道中受苦無量。

【「云何比丘諸根寂靜？於是比丘若眼見色，不起想、著，無有識、念，於眼根而得清淨；因彼求於解脫，恒護眼根。若耳聞聲、鼻嗅香、舌知味、身知細滑、意知法，不起想、著，無有識、念，於意根而得清淨；因彼求於解脫，恒護意根。如是比丘諸根寂靜。」】（《增壹阿含經》卷 12）這意思是說：比丘諸根寂靜的境界，是在眼見色塵時，不生起了知（想即是了知）及執著；對所見色塵，不論是如何的可愛，也都不想了知及憶念，只是保持在接觸的階段，不作進一步的了知、分別、執著、憶念；這樣子恆時保護眼根而無所攀緣，在斷我見之後應當如是修行解脫道，這才是眼根寂靜的比丘。眼根如是，耳、鼻、舌、身、意根也都如是，應當善護諸根，不對聲、香、味、觸乃至法塵作進一步的了知、分別、執著、憶念，只是保持在接觸的階段中；這樣子時時刻刻都保持著、覺照著，只是觸知而不想進一步的了知，也不憶念，才是諸根寂靜的比丘。這是在求取解脫、斷除我執，所以不對色蘊中的內六入、六塵有所執著，這也就是「守意如城、防六如龜」的意思，不讓六根藉內六入向外攀緣外六入的六塵我所，由這裡也可以了知六根的自性。

【「云何比丘成就六？王當知之。若比丘見色已，不起色想；緣此，護眼根，除去惡不善念而護眼根。若耳、鼻、口、身、意，不起意識而護意根。」】（《增壹阿含經》卷 51）**【爾時世尊以偈答曰：眼耳鼻舌身，意根爲第六；此處池流迴，此無安立處；名色不起轉，此處得盡滅。】**（《別譯雜阿含經》卷 15）這二段經文的意思是同樣的道理：守意如城，不讓六入影響到意根而攀緣外法我所；防六如龜，防止六根攀緣於六入而執著內六入；因爲 佛在四阿含中說六根時，多數時候是說內六根，也就是意根及五根的勝義根。這就是解脫道行人在斷我見以後，進修而求斷我執時，乃至斷盡我執而成爲阿羅漢以後，都是這樣子安住其心的；這樣也可以使慧解脫阿羅漢容易進修成爲俱解脫阿羅漢。如果不能瞭解內六入，不能面對內六入的執著而加以滅除，專對外六入的執著加以滅除，只是在滅除外我所的執著，不是在滅除我執上用功；因爲外六入是外我所，內六入則是五陰自我所攝的內法，屬於我執。所以滅除內六入才是眞正的解脫道，滅除外六入只是外我所的滅除，尚未眞正進入解脫道中修行。但滅除內六入的行門，只是解脫道的行門，與菩薩所修佛菩提道的「應無所住而生其心」是大不相同的；菩薩是無所住而時時生其心的，是六根、六識都無所住而如來藏時時生其心的，這才能使菩薩智慧不斷增上而廣利眾生，終於成佛。

又：佛護、月稱、安惠、般若趜多、阿底峽、宗喀巴、達賴、印順、昭慧……等應成派中觀師，常將意根說爲意識之種子，意謂**眼根即是眼識種子**，**耳根即是耳識種子**、……乃至**意根是意識種子**，因爲他們都無法證得第七識意根，也無法證得第八識如來藏，所以乾脆否定七、八識，只承認有六識，宣揚六識論。然而，在清醒位、正常位中，我們的十八界法是**同時同處**現行運作的，是眼根與眼識、意根與意識同時配合運作的，根與識都是現行法，都不是種子；而且，眼根的種子是眼根的種子，眼識則另有眼識的種子，二類種子是並存的；意根與意識也都各有種子，是根、識的現行，以及根、識的種子都共同存在的，所以是眼根與眼識共同現行運作而同時存在，意識與意根共同現行而同時存在的。如果依照清辨、月稱、安慧……等人的說法：眼根就是眼識的種子，那麼眼識現行運作時，應該眼根的扶塵根眼球、勝義根頭腦，當場就會消失不見了；眼根、眼識如此，耳根耳識、鼻根鼻識、舌根舌識、身根身識、意根意識也都應該如此。然而我們證悟大乘菩提之後，阿羅漢悟得二乘菩提之後，眼根與眼識明明仍然同時存在、共同現行運作的；耳根耳識、……乃至意根與意識，也都是種子同時存在，現行根與現行識也同時存在、同時運作的，並不是根與識的種子滅了才有根與識的現行，也沒有根滅了才有識現行的現象。所以根是識種子的說法，是正量部師安慧……等人的邪說；所以，意根是意識種子的說法，只是達賴、印順、昭慧等人的邪說，與教證及理證都牴觸。

所以，部派佛教時期的多數部派佛法思想，有很多法義是錯誤的，大多是誤會佛法以後說出來的法義，不可以取來認作當時的正法而說正法的法義有所演變，因爲他們所說的法義都是錯誤，而當時也仍然有正確的法義存在及弘揚著，卻不被印順等人取材作考證的依據；就如今時諸方大師錯會、錯弘正法時，仍然有正覺同修會的正法妙義繼續在弘揚；假使千年後的佛學學術研究者，單取今時錯悟大師的法義來作爲現代佛法的代表法義，故意忽略正覺同修會的正確法義，或雖未忽略而誤解了本會的如來藏法義，就會說現在的佛教法義有了演變，就會如同印順……等佛學、佛教學術研究者一樣，專以錯悟者留下的文獻作爲文獻學考證的資料，就會這樣子說：「二十世紀末及二十一世紀初的佛教禪宗法義有所演變：是以離念靈知心作爲證眞如的。」就會與現代的印順一樣成爲落入錯誤的**文獻學迷思**中的無智者，與眞正的文獻資料有異。

所以，部派佛教的法義弘演，雖然有很多種，但是其中有正、有訛，不可一概而論；應該對於全部的文獻一體同取，並且對正訛之間的差別，有能力取捨以後，才能作佛教、佛學的考證與研究，才不會以錯誤的資料、錯悟者所寫的論著，來作研究判斷的依據，成爲**文獻學中的迷途者**。做佛學研究、作佛法流變的研究，最怕的就是由未悟、錯悟的凡夫來做研究，他們對於古文獻的取捨，往往「別具隻眼」而對他們所不能親證的如來藏妙法另眼相看，以有色的眼光來對正確的菩薩論作出曲解及特別的看待而排斥之；這種心態正是古今應成派中觀師們都無法避免的過失，除非他們後來離開應成派中觀的六識論邪見，改爲保持中立而以絕對客觀的態度來作研究。

所以，清辨、月稱、安慧……等人說**五根就是五識的種子，種子現行時就**

不稱爲根而改名爲識；又說意根就是意識的種子，意根（意識種子）現行後就有了分別六塵的作用，意根就改稱爲意識。他們這樣子主張以後，就成爲六根只是六識的種子，六根自己沒有種子，六根只是別人（六識）的種子，希望避開十八界欠缺一界的過失。但這卻是完全違背四阿含諸經中所說十八界並行的聖教，也違背四阿含所說十八界滅盡而成爲無餘涅槃的聖教。假使月稱、安慧、印順……等應成派中觀師的說法正確，四阿含諸經中 佛就應該說「滅除十二處而入無餘涅槃」了，就不該是滅除十八界而入涅槃了。

而且，六根也都各有自己的種子：意根的種子是心法而不是色法，意根又是恆而常住的；除非斷盡我執而入無餘涅槃中，否則意根是永遠存在的，自無始劫以來祂就一直都是如此的；這意思是說，意根是恆時現行而不曾是種子；在意識現行時，必須有意根作爲俱有依，由意根配合意識而同時運作，意識才能運作；若沒有意根共同配合運作著，意識自身是無法運作的。所以，意根與意識是同時同處共同和合運作的，不是意根滅了變成意識心，只有意識而沒有意根共同運作；所以意根與意識是同時存在的，二個識都是現行識而同時存在，不是意根（種子）現行變成意識而使意根斷滅了；意根如果眞的如月稱、安慧、宗喀巴、印順……等人所說的，那正是意根滅了才出現意識，就成爲：在意識出現時，意根就不存在了。因爲意識現行時就沒有意識的種子了，那就是意根滅了。

假使月稱、安惠、宗喀巴、印順……等人這種說法可以講得通，那麼一切人都不必修行就已經是實證無餘涅槃了，就已經是大阿羅漢了！因爲，意根的滅除，是只有在無餘涅槃位中才能實現的。現在月稱、安惠、宗喀巴、印順……等人的論著，不承認意根與意識並行，所以主張只有六識，都不承認意根與意識各有自己的種子，而堅決的主張：意根只是意識的種子，意識現行時意根就滅了，所以只有六識。這樣一來，當意識現行時，意根就是斷滅了；但這個境界是超過滅盡定的，而這個境界是所有慧解脫、俱解脫阿羅漢捨壽前都作不到的境界，可是凡夫竟然在意識現行的時候就能滅除意根而成爲無餘涅槃，不必斷我見、也不必斷我執、也不必捨壽，就已經是滅盡意根的無餘涅槃的境界了。這顯然與聖教不符，也與解脫道的理證不符，可見他們說**意根只是意識的種子**，這樣的說法是荒唐說。

而且，意根若滅時，意識也不可能還存在；因爲意識的現行，必須有意根作爲俱有依；若無意根恆時現行而配合著運作，意識就無法現行，如何能與意根共同運作？但是月稱、安惠、宗喀巴、印順……等人主張意根是意識的種子，意識現行時意根就滅了；所以他們的想法是：意根也就是意識的種子，意根與意識不是並行運作的，不是同時存在的，所以總共只有六個識。但是意根的滅除，只有在無餘涅槃位中才有可能，在意識現行時是不可能滅除的，所以他們的主張是虛妄想。除此以外，意根是恆時現行的，祂是遍一切時、遍三界九地中都恆時現行的，乃至悶絕位、正死位、初入胎位、無想定、滅盡定中，也都是現行不斷的；這不但是法界中的事實、眞理，也是 佛陀的聖教所說。如果意識滅時成爲意根（意識種子），意根（意識種子）流注出來時變成意識而滅除了，那就成爲無餘涅槃境界了，因爲意根已經滅除了，然而只有無餘涅槃境界中才能滅除意根的；可是無餘涅槃境界中，是沒有意識存在的。但是月稱、安惠、宗喀巴、印順……等人所說的意根滅除時，卻竟然還有意識的存在運作，這是很荒誕的說法，是不懂初轉法輪二乘解脫、也不懂二轉法輪的大乘般若、更不懂三轉法輪的方廣唯識的說法，只能說是臆想猜測之說。

意根既與前五根並列而稱爲第六根，而前五識現行時，前五根也是同時現行存在著，並未滅失了五根才使五識現行的；由此可知五色根決非前五識之種子，當知意根與意識也是同時現行的，才能成爲意識運作時的所依根，當知意根決非意識之種子。月稱、安慧、宗喀巴、印順等人主張意根即是意識種子，有多種過失故：一者根與識不同類；二者，正當六識現行時，根與識必須同時存在；三者根與識是並行運作的，四者根與識都各有自己的種子，五者根是識之所依，若識無所依根，則不能現行，何況能運作？分說如下：

一者，根與識不同類：若月稱、安惠、宗喀巴、印順堅持說六根是六識的種子——意根即是意識的種子——那就是主張說「五色根只是五識的種子」；然而五色根是色法，五識卻是心法；色法不能轉變成心法，心法也不能變成色法。可是月稱、安惠、宗喀巴、印順的主張，卻成爲心法五識滅謝時，可以變成色法的五色根，也就是五識心滅謝時，可以成爲五色根，五色根滅謝時才可以成爲五識心。但是心法的五識不可能變成色法的五色根，這是眾所週知的事實，月稱、安惠、宗喀巴、印順號稱是懂得般若、懂得唯識種智的人，所以敢造《入中論、大乘廣五蘊論、入中論善顯密意疏、成佛之道、如來藏之研究》等書，但是他們造論之前，對這個道理爲何卻不能先想一想？

二**者**，根與識同時存在：眾所週知，種子流注出來而成為識時，種子（根）一定是已經滅除了，不存在了。所以依照月稱、安惠、宗喀巴、印順的說法，當五根種子流注出來成為五識心時，五識種子（五色根）應該已經滅而不存了；可是我們現觀所有人的五識出現時，五色根都還一直存在著，不曾有一個人在五識出現時導致五色根的滅除而死亡或變成空無色身。所以月稱、安惠、宗喀巴、印順的「根是識種」的說法，是荒唐怪誕的妄想，不是如理作意的想法。但他們卻敢大膽的造論，堅稱**根是識種**，以這種邪說來和真悟的菩薩們諍論。

三**者**，根與識並行運作：眾所週知，五色根是色法，所有人活著時，不論五識現行或不現行，色法的五色根都是一直存在的，即使眠熟而導致五識斷滅不現行時，五色根仍然存在；而在清醒位中五識現行時，五色根也是仍然存在的。最重要的是：五識現行時必須有五色根共同並行運作，否則五識就無法運作。所以正常人在一生中，五色根是不曾滅失過的。然而，根據月稱、安惠、宗喀巴、印順的說法，應該是五識現行時，五色根就應該滅除而不存在了；如此一來，五色根的行來去止，在五識現行時應該是不存在的，那又如何能運作呢？依據月稱、安惠、宗喀巴、印順的說法，現行根與現行識是不可能同時存在的；那麼五識現行時，五色根已經不在了，又有何人能在人間行來去止呢？月稱、安惠、宗喀巴、印順等人又如何能造論寫書呢？

四者，根與識都各有自己的種子：五色根都有各自的種子，五識也有各自的種子，所以五色根不因爲五識自性不變而影響到五色根的時移勢易而老化。五識始從出生乃至衰老，識性是不會變易衰老的，所以五識的能見、能聞乃至能覺的識性，從生至老都不變易；但五色根會隨著時日的逐漸過去，而有成長、壯盛、衰老、死亡、滅壞的現象與事實，這與五識的自性從生至死都不變異的事實迥然不同。若五識種子就是五色根，那麼五識應該會隨著五色根的老化而失去原有的功能；這樣一來，無論老人配戴多少度數的眼鏡、多好的眼鏡，也是無法調整老花眼的，必將無法藉著老花眼鏡而使他的老花眼仍然能看細物，因爲識的種子已經老化了的緣故，不是眼的扶塵根老化的緣故。同理，意識與意根也都各有自己的種子，意根與意識的種子不能互相變易或轉借來使用，因此不可說意根是意識的種子；否則意識的世間智慧日漸成長以後，很有智慧了，意根應該也變得很有智慧，不該仍如以前在眠熟位中沒有種種了別的智慧。

五者，根是識之所依：如 佛所說，也如同現量上的觀察證實，五識都有各自的所依根——五識都各有自己所依的色法扶塵根與勝義根；若這五根不存在時，或這五色根雖然存在但是已經毀壞時，五識都是無法生起的，何況能有五識現行而運作？這是一切人都可以現前實驗而自我證實的，也是現代的醫學常識，所以不該說根是識的種子。如果月稱、安惠、宗喀巴、印順說意根是意識種子的說法正確，那麼五識應該是沒有五色根作為俱有依的，那就應該請問弘揚月稱、安惠邪說的印順、昭慧等人：當您的五識現行時，您的五色根滅了嗎？您的五識是否必須有五色根作俱有依才能運作？如果您仍堅持自己的說法正確，請您在五色根不存在而有五識現行的狀態下，來寫書、來為學人說法吧！但是您一定作不到！可見月稱、安惠、宗喀巴、印順的說法是多麼荒誕。

自稱「有智慧」的昭慧……等人，對此應該有所覺醒了吧！因為，您的眼識在運作時，如果沒有色法眼根的配合，您是不可能看得見任何事物的，連走路都會跌跌撞撞的，也看不見講稿大綱的，又如何能講法呢？說一句白話：您的五識全部現行時，連色身都不存在了，還能在人間為大眾說法、寫書嗎？再說一句更白的話：當您的五識全部現行時，連五色根都不存在而滅失了，五識也就跟著不能現行而滅失了，那您還能有五識繼續存在嗎？因為您的五識是不可能變成五色根的，而五色根滅了以後，五識又如何能再度現行呢？所以說昭慧等人信受月稱、安惠、宗喀巴、印順根即是識種的說法時，過失是很多的，輾轉而出生的過失是很難說得盡的。由以上的大略辨正，大家就對六根的自性有了更多的瞭解，解脫道的智慧應該已經更爲增上了。

月稱、安惠、宗喀巴、印順……等人都不相信有意根的存在，但我們可以由十八界法，證實有第七識意根。意根這個法，在四阿含諸經中多說爲「意」，有時亦有說「意根」二字者；這在《增一阿含經》卷七〈火滅品〉第十六，曾說及六次；卷十二〈三寶品〉第二十一，曾說及二次；卷三十〈六重品〉第三十七之二，曾說過一次；卷三十三〈等法品〉第三十九，曾說過二次；卷三十四〈七品〉第四十之一，曾說過一次；卷四十六〈放牛品〉第四十九第四分別誦，說過二次；卷四十七〈放牛品〉第四十九〈今分品〉說過一次，卷五十一〈大愛道般涅槃分品〉第五十二，說過三次。在《中阿含經》卷二第十經的〈七法品漏盡經〉第十說過二次，卷十九第八十經〈長壽王品迦絺那經〉第九說過二次，卷三十五第一四四經〈梵志品、算數目揵連經〉第三說過四次，卷三十六第146經〈梵志品、象跡喻經〉第五說過二次，卷三十八第153經〈梵志品、鬚閑提經〉第二說過一次，卷四十八第 182 經〈雙品馬邑經〉第二說過二次，卷四十九第 187 經〈雙品說智經〉第一說過二次。《雜阿含經》卷十一第 275、279 經說過四次，卷三十一第 879 經說過一次，卷三十五第 975 經說過一次，卷四十三第 1171 經說過一次，卷四十七第 1249 經說過一次。《別譯雜阿含經》卷十五第 328 經說過一次，《長阿含、十報法經》卷上說過一次，所以說，與意識並行的意根是聖教中多處說過的。

今再舉 佛語聖教言之：**【「復次比丘！若眼見色，不起想著，亦不興念；具足眼根，無所缺漏而護眼根。耳聲、鼻香、舌味、身觸、意法亦復如是，亦不起想**（想即是了知）**，具足意根而無亂想，具足擁護意根。是謂比丘成就此第二法，弊魔波旬不得其便，如彼城郭、門戶牢固。」】**（《增壹阿含經》卷 33）既然此段經文中 佛說的是守護意根，而這個意根的意思很明顯的是包含意識與意根二法的；因爲意根本身不見色、不聞聲、……乃至不能辨別諸法，如何能在六塵中守護而不緣六塵？但是 佛說的卻是在六塵中守護六根的，所以此段經文中 佛的意思顯然是同時函蓋意根與意識的，這也可以證明**根與識**是**同時現行**運作的。既有六根與六識同時現行運作，六根中之意根又不是有色根，這個意識心之根既是心法而不是色法，則知識蘊之識必定有六識，而六識又必定得要依止心法的意根才能運作，不是在意根消滅時能有六識現行運作的。即如此節所舉《中阿含經》卷五十八大阿羅漢所說，意根之體性迥異前六識，所以也不可能是意識之種子，由此可知，月稱、安惠、宗喀巴、印順等人所說「根即是識種」，用以否定意根存在的說法，是荒誕的、無智慧的說法。

最後再針對意根，作更詳細的說明，這得要先對六根的自性加以探討。六根的自性各各如何呢？由於六根有心根與色根二種，所以要分為心與色二法來分說。先說屬於色根的五根：眼根，耳、鼻、舌、身根。眼根有扶塵根與淨色根二種，眼根的扶塵根就是眼窩中的眼球等，以及傳導視覺訊號到頭腦中的視覺神經；淨色根就是頭腦中掌管視覺的部分，又稱為眼根中的勝義根。眼根如此，耳根也是如此；鼻、舌、身根也都如此，各有二種有色根：扶塵根與勝義根。譬如身根，它的扶塵根遍佈全身，包含身體中全部的傳導神經，可以傳導身體各部分的觸覺（這個觸覺不是指根與識能夠接觸六塵的觸心所，而是身體對於冷熱粗細痛癢澀滑……等感覺的觸覺），這些都是身根的扶塵根，都是**可見**、**有對**的色法；淨色根（勝義根）則是**不可見**、**有對**的色法，因為勝義根在頭腦中，不可能看得見，但是有智慧的人卻可以知道它確實是存在的，所以是**不可見**、**有對**（現在外科醫學發達的情況下，已經可以手術開腦而變成可見也是可對的了）。身根的淨色根就是指頭腦中掌管冷熱痛癢……等觸覺的部分，它不會如同身根的扶塵根會被外面的灰塵等物直接染污，故名淨色根。

五種有色根說過了，剩下的就是無色根的意根了。意根爲何會被稱爲意根呢？這就牽涉到意根的自性及六識**依根立名**的問題了！五識的立名，是因爲隨五色根而立的緣故，所以眼識就依眼根的能見外色塵功能而立名爲眼識，意謂眼根有見外色的功能、眼識有分別色相的功能……乃至身識依身根的能觸冷熱……等功能而立名爲身識。五色根都有各自的功能，但因爲不是心，所以不能被稱爲識，只能稱爲根；意根則是心法，有普遍計度執著而想要了知的功能，所以稱爲意，也被稱爲第七識，識即是了別的意思；但因意根的了別性很差，所以必須喚起意識種子，使意識現行而被意根所用，因此意識是在意根的掌控下而出現或暫斷，來作種種了知與分別的，由此緣故，意識就依意爲根而立名爲意識；所以六根中的五色根都不能稱爲意，也不能稱爲識，因爲它們自己並不能識別一切五塵，必須有五識來識別五塵；意根也一樣，雖然是心而能處處作主，但卻必須同時有意識存在時，祂才能有分別六塵的作用，都是由意識分別之後再由意根來了知及決定的，只有這個心才可以被稱爲意。能了知種種法，能了知自己而生起我見我執的心則是意識；但是意識只能分別而不能作決斷，因爲意識沒有思量性（作主性）的緣故；但因爲意識透過錯誤認知及思惟，也能主導意根改變心行，所以祂也有屬於自己的分別所起的我執。意根既是心，又是意識所依根的緣故，又是能引生意識的心，並且是意識生起後運作時必須依止才能運作的心，所以稱爲意根。這就是**隨根立識**的意思，只是爲了容易區分及講解，所以**依意根而建立意識之名**。

意根既然是心，當然體性絕對不會同於五色根，所以祂一定有執著性、思量性，那就得探討祂的自性了！在二乘法的四阿含諸經中，很少單獨說到意根的內容，常常把意根與意識合併在一起說；只有在說明意識的緣起性空時，才會把意識與意根分開說：「**意、法爲緣生意識**。**一切粗細意識皆意、法爲緣生**。」又如「**諸所有意識，彼一切皆意、法爲緣生**」（《雜阿含經》卷九第 238 經），都是意與意識分爲二法而不是同一法的。這就是說，只要把意根與意識的自我執著滅除了，死後就可以不再出生意識，也不必再保留意根的存在，就可以解脫生死；

解脫生死的二乘道，既然不必親證第八識，也不是要證知第八識心的中道自性，也不必二乘聖人修學八識心王的一切種智，所以就不詳細的說明第八識如來藏，只要讓他們瞭解到意識與意根的自我執著與虛妄，能夠斷除我執也就夠了，所以意根當然就不必細說了。

但是有實相智慧的人，從 佛在四阿含「**意、法為緣生意識。一切粗細意識，所有意識皆意、法為緣生**」的開示中，當然可以瞭解到意是根，也能瞭解意與意識是二個不同的心；又從阿含**依根而立識名**的意思中，也可以理解到意與意識一定是二個不同的心體；所以在二乘法中，絕不可能是只說**六**識心而不說**七**識心的。只有智慧不夠的人，才會說**四阿含諸經中只說到六識心。意識既然以意為緣而出生，當然意一定是意識的根**，如同眼睛是眼識的根一樣，所以四阿含中所說的意就是意根，故說意根與意識是同時同處的，六識論當然不對。

意根既是意識所依根，意識夜夜斷滅之後，朝朝又依意根而生起，可見意根從來不曾暫斷；如果意根是會暫斷的法，至少在一生之中一定有時會斷滅，不可能是一生中都不曾斷滅的法。假使意根會斷滅，或者沒有意根存在而主張人類所有的識只有六個識，當眠熟後意識斷滅了（佛說意識於悶絕、眠熟等五位中必定斷滅），那麼眠熟後的第二天，意識種子不可能自己主動流注出來，還有誰能喚醒了意識種子？意識既已斷滅了，斷滅即成無心，無心時即是空無，若沒有別的心來促使意識種子流注而重新出生意識，一切人都將眠熟就永遠成爲意識斷滅的死人了！所以一定要有一個常存不滅的心——意根——來喚起意識的種子重新流注出來，意識心才會重新現行；既然意根常存不斷，而意識又依意根爲緣而生起及運作，離意根就無法生起，生起後也不能離意根而獨自運作，當然意根是恆而不曾斷滅過的心，即使是在悶絕位、正死位、無想定、滅盡定中，也都不曾刹那間斷過，所以唯識學中說祂的自性是「恆、審、思量」。

參禪人落在離念靈知心中，往往會把意根初喚醒意識時的**似知似不知的意識心**，當作是常住心，所以就堅持說：「離念靈知心晚上睡著時並未斷滅，只是睡著了。」大陸的上平居士就是現成的例子。但是他們都不知道：睡著了就是意識斷滅了。不論是醫學上或佛法中，眠熟的定義都是：**意識昧略之後中斷了，不現行了**。意識如果還在的話，就一定會有六塵中的覺知，那就不叫作睡著了。由此可知他們連意根在何處、在作什麼？意識與意根的分際如何？都還是不知道的。對於意根在眠熟位中的運作，當然就更不知道了。他們連意識與意根的差別都不知道，正是聖　玄奘菩薩頌中所說的「愚者難分識與根」。

如前所說，意根只能在法塵上作極簡單的了別：**法塵有無大變動？**所以意根在眠熟時無法了知六塵中的種種事，假使意根作意要了知六塵的種種相，祂就必須喚醒意識及前五識來了知，那就是醒過來了，離開眠熟位了。意根的自性又是有覆無記性，這個體性都是因爲祂的另一種自性而導致的：意根遍緣一切法，所緣極廣而極爲分散，所以就無法針對單一事物作很詳細的了別。譬如意識能對某一事物詳細了別，但意識若遍緣六塵時，祂的了別性就變很差了；而意根的所緣遠多於意識極多倍，又是時時處處都在作審慮及思量的心，當然了別性一定極差；所以祂必須藉意識覺知心的共同運作，才能詳細了知六塵而作出抉擇；而且意根也沒有反觀自己能力，理證的事實上如此，經中也說祂「如刀不自割（註一）」，是說祂沒有反觀自己的能力，所以意根無法了知睡眠時的詳細環境，所以眠熟的人對於外在環境是無所知的，也不知道自己正處於眠熟位中，因爲意根從來不會反觀自己的存在。這就是意根的另一個特性：祂在六塵中運作時，是沒有證自證分的（註二），所以祂不會反觀自己正在睡眠中，也不會了知自己正在什麼境界中安住；只有在意識同時存在時才能藉意識而了知這些情況，但那是因爲祂把意識據爲己有而產生了這種現象，不是祂自己能了知的。這就是意根。（註一：藏密常將此句用來解釋意識心的體性，嚴重的誤會唯識學法理。註二：在諸地菩薩無生法忍智中，卻說八識心王都各有四分；但意根的證自證分，不是相對於六塵而運作，不同於意識面對六塵時能出生證自證分。但這是證悟而有深慧之後，在地上菩薩的教導下才能少分了知的深法，不是一般初悟的人所能了知與現觀的。）

意根在眠熟位及悶絕位、正死位所了知的法塵，那時祂只能了知五塵上所顯現的法塵有沒有大變動，對於法塵的細相及五塵都是無能力了知的；所以祂在眠熟及悶絕……等位中的了知性，都不同於意識現前時憑仗意識所了知的那麼清楚明白；所以意根遍緣一切諸法，是與三賢位菩薩所知的但緣法塵不同的。從無生法忍來說，祂不但能藉阿賴耶識緣於外法塵及諸外事，也能藉著意識心的現行配合而了知內六塵。這個道理很難知曉，能確實了知這個事實的人通常都是已證悟如來藏而修得種智的無生法忍菩薩，三賢位菩薩則必須有地上菩薩親自指導或文字指導，才有可能深入了知。因爲意根確實太深奧了，所以佛把意根的法入，爲不懂意根與阿賴耶識的二乘人，方便合併歸納在外六入處的意處中，原因就在這裡。

但是心比較細而努力在作觀行的禪宗學人，往往會把眠熟位中的**意根和初起時的意識**混爲一心，把初起時的意識與常在的意根合爲一心，認作是離念靈知心正在睡眠，所以就堅持離念靈知意識心是常住的。他們其實只是把意根能喚醒意識的功能，以及剛生起時的意識見聞覺知性合爲一心，而主張他們所「悟」的離念靈知心就是常住的金剛心。連參禪人都會如此的誤解了，何況是一般人呢？所以意根眞是很難理解與觀行，而意識的變相又有極多的不同，大師們也都不曾了知而對學人全面誤導了，所以行者想要斷除我見與我執，就變得很困難了！這就是末法時代的今天，到處都看不到斷我見的須陀洹人的原因。這都要靠親近善知識、信受善知識、遠離假名善知識，以及自己有智慧加以判別及觀察，並且正確的熏習以後，才能實際上了知意根的種種功能。在這裡，因爲不是宣講大乘法的種智，而且也必須爲意根遍緣一切法的**秘密深廣境界**保密，以免密意外洩而導致佛法被外道所壞，也就只能說到這裡了。但是讀者詳細閱讀及思惟以後，對於六根的體性，應當已經有深入的理解了，接著就容易瞭解六塵與六入而能進一步確實的斷除我見了。

第二節　六塵與六入

在這一節中，不以**界**爲重點來說，而是偏重在解脫道的觀行上面來說，所以對**界**的意義，不加以深入的說明，而是偏重在六塵、六入及六入處的說明上面，希望能幫助您親證最基本的解脫果：初果。**界**的意涵，將會在後面的第十章第一節中再作細說。

六塵者：謂色、聲、香、味、觸、法，六識能見的自性則名爲見分，故將相對於六識能見的自性而說此被見的六塵名爲相分，是六識心體所識知之法相故，這是**見分**與**相分**界定的最粗淺層次。六塵相分有內、外之分。外相分六塵者：謂眼根所觸外色塵、耳根所觸外聲塵、……乃至身根所觸軟硬、粗澀細滑等外觸塵、意根藉本識觸外五塵上顯現之有變動或無變動的法塵。外相分的五塵相，是由如來藏藉五色根所接觸的，這五塵的大變動，即是如來藏與意根所接觸的外法塵，合爲外六塵。

內相分六塵者：謂第八識如來藏將所接觸的外六塵，變現於腦中之色、聲、香、味、觸等五塵相分，以及內相分五塵上所顯現之微細法塵。眼識能見、耳識能聞、鼻識能嗅、舌識能嚐、身識能覺、意識能知，識陰六識各自擁有這些自性，故能了知內相分六塵；識陰等六識相對於被識知之六塵，稱爲**見分**，是能見六塵之心體故，所見之六塵就被稱爲相分；這是依最粗淺層次所說的見分，不是依地上菩薩無生法忍層次而作的界定。從有情覺知心的認知上來說，內六塵與外六塵是一模一樣的，全無差別，唯除殘障者；如是，六根取外六塵，自心如來藏就轉變外六塵相爲腦中顯現的內六塵相；六識攝取內六塵而加以了知，即是藉內六塵攝取外六塵；有情不能識知此一事實，誤以爲自己確實接觸到了外六塵，所以把外六塵執著爲自己所接觸到的相分，故誤認外六塵實有。

其實一切有情的六識心、覺知心，從來都不曾接觸到外六塵；因爲不知這個事實，所以把外六塵執著爲自己親身接觸的法，就認爲外六塵實有。若能確認自己從來都不曾接觸到外六塵，所接觸到的一向都是自心如來藏變現的內相分六塵，就能確信三**界唯心**、**萬法唯識**的佛法妙義了。但這不是二乘聖人所能知道的，只有菩薩隨佛修學而證以後，才可能確認的；所以二乘聖人執著外法實有，菩薩則認爲眾生所認知的外法，其實都只是自心如來藏變現出來的，所以就**從外法不曾被自己所觸知的事實**，而說**外法非實有**。

六根與六塵都是有處所的，所以這十二法就合稱爲十二處；唯識增上慧學所說的遍一切處，就是指這十二處：遍於六根與六塵處。知道了六根與六塵等十二處，才能了知六入，六入就是色塵等六塵從外而入識陰等內心，所以稱爲六入。六入要依十二處才能出生，若無十二處即無六入；換句話說，六入現象的出現必定要有處所，若無處所即無六入；也必須要由一**對法**相觸，才能產生一**種入**。譬如眼根與色塵爲一對，這二法相觸的地方就合爲一個處所；眼根與色塵相觸的處所，也就是色塵入的處所，在色入之處所才會有眼識的生起，所以 佛說「眼、色爲緣生眼識」，乃至「意、法爲緣生意識」。

六入有外六入與內六入。外六入是指五色根的扶塵根與意根接觸外六塵的現象，內六入是指五色根的勝義根（頭腦）與意根接觸到內六塵的現象。六入有此二種，所以 佛在阿含中說有外六入、有內六入。具足了外六入與內六入，所以有清醒位中的六識生起而與意根共同運作，以及悶絕位的意根繼續在運作。假使只有內六入，那就純粹是內相分而無外相分的六入，這時將會只有意識覺知心存在而無前五識存在，那一定是夢境中及二禪以上禪定境界的等至位中，只有獨頭意識，不是五俱意識。

清醒位的六入是指六塵入於覺知心中，或者說六塵入於識陰六識心中，謂有六塵等六種不同的法進入五色根及意根中，因此產生勝義根（頭腦）中的內相分六塵，被識陰六識所了知、領受，故名六入。六入由十二處而有，若無十二處，就不可能會有六入；譬如眼的扶塵根或勝義根壞了其一，或是二者俱壞，就不可能有色入，就不會有眼識生起。若無六入，就不會有六識生起，就沒有見聞覺知等六種知覺性了，就無法在三界中生存，所以六入是有情認知的最重要的功能。由於六根與識陰六識的功能正常，才可能正常的攝入六塵，所以六入的自性即是六根與六識正常狀態下配合而完成的。《雜阿含經》卷三云：【「復有正思惟三昧：觀察我、我所，從若見、若聞、若嗅、若嚐、若觸、若識而生。復作是觀察：若因、若緣而生識者，彼識因、緣，為常、為無常？復作是思惟：若因、若緣而生識者，彼因、彼緣皆悉無常。復次，彼因、彼緣皆悉無常，彼所生識云何有常？無常者，是有為行，從緣起；是患法、滅法、離欲法、斷知法，是名聖法印、知見清淨。是名比丘當說聖法印、知見清淨。」】

語譯如下：【還有正思惟三昧：觀察我、我所，是從譬如見、譬如聞、譬如嗅、譬如嚐、譬如觸、譬如識知而出生的（假使沒有能見、能聞、能嗅、能嚐、能觸、能知的自性，就不可能會有我與我所的存在）。然後再作這樣的觀察：假使是有因、有緣而出生了識，那個被出生的識所屬的因與緣，是常？還是無常？再作這樣的思惟：假使識是由因與緣而出生的，而出生識的因與緣又都無常。接著還要知道：那個出生識的因、出生識的緣全都是無常的，那麼無常的因與無常的緣所出生的識，怎能說有常住的自性呢？被出生的識若是無常的話，那麼識的一切行爲就是有爲行，都是從緣而生起的；從緣而生起的心，就是有災患的法，就是會滅的法；了知是患法與滅法，對於五欲的愛著就能遠離，成就離欲法；因此而願意滅盡五蘊自己，就成爲斷除覺知的法，這樣就稱爲聖法印，知見已經清淨了。這就是比丘們應當爲大眾宣說的聖法印和知見的清淨。】

由此段經文中的開示，可以確實證明：眾生心中覺得眞實有我、實有我所，都是因爲從見聞覺知等六識的自性而產生的。這就是**自性見者**，與常見外道的差異不大：常見外道執著六識心或意識心常住不壞，認爲意識覺知心是從往世轉生過來的，將來也可以去到未來世，所以認爲是常住不壞心；自性見外道則是執著六識心的自性，說這六識能見聞覺知的自性是常住法，落入六識心的自性中，所以稱爲**自性見外道**。但是 佛在這一段經文中說：眾生自覺有我眞實常住，都是因爲有六識心的見聞覺知自性，所以會反緣自己而覺得自己眞實的存在；因爲覺得自己眞實的存在，就感覺自我所擁有的一切享受與世間財物、眷屬都眞實存在，因此就生起我執與我所執。但是見聞知覺性都是由六識心的功能顯現出來的，本屬於六識心的自性；假使識陰六識都是由無明爲因，由根與塵爲緣和合而生的，那麼識陰六識的見聞知覺性當然更是因緣和合而出生的；由六識的見聞知覺性而感覺到實有的我與我所，當然是在虛妄的認知下才覺得是眞實有的，所以說我與我所都是假有的，都是在六入中的見聞知覺性上誤認爲實有的。如能依照 佛這樣的教示，親自確實觀察，一定可以斷除我見與我所的執著、斷除三縛結，取證聲聞初果。

這也是從六入的實地觀察中來斷除我見的一個方法，若能從這裡確實觀行，實地思惟及觀察：眾生對自我感覺其眞實性，誤認爲六識心眞實有，其實是因爲先有眼識的見性、耳識的聞性……乃至身識的覺性、意識的了知性，所以覺得自己是眞實存在的。但是這種見聞知覺性都是由六識出生的，都是六識的功能；而這六識的功能，必須要有五根媒介外六塵進入七、八識心中，才會有這六識的生起，然後才會有見聞知覺性的生起與存在，才會感覺到自我的眞實存在。但六識都是因緣所生法：眼根與色塵爲緣而生眼識，眼識出生後才能有能見之性；耳根與聲塵爲緣而生耳識，然後才能有耳識的能聞之性；……乃至身根與觸塵爲緣而生身識，然後才能有身識的觸覺之性；意根與法塵爲緣而生意識，然後才能有意識的了知性、領受性；所以見聞知覺性都是虛妄法，因爲這六種識的自性都是由六識顯現出來的；而見聞知覺性所依的六識識陰，也都是因緣所生的虛妄法，不是**本住法**，當然就不可能是常住不壞法。

如此思惟及現觀以後，我見就隨之滅除；從此開始，身見已斷，永不復生。接著是疑見：是否能斷身見？是否能證初果？諸方大師是否已斷身見、我見？在聽聞或閱讀他們的說法以後都已無疑而能判斷出來，了了而知，疑見就斷除了。隨後則是戒禁取見：受持外道的牛戒、狗戒、水戒、食自落果戒、常坐不臥戒、不倒單戒……等戒以後是否能斷我見乃至我執？對於能使人獲得解脫的戒法應當如何建立？都已了然於胸而無疑惑，是名戒禁取見斷。如是，身見、疑見、戒禁取見都已斷除，成爲已斷三縛結的初果聖人：預入聖流的初果人，這時就已經成爲聲聞初果或大乘通教初果菩薩了！所以六根、六塵、六識、六入的思惟與現觀，是三乘佛法中求斷我見的極好觀行法門。除非遇到了不懂解脫道的冒充善知識，越學越遠離佛法與解脫；若能確實思惟及現觀六根、六塵、六識、六入虛妄，眞實斷除了我見，然後再轉入大乘法中參禪，以後就不會再回墮識陰中，也不會墜入自性見外道的六識自性中，特別是不會再落入意識離念靈知心中，能遠離六識範圍而參禪，想要悟證如來藏心體，就比較容易了！

但是在觀行之前，應先對六入作比較深入的了知，才會知道要如何觀行六入。六入有二種：**內六入**、**外六入**。六入只是一種現象，這六入的現象，是因爲六入處爲緣而出生的，六入處就是六根與六塵相觸之處。六入現象的存在，必須有十八個功能差別，才會有完整的六入。也就是說：必須有十八界存在，才會有六入的現象存在。假使六識心不生起，就不可能有六入被我們領納；所以領納六入中的六塵的六識功能，就被稱爲**顯境名言**，攝屬二種名言中的一種，所領納的境界相只是顯境名言所顯示出來的結果。十八界中的六根與六塵稱爲十二處，這十二處中的內六根變生內六塵之處就是內六入處（意根遍緣外法入及內法入）。外六入處是指意根與五色根的扶塵根所入六塵；內六入處則是指意根與五淨色根（勝義根）觸內六塵之處，所以內六入處指的是內五根（五勝義根）與意根的六入處，也就是內相分的六入處。因爲有六入，而又迷於六入的緣故，全都誤認爲外法而且執爲實有，就導致無明凡夫眾生流轉生死，也導致佛弟子四眾不能證得初果解脫，更間接的導致大乘行者落入五陰中而無法證得如來藏，所以無法破參明心。以下先說六入，後說六入處。

六入之法，在二乘菩提中極爲重要，惜乎今時諸方大師悉皆不知其重要性，至今仍無一人知之以後出而說之；乃至台灣佛教界公認爲佛學大師的印順，對此也不知，也不懂得要在這上面觀行而斷我見，才會有《妙雲集、華雨集、如來藏之研究……》等邪見書籍的流通六十餘年，誤導廣大學佛人；等而下之，其餘大師們，悉皆不知內、外六入觀行的重要性，也就可想而知了！由此緣故，導致努力修學印順思想的大師與學人們，都無法斷除我見，並且都對印順的思想邪謬所在，一無所知；對於了義佛法的認知也就隨著全部偏差，因此而導致印順的隨學者都不能斷除我見。而且印順自己的思想也是沒有定見的，他自己也無法解釋書中爲何會常常自相矛盾的原因，印順其實也不知道自己的書中處處自相矛盾。

如今百年來的佛教中，可以看見的事實是：都不由六根、六塵、六入、六識而作觀行以斷我見，亦皆不曾、也無智以此六入之法教導學徒，致令座下四眾學人無人能眞斷我見；但卻常常有人自以爲已斷我見、我執，號稱證果而成爲果盜見者。偶有南傳佛法中之法師來到台灣寶島，宣稱能助學人斷除我見乃至取證第三果，但他們出而爲人師，自己也都還不曾斷除我見，三縛結具在；乃至他們崇奉爲聖者的覺音，在《清淨道論》三巨冊中所說諸法，也都不能說到我見的斷除，當然也無法解說我執斷除的正理，更何況依他的論著修學的南傳佛法大師與學人？也有台灣本地的法師或居士，自稱已斷我見、能助人斷我見而取證初果，但觀察彼等所說者，我見具在，尚未曾斷。自己未斷我見、未證初果，而言能助人斷我見、證初果，無有是處。

學人若能於此六入法，實地**細心觀行**而不是虛應故事者，所觀行之內容亦是如理作意而非邪思謬想者，欲求不斷我見、不證初果，是亦極難。今於此節中，舉述觀行入手之略要，細觀之處則需各人讀後自行作觀。若不確實自行作觀，平實於此書中詳述之後，終究未能令諸大師、學人得斷我見；由是緣故，於此節中僅指示入手之法；細觀之處，留俟大師與學人們靜坐之時自作觀行。苟能確實、詳細而如理作意觀行之，不證初果也難！二乘菩提見道，唾手可得。

六入處之法，爲何平實說爲二乘菩提解脫道中極爲重要之法？謂經中如此記載：【如是我聞　一時佛住王舍城迦蘭陀竹園。爾時世尊告諸比丘：「譬如世間所作，皆依於地而得建立。如是，一切善法，皆依**內六入處**而得建立。」佛說此經已，諸比丘聞佛所說，歡喜奉行。】（《雜阿含經》卷31）**內六入處**為何是一切善法建立之依止？此謂修行唯是修心，二乘菩提純依六識心王之正見而斷我執，由是而令意處（意根）受熏之後，不再對六識之自性繼續執著，亦對意根自己不再有執著；由此緣故而使六識與意根都願意自我滅失，所以在捨報時，或是捨報而轉入中陰階段時，願意自我消失，即能取證無餘涅槃。然而如是修行者，都是依六識與意根為中心而修正原有錯誤的心行；但六識與意根在人間之修行，都不能離於**內六入處**而存在，是故二乘菩提修行之一切善法，都依**內六入處**而建立之。

六識的出生，是以無明為因——以意識的我見而產生了意根的我執為因——所以由根本因如來藏識出生了意根與五色根，有了六根才會有六塵，有了六塵才會有六根與六塵的接觸；有了六根觸六塵，所以會有六識的出生；有了六識心，就會有六識心的六識自性顯現，所以眾生才會感覺到自我確實存在，再由意識的錯誤認知而誤執識陰自己眞實，所以我見就無法斷除，我執更難修斷。歸根究柢，都是由於六入而引生的。所以想要斷除我見而得聲聞見道的人，必須先明瞭六入的內容。欲明此理，應當先了知外六入與內六入之異同，然後方能眞正了知此一正理。外六入者，謂六根觸外六塵，是名外六入，外六入的根與塵就是外十二處，於此十二個根塵相觸之處，產生內六根觸內六塵的現象，在此內六入處才會出生六識心，所以這內外十二處就稱爲六入處，但四阿含中的經文，一般是指內六入處。

譬如眼根之扶塵根所接觸到的外色塵，尚未由如來藏依眼扶塵根的外色入而變現於眼勝義根中成爲內相分色塵時，純屬眼扶塵根所攝入的色塵，即是外色入處，所以眼扶塵根是外眼入處；外色塵進入眼扶塵根眼球中時，色塵影像在眼球視網膜中是倒立的，這並不是人們所看見的色塵相，因爲人們看見的色塵相都是正立而不是倒立的。這個倒立的外色入的影像透過視神經而傳導到眼的勝義根（頭腦中掌管視覺的部分，又名眼的淨色根）時，如來藏便在眼勝義根處變現出內相分的正立的色塵，這個頭腦中顯現內相分色塵的地方，就是內眼入處。而頭腦中的內相分色塵，與外相分的色塵完全相同，卻已不是倒立的影像，所以使得有情誤以爲所見是外相分的色塵影像。這個眼勝義根中的色塵相進入眼識、意識心中，即是內眼入處、內色入處。

眼根如是，耳、鼻、舌、身等四種扶塵根攝入的四塵入，道理亦復如是，都屬於外入處；同樣是由如來藏在頭腦中的耳、鼻、舌、身等勝義根中變現內聲塵、內香塵、內味塵、內觸塵等四種相分，再由耳等四識觸知如是內相分的四塵，這就是六入中的四種內入處。所以，五色根的扶塵根，都有外五入；五色根的勝義根（又名淨色根）都有內五入。這就是外入處與內入處的不同。合併意根、五色根及意識兼攝的前五識外法入、內法入，就稱爲外六入、內六入，所以六入有內、外入之差別。由此可以證明：唯識增上慧學中所說的外相分、內相分，其實是在阿含部經典中就已經說過的了，這其實是唯識學大乘經典所說的，但是被二乘聖人結集成解脫道的經典了；而且阿含中僅提名相而不廣作分別，所以讀者讀到內、外六入的名相時，不能如實理解其眞義，當然讀過以後就無法證得初果解脫了。乃至諸方大師，包括印順「導師」讀過以後，也無法懂得其中的眞義；如是爲人解說時，永遠都只能一語帶過而無法爲學人說明，學人當然會與大師們一樣的不懂了。如今平實解說了出來，希望當今大師與一切學人們，都可以獲得初果解脫，但前提是要確實一一觀行。唯除四種人，不能實證初果：恆不信者、不願聽聞或閱讀者、讀後不樂實地觀行者、觀行時不如理作意者。

至於意根一心，不但有內相分的法入，也有外相分的法入（這是諸地菩薩才能現觀的），但都是極爲粗糙昧略的法入，只能作有無大變動的觀察而已，也不能反觀自己（如刀不自割）。祂不像前六識一樣會在眠熟、悶絕……等五種情況下暫時斷滅，祂是無始以來一直都恆而相續不間斷的；祂一直在領受相分五塵上面所顯現的法塵有無大變動，這種情況，窮盡吾人一生都不曾間斷過，乃至正死位中、住胎位中都是如此。即使是在意識等六識都清醒而正常運作時，祂既與意識同時運作而思量著意識所專注的事情而時時作主，但祂也同時在攀緣著意識不曾注意到的一切法，不是只在意識所專注的事項上而已；乃至意識覺知心眠熟而斷滅時，祂仍保持著攀緣一切法的特性而運作不斷的，也攀緣著外相分五塵上顯現的外法塵，同時也攀緣著內相分上的內法塵而時時刻刻的思量著要不要應變，這就是意根與其他六識特別不同的所在，這是一般學佛人及目前的大師們所不知道的事實。但祂在清醒位及悶絕、眠熟……等位中所接觸到的相分仍然是具足內、外相分：**內、外法入**。只是祂對法入的判別能力極差，只能判別有無大變動，而無法作詳細而確定的判別；所以眠熟位中，或是悶絕位中，若有特別大的法塵變動，祂就一定會喚起意識而清醒過來，以便作出判斷及應變。所以祂是「恆、審、思量」的心體，與前六識特別不同，這也是祂被歸類在六根的種種原因之一。**審**是指不斷的審度一切法，**思量**是指時時在決斷是否繼續安住？是否要改變？是否要應變？

最後要說的如來藏識，是四阿含所說的本識、入胎識；祂特別奇特，祂有外相分的五入而沒有法入，祂的法入是大乘別教諸地菩薩修學的一切種智中才會說到的；未悟的人及初悟的人聽了，也仍是不懂的；所以在二乘菩提及大乘菩提的三賢位所修種種法中，都不說祂有法入，只說有這樣的一個識存在。依二乘菩提及大乘三賢位中所修的菩提來說，意根對外相分的法入，是依外五塵的變動而說的；也因為意根不同於六**識常起常斷而有時沒有六入**，說祂是恆時都有法入的，所以此時說意根的法入是外法入；但在意識現行時，祂藉意識的了知就擁有內法入；祂把意識的六塵入據為己有時，也就有了內六塵入，所以祂的體性極為複雜。其實外五塵中並沒有法塵可得，舉凡一切法塵，都是由意識與意根共同了知，或由意根單獨了知的；在意識尚未生起之時，由意根單獨接觸外五塵時，才能在意根心中生起昧略法塵的領受，也只能領受五塵上的法塵，不能領受五塵本身，所以說意根此時單獨所接觸的法塵爲外法塵。

但是從第八識如來藏透過五根攝取外六入而言，五色根其實也是沒有五入的，因爲五根不是心，不可能了知五塵所入的所有塵相，而只有接觸外五塵的功能；所以，**在二乘菩提中**，因爲二乘聖人與凡夫都不知道如來藏的心性與所在，就不說外六入是如來藏心所觸，只說外六入是五色根與意根所觸，如是而說外六入。如是**方便說**者，是說眼等五色根都是只有外入而沒有內入；內五入的領受是五識的事，不是五根的事。也就是說，意根特別不同，祂能觸知內相分的五塵上面有無大變動，而不能了別內五塵的變動是什麼意義，祂得要喚起意識及五識來作詳細的了別，然後祂才能決定要如何應變。然而意根並不是只有內相分的法塵領受，外相分五塵入時的變動法塵，祂也是能領受的，但這不對三賢位的菩薩們解說，也不對二乘聖人解說，只說六識對六塵的領受。這就是外六入與內六入的說明，對於菩薩所知的部分，您可以不必理會；但是對於解脫道相關的粗淺部分，您一定要一再加以思惟，並且在身中六根、六塵、六識上面詳細的一一現觀及證實，才能發起二乘菩提初果聖人的智慧，並不是讀過了就能如實的知道上面所說的義理，因為**知識**與**親證**是不同的，而觀行的部分都必須自己獨處時實地去作，不能假手於他人的。只有在現觀之後確認了，才能接受以上的眞理，心中完全沒有懷疑，三縛結才有可能斷除；而閱讀所得的聞慧都只是知識，不同於親證，不可能完全接受；即使是覺知心中自以為眞的接受了，也仍然屬於知識而不是親證，這是學人必須先瞭解的一點。

在阿含中，其實早就曾經說過內相分、外相分了，只是大師們讀不懂四阿含的眞實意旨，所以謗說阿含中不曾說內相分，甚至有人謗說大乘經典中從來都不曾說過有內相分。但是在四阿含諸經中，其實都已曾略說了！所以大乘唯識增上慧學之一切種智中所說內相分，已曾在四阿含中隱說了；今舉阿含中的經文為證：**【「如內入處，如是，外入處：色、聲、香、味、觸、法；眼識，耳、鼻、舌、身、意識；眼觸、耳、鼻、舌、身、意觸；眼觸生受，耳、鼻、舌、身、意觸生受；眼觸生想，耳、鼻、舌、身、意觸生想。」】**（《雜阿含經》卷8）是名四阿含中所說內相分、外相分之意也！

大乘法中之《華嚴經內章門等雜孔目章》卷一亦曾云：**【謂色蘊即十界：眼等五根界、色等五境界。】**將五根與五塵都攝在色蘊中，色蘊是吾人五蘊所有之法，當然不是指外五塵，當知此色蘊中之五塵者，定屬**內相分**五塵，不是**外相分**五塵，所以將五塵合攝在五陰的色陰中，成爲色陰的一部分，由是證明實有內相分，此是阿含部經典中所說**內相分**之正義。阿羅漢所滅之六塵者，即謂如是內相分六塵故；若阿羅漢入無餘涅槃時所滅相分六塵是外六塵相分者，歷史上已有許多阿羅漢入無餘涅槃，豈非當時世界所有外相分六塵都已滅盡？又如何能有現在之外六塵相分能被吾人五色根繼續觸知及領受？由是證明：六塵相分確有內外之分，是故阿羅漢滅盡色蘊之五色根及六塵已，不妨礙吾人仍有外六塵相分、外六入繼續存在，是故，阿含部經典中說**內六入**、外六入，以及四果人入涅槃時滅盡六塵相分者，已經隱說實有外相分與**內相分**也！

內、外六入者，亦如經中所說：【又，諸比丘！如來說六正法，謂**內六入**：眼（淨色根）入、耳入、鼻入、舌入、身入、意入。復有六法，謂**外六入**：色入（眼扶塵根的色入）、聲入、香入、味入、觸入、法入。復有六法，謂六識身：眼識身，耳、鼻、舌、身、意識身。】（長阿含部卷八《眾集經》）

外色入者，謂六根對六塵之攝取：外色塵入於眼扶塵根，外聲塵入於耳扶塵根，……乃至外法塵入於意根。但因爲意根唯是心，故無淨色根與扶塵根的分別；意根又遍緣一切諸法，所以同緣外法入與內法入，只要是第八識所緣的法，祂也同緣；外六入的法入，祂也同緣，但不能了別其內容，要在內法入中攝取意識的了別之時才能有詳細的了別。意根從無始劫來不曾間斷過，在眠熟位、悶絕位中，意根仍由五根中不斷在領受外內五塵上所顯之法塵，不斷的在了別五塵上所顯現的法塵有無重大變動；這種了別是從無始劫以來就一直存在的，祂是恆而常住的持續在審度一切，並且經由意識的配合運作而思量一切法（於一切法作出決斷），故名「恆、審、思量」，所以時時刻刻處處作主的心正是意根。內六入則是只有六識心王才能觸知的，不是五色根所能觸知的；五色根只是將外五塵攝入而由如來藏去變現內相分六塵於五根的勝義根（淨色根）中，意根遍緣五勝義根中內相分五塵上的極粗略法塵，引生六識心，再由六識心去觸內相分的六塵而成爲內六入的詳細了別；意識心於所觸的六塵加以了別時，就不只是五遍行心所法，已經是與五別境心所法共同運作的了。這就是內、外六入的意義，修學者必須詳細思惟，才能眞實了知，不是讀了以後就能眞實了知的，讀後所知的只是常識、知識，往往存在許多的誤會。

意根既不是有色根，無形無色的心當然無法觸到五塵；但因爲意根又能遍緣一切法，所以第八識的所緣諸法祂也能同緣，因此能有外法入；也因爲祂遍緣一切法，所以對萬法中的單一法的了別性就極爲昧略，只能了別五塵上所顯示的法塵相，而且這個了別性仍是極爲昧略的。外五塵中並沒有法塵，意根也無法領受外五塵，所以意根只能觸到如來藏所觸的外法塵相；在內相分中也如是，祂只能觸到如來藏所變現的似有色法的內相分五塵相上顯示的法塵；但因意根的了別性極昧略，所以只能領納法塵的大變動的法相，這就是意根在內相分法塵上極昧略的觸知。但因已有意根促使生起的意識來詳細了別內相分上的五塵及法塵，所以就把意根對外法塵的觸知，歸類爲外六入之一。這是因爲意識等六心已經了別內相分的六塵全部了，而意根對法塵的極粗略了別，是在六識了別內六入之前就已經存在著的，所以也因爲這一點而同時也把意根歸類爲外六入處之一，這是對二乘人所作的方便說法。

已經了知五扶塵根有外五入，意根有外法入；也了知五勝義根有內五入，意根有內法入，剩下的就是六識有內六入了，那就必須對六識的自性加以瞭解了！六識初現起時，還只是**率爾初心**的階段，仍不能作分別，仍是在五遍行心所法的階段；但是進入第二刹那時就成爲尋求心，就已經同時有五別境心所法開始運作了，這時其實已經是分別心了；只是因爲還沒有第三刹那的觀察來決定前後的差別性，所以無法分別決定六塵前後的差別，仍舊介於有分別、無分別之間。直到進入第三刹那時，已經了別完成而知所觸之塵是什麼了，這就是具足分別性了，已經是五別境心所法在五遍行心所法的支持下完全在運作了，這已不是單純的內六入了。所以內六入是單純的指內相分六塵被六識心所觸的階段，而不是了知的階段；在了知完成的階段，已經是五遍行與五別境共同運作的時候了。

六識觸內相分六塵時，稱爲內六入，這時還沒有生起分別性；接下來了知六塵時，才有分別性。六識因爲有五遍行及五別境心所法的運作，所以能了知六塵境界，因此稱爲分別心，也因此而稱爲識，識即是了別故；所以不是有了語言文字在心中生起了，才被稱爲分別。

六識的自性如何呢？能見色塵之自性是眼識功能，能聞聲塵之自性是耳識功能……能覺觸塵之自性是身識功能，乃至能知諸法之自性是意識功能；是故能見是內眼入，能聞是內耳入，能嗅是內鼻入，能嚐是內舌入，能覺是內身入，能知是內意入。能見之性雖是眼識之內色入功能，但是能見之性究竟是什麼法呢？說穿了，能見之性就是眼識的心所法：是眼識的五遍行與五別境心所法共同運作而顯示出來的暫有而虛妄的自性。凡夫們都落入六識的這種知覺性中，就稱爲「凡夫隨順佛性」，以六識爲自性佛。六識的六種自性——見聞嗅嚐覺知自性，都是眼識乃至意識的心所法顯現出來的功能；既是六識顯現的功能，當然是緣生法，有生則必有滅，所以是生滅法。同理，耳識能聞之性，乃至身識的能覺之性就是身識的五遍行、五別境心所法共同運作而顯現出來的虛妄自性，也是緣生法；乃至意識的能知之性，包含警覺、直覺之自性，其實正是意識覺知心的五遍行、五別境心所法共同運作出來的虛妄自性。大乘禪宗錯悟者所謂的直覺反應，印順法師自以爲證悟眞心的內容——直覺——其實都是七識心王共同運作下的心所法，都是生滅法。

如是說六識心體的自性，都屬虛妄自性，都是輪轉於三界六塵虛妄法的心體，所以不離三界生死，因爲一直都只能在三界中的六塵法上運作，所以不離三界緣起緣滅的生死法，所以說六識心王都是虛妄心，所以 佛陀把這六識都攝在所生法的識陰中。

能見之性是眼識的自性，乃至能知之性、警覺性、直覺等，都是意識自性；

也都同時存在意根的直覺性，與意識有著微細的差別而和合運作著，但全都只是前七識的心所法而已。如果不包括意根的直覺性，則能見之性乃至能知之性，都只是六識心王的心所有法；六識心王尚且是緣起法，何況六識心所法的六識自性，怎可說是不生滅法？六識心王尚且是生滅性而夜夜斷滅的，更何況是六識心王的心所法顯示出來的六識能見乃至能覺、能知之自性功能？當然更是虛妄的生滅法。復次，六識心王的能見、能聞等六識自性，都是在內六入上面才能有其作用的；若離內六入，就沒有用武之地了！就沒有存在的能力了！然而六入是三界中法，不能在三界外存在，因爲界外無一法可得；只有如來藏離見聞覺知、離思量性、離內外六入，才能單獨的、絕對寂靜的存在三界法之外，成爲無餘涅槃的實際。所以六識的能見之性乃至能覺能知之性，都是不可能出三界而存在的，當然是出三界生死時必須滅除、捨棄的，所以當然是生死流轉之虛妄法。這六識的自性，只有依於如來藏心體，收歸於如來藏心體，附屬於如來藏心體，轉依如來藏心體爲主，而說八識心王唯是一心如來藏時，這六識自性才可以說是不生滅性的，這就是《楞嚴經》的眞義所在；所以楞嚴中說能見之性乃至能知之性皆非因緣生、非自然生：皆是藉六根、六塵之因緣而自然從如來藏中出生，本是如來藏含藏的種種功德之一，故依如來藏的常住不滅、依如來藏爲體而說不是生滅法；若離如來藏而單說六識自性時，當知皆屬生滅法，這就是楞嚴前四章所說的主旨。

至於意根在眠熟位、悶絕位……等五位中，另有更微細的直覺，不是未作深細觀行的凡夫所知，亦非二乘聖人所能知之；二乘聖人往往將意根與意識合一而觀，不能將之分別另作觀行故。若與意識同時運作時，則意根的直覺便比較容易被佛門中的修行人觀察出來；但是悶絕等五位中的意根直覺，則非一般人所能了知的，這是地上菩薩們的自內證智慧境界，說意根遍緣一切法、默容一切法，與一切種智有極深妙之關聯。一切種智無生法忍的進修與親證，都不許離開意根的默容一切法、遍緣一切法；但這已不是初悟的三賢位菩薩們所知的了，當然更不是二乘聖人所知的了，您若只想求證聲聞解脫道，這是不必瞭解及求證的。

如是外六入與內六入都是依六根與六識的存在而有，學習解脫道佛法之人，當在六識所觸內六入上著眼。若能詳細正確的觀行，證知能見之性、能聞之性……乃至能覺、能知之性都是六識心的自性，也都是六識心的心所有法，也都是緣起法，則不會再執著六識心的自性作為常住法，六識心王自性的我所執著便可斷除，從此於自性見外道中除名；接下來再觀行六識心王（眼識、耳識、……乃至意識心）都是六根與六塵相觸為緣才能生起的，我見便斷除，三縛結隨之即斷，即成初果聖人。佛門眞修解脫道的學人，以及想要實證如來藏的參禪者，於此都應當細心觀行。所以，欲斷我見、我執者，應先斷我所執；我所執就是執著六識心王的自性，也就是六識的心所有法：能見之性、能聞之性、……乃至能覺、能知之性。藉此觀行而除掉六入我所的執著。

能作現觀而斷除六識自性我所的執著以後，應當再進一步斷除無明，以免退轉而復萌我見，則應以因緣觀而斷除之。眾生都是因無明故，不知六入虛妄，墮入心所有法中，故有生死輪轉；然而無明究竟是什麼？也就是對識蘊六識生滅相的無知，就是對識蘊六識的緣起相無知：不知六識心及其心所法的內容，不知六識心與心所法的緣生與緣滅。如果滅了這種無知，一切產生苦因的因緣就可以滅除，所以經中如此開示：【又復思惟此受苦因，何緣所生？入三摩地諦觀此法：從觸支有。又復思惟此觸苦因，何緣所生？入三摩地諦觀此法：從六入支有。又復思惟此六入苦因，何緣所生？入三摩地諦觀此法：從名色支有。

又復思惟此名色苦因，何緣所生？入三摩地諦觀此法：從識支有。又復思惟此識苦因，何緣所生？入三摩地諦觀此法：從行支有。又復思惟此行苦因，何緣所生？入三摩地諦觀此法：從無明支有。】（《毘婆尸佛經》卷一）

語譯：【又進一步思惟這個因**受**而生眾苦的原因，是從什麼因緣所產生的？隨即進入制心一處的境界中詳細正確的觀察這因緣法：**受**苦的因是從**觸**支而產生的。又進一步思惟這個因**觸**而生眾苦的原因，是從什麼因緣而產生的？進入專心一境中詳細正確的觀察這個因緣法：是從**六入**這支而產生的。又再思惟這個因**六入**而生眾苦的原因，是什麼因緣所產生的？進入專心一志的境界中詳細的觀察這個引生苦因的法：是從**名**（受想行識）及**色**身五根而產生的。又再思惟這個產生**名色**苦的原因，是什麼因緣所產生的？進入專心一意的境界詳細正確的觀察這個法：是從**識蘊**六識而產生的。又再思惟這個**識蘊**苦的原因，是什麼因緣所產生的？進入專心一意的境界中詳細觀察這個法：是從善惡業的**行**支而產生的。又再思惟這個善惡業**行**苦因，是從什麼因緣所出生的？進入專心一意的境界中詳細正確的觀察：是從**無明**而產生的。】

所以，斷我見而取證初果的首要條件，就是先了知我與我所的內涵，接下來就是要善於正確觀察我與我所的虛妄性，也要善於觀察我與我所的細相，但要保持見地不退的要件則是斷除無明。無明應如何斷？就是上面所說的善於觀察。現前觀察我與我所的緣起性、生滅性、無常性，是滅除無明最重要的觀行方法，《起世因本經》卷七亦如是說：【諸比丘！世間復有三種善行，何等為三？所謂身善行、口意善行。諸比丘！有一種類，身作善行、口意善行；如是習已，彼因緣故，身壞命終生於人道：彼於此處最後識滅，人道中識初相續生；當於彼識初生之時，即共名色一時同生；緣名色故，六入便生。】

如是明說：六入之所從來，由名與色故。《大樓炭經》卷四亦如是說：【其有人身行惡、口言惡、心念惡，從是人間命盡，墮泥犁（地獄）中受命及得名色，得六入。有人身行惡、口言惡、心念惡，從是人間命盡，墮畜生受命及得名色，從名色得六入。其有人身行惡、口言惡、心念惡，從是人間命終，墮餓鬼中受命及得名色、得六入。其有人身行善、口言善、心念善，命盡便生為人，受命得名色，從名色得六入。其有人身行善、口言善、心念善，從是人間命盡，便生四王天上受命得名色，從名色得六入。】

六入之所從來，是因為有**名**（受想行識）與**色**，從名色出生六入，所以六入是虛妄性的緣起法。六入因爲名中的意根與六識，以及色中的五色根而有，但是六根是眞、是妄？都須有正確的了知。否則名的愛貪斷了，色的愛貪恐仍不斷，未能即信六根之虛妄，他的見地就會與證得四禪後的無想定而自以爲已入涅槃的凡夫一樣了。今再舉 佛之教語，證實六入、六根之來處，了知確爲虛妄不實的緣起法，俾斷六根之貪愛：

【世尊告曰：「彼云何名爲六界之法？比丘當知：六界之人，稟父母精氣而生。云何爲六？所謂地界、水界、火界、風界、空界、**識界**，是謂，比丘！有此六界。人身稟此精氣而生六入，云何爲六？所謂眼入、耳入、鼻入、舌入、身入、意入，是謂，比丘：有此六入由父母而得有。以**依六入便有六識身**，云何爲六？若依眼識，則有眼識身；耳識、鼻識、舌識、身識、意識，是謂，比丘！此名六識身。若有比丘解此六界、六入、六識者，能度六天而更受形；設於彼壽終來生此間，聰明高才；於現身上，盡於結使，得至涅槃。」】（《增一阿含經》卷 29）

語譯如下：【世尊告訴說：「那個六界之法究竟是什麼呢？比丘們應當知道：六界所形成的人類，得要秉承父母的精氣而出生。是由哪六界（是由哪六種功能）來形成人身的呢？就是我所說的堅硬功能、溼潤功能、溫暖功能、動轉功能、中空功能、**識的功能**，這是說，比丘們！有這六種法界（六種法的功能）。一切人類的五陰身都是由這六種功能爲基礎，並且以這六種功能來秉承父母的精氣而出生了五陰，才會有六入；六入是說哪六種入呢？就是我所說的眼入、耳入、鼻入、舌入、身入、意入，這就是說，比丘們！人們會有這六種入，都是由父母爲助緣而有的。**由於依這六入便會有六識的功能性出生了**，如何是六識的功能性呢？如果是依於眼識，就會有眼識的功能性出生；如果是依於耳識、鼻識、舌識、身識、意識，就會有意識的功能性出生了，這是說，比丘們！這就稱爲六識的功能性。假使有比丘能現前理解這六種功能、六種塵的進入心中、六種分別六塵的識，他就能度過欲界六天而再度受生於色界中；縱使他的根器比較差，所以在色界天中命終而下來出生在人間，也將會是聰明高才的人；於人間這個色身一世中，就能斷盡五上分結的繫縛，可以到達無餘涅槃。」

這一段經文中有兩處說到**識**，第一處是出生六**識身**的**識**，另一處是由**識**出生的六**識身**，這裡面的道理一定要很細心的思惟與觀察，才不致於誤會 佛陀所說的正理。一旦誤會了，對於解脫道的知見就會產生了嚴重的偏差，於是解脫道的修行就會唐捐其功，乃至跟隨印順的邪見而毀謗解脫道正法，成就謗法、破法的大惡業，所以您必須特別注意這一點。今略說如下：

佛在這一段經文中說：「**以依六入便有六識身。**」六識身就是眼識身、耳識身乃至意識身，總共有六識，正是識陰所攝的意識等六識。意識等六識，都是**因**、**緣**所生法，**緣**就是根與塵，再加上眼的勝義根能觸色塵，乃至意根能觸法塵，才能出生六識身，所以 佛說「**眼根、色塵相觸爲緣生眼識**」，乃至「**意根、法塵相觸爲緣生意識**」。但是單憑**根**與**塵**等**眾緣**，還是無法出生識陰的眼識乃至意識的，仍然必須有另一個**因**來出生識陰六識，這個**因**就是出生六識的另一個**識**，就是**入胎識**如來藏。這個**識**是在**六識**出生以前就存在著的，所以不能說這個識是意識，因爲意識是在這個識入胎而出生了五色根以後才能出生的。這個過程就得再以六界加以略說，以免有人還是不能理解：

由入胎識如來藏的入胎，攝取父母精血所形成的受精卵，這樣就已初步具足父母的助緣了！再由入胎識執持的受精卵爲基礎，從母血中來攝取地界、水界、火界、風界等四大功能，於是入胎而住的阿賴耶識如來藏，就開始製造出五色根來；但是製造五色根的過程中，必須在身中留存某些空間，不能都無空缺之處，否則血液的流通，食物的進入與消化、排泄，就都無法進行，生存就成爲不可能的事了，更別說是生長而具足人身以及長大成人，所以還得要有空。這樣子就具足地、水、火、風、空等五界了，但若要說到人身的形成，單憑這五大還是無法成就的，必須有入胎識阿賴耶來執持受精卵及攝取母血中的四大，才能製造五色根及留下身中空缺之處，五色根才能正常的生長及成長具足，所以**識界**才是最重要的，也是在六識生起之前就已存在的。有了具足功能的五色根以後，出生爲人時才能有具足的六入：入胎識經由五色根來攝受外六塵，這就是外六入；有了外六入，入胎識阿賴耶變生內相分六塵於五種勝義根（頭腦）中，於是五勝義根及意根就能接觸內相分六塵，這就是 佛在四阿含諸經中所說的內六入；有了內六入，於是意根與五勝義根接觸內六入的內六塵時，眼識、耳識乃至意識就出生了！由這個過程（當然這個過程您可以自己詳細現觀與思惟，來確定平實所說的是否如理作意？是否符合現象界的事實？）就證實六界中的識界是在最前面的，是在六識還沒有生起之前就已經存在著的，所以當然不可能是意識；也不可能是意根，因爲 佛在四阿含諸經中，從來都不把意根說爲識，一直都是說爲根而不說爲識的。所以，六界中的**識界**是十八界以外的法，不能攝在十八界內，所以不是五陰裡的任何一法；而十八界中的意識界，是五陰中的識陰所攝法；若將六識身的意識說成是六界中的識界，那就會產生大問題，就會鬧笑話了！至於十八界中的意根是六根之一，也不是六界中的識界；而五色根是由於入胎識住胎以後，才由入胎識出生的，這時才具足六根；具足了六根以後，接著才有六入而產生了內心六識所觸知的六塵，這時才有具足的十二處功能，此時六識中的意識根本都還不存在，要有十二處具足時，六根觸六塵了，才有六入；有了六入，意識才會出生，所以 佛在六界法中說：「**以依六入便有六識身。**」由這個道理，可以很詳細而正確的瞭解到六界中的**識界**絕對不是意識心，也不是意根心，那當然就是入胎識阿賴耶了！若是智慧不夠，又不能現觀，誤會了 佛所說的六界中的識界，解脫道的修行就會悖離正理，成爲和月稱、安惠、宗喀巴、印順……等人所誤會的妄想法了！

瞭解這個道理以後，就知道六界的正理，就不會再墮入意識粗心、細心、極細心常住不壞的常見外道邪見中了！接著再來深觀：當此世意識對於色身、六入、六塵有所貪愛時，就成爲十二因緣法中所說的「識緣名色」，便會成就來世的六識身了；六識身種子成就了，便無法離開對於六識我所（見聞知覺性）

的貪愛，在捨壽之後恐怕六識身的見聞知覺性斷滅而落入斷滅空，就一定會再去入胎而執取受精卵，再獲取來世的名色，以便重新再生起五色根、六入、六塵。所以，斷我見的先決條件就是不要對六入、六塵誤認爲眞實；也不要有所貪愛，貪愛六入、六塵就是貪愛我所；貪愛六入、六塵等我所，就會一再的受生，所以六入、六塵的貪愛就是結使。如是，若能滅除六入、六塵之我所貪愛，則對六識自身已經無所執著，願意六識斷滅、永不復現，捨壽時即可滅除意根，進入無餘涅槃，但這是在已滅六根貪愛的前提下而說的。

若有人對六根之貪愛尚未滅除，或有人智慧有所不及，聞而不解，則應爲他另外說明：當滅六處，方能取證二乘無餘涅槃。所以《雜阿含經》卷八第 211 經如是云：【「所以者何？眼見色因緣生內受：若苦、若樂、不苦不樂。耳、鼻、舌、身、意法因緣生內受：若苦、若樂、不苦不樂。是故比丘！於彼入處當覺知：若**眼滅**，色想則離；**耳**、**鼻**、**舌**、**身**、**意滅**，法想則離。」佛說當覺六入**處**，言已，入室坐禪。時有眾多比丘，世尊去後作此論議：「世尊爲我等略說法要，不廣分別而入室坐禪。世尊說言：『當覺**六入處**：若彼**眼滅**，色想則離；**耳**、**鼻**、**舌**、**身**、**意滅**，法想則離。』我等今日於世尊略說法中猶故不解，今此眾中誰有慧力，能爲我等：於世尊略說法中，廣爲我等演說其義？」復作是念：「唯有尊者阿難，常侍世尊，常爲大師之所讚歎，聰慧梵行。唯有尊者阿難堪能爲我等，於世尊略說法中演說其義。我等今日皆共往詣尊者阿難所，問其要義。如阿難所說，悉當奉持。」爾時眾多比丘往詣尊者阿難所，共相問訊已，於一面坐；白尊者阿難言：「尊者當知，世尊爲我等略說法要。」如上所說，具問阿難：「當爲我等廣說其義。」尊者阿難語諸比丘：「諦聽！善思！於世尊略說法中，當爲汝等廣說其義。世尊略說者：即是**滅六入處**。**有餘當說**，故言『**眼處滅**，色想則離；**耳**、**鼻**、**舌**、**身**、**意入處滅**，法想則離。』世尊略說此法已，入室坐禪。我今已爲汝等分別說義。」】

這意思是說 世尊略說的意思是：**滅除六入處，可得二乘涅槃**。六入的處所雖有六根與六塵，但是最重要的就是六根；若對六根無所貪愛，我執已滅，則自己所執著的六塵也就無所貪愛了！我所的六入貪愛就滅除了！六根之中除了意根是心以外，其餘五色根，不論扶塵根或淨色根，都是色蘊所攝。六入愛貪的五塵也是色蘊所攝，而意根與意識相應的法塵則是附屬於五塵上而顯現的，廣義而言仍是法處所攝色，即是名色中的色法，亦是色蘊所攝。對於某些執著較深重的人來說，只教他滅除六入的貪愛是不夠的，他仍然會貪愛六根的自己而不貪愛六根我所的六入，所以常常靜坐而離開五塵境，也不想對定境中的法塵加以理會，自以爲這樣就是已證有餘或無餘涅槃，其實都還只是欲界定或未到地定罷了。是故此人滅除六入之貪愛以後，仍須滅除六處（六根—五色根及處處作主的意根）之自我貪愛，必須確實觀行：六根的自我貪愛，即是**內六入處**的自我貪愛。

若不滅除意根對自己及五色根的貪愛，當他證得第四禪以後，一定會落入無想定中，誤以爲是滅盡定或無餘涅槃；捨壽後出生到無想天中，誤以爲已入涅槃；等到無想天中壽命已終時，忽而又在三界中出現覺知心，即便下墮人間，他將會心生邪見，謗言「世無涅槃可證」，因此而墮三途，百、千、萬劫難可出離，極難重回人間。因此緣故，阿難尊者說：「世尊說滅除六入處的意思，另有其他意涵應該爲大家說明。」這就是「有餘當說」。阿難尊者接著就指示大眾：應該滅除六入所依之處，也就是應該滅六**入處**（六根）；若滅除六根的自我貪愛，內六入處（意根及五勝義根）則能滅盡，捨壽時就可以入無餘涅槃。若原來已經滅除六根（六入處）之貪愛，則只需滅除六入之貪愛，即可發起初禪及斷盡我執而成爲慧解脫，不必再爲他說滅除六入處；在捨壽前既已不再貪愛六入及六入處，捨壽時就可以滅盡六根而進入無餘涅槃。

然仍有人如是觀行之後，只能滅除六入的貪愛，而不能證得慧解脫，因爲他對六根（內、外六入處）的貪愛仍在，所以必須更深細的觀行六入處（六根）的苦、集、滅、道四諦。因此而說：欲取證無餘涅槃者，應於六入處之苦、集、滅、道四法皆如實知：【「何等法如實知？何等法集、法滅、法滅道跡如實知？謂老死法如實知，老死集、老死滅、老死滅道跡如實知。如是生、有、取、愛、受、觸、六入處如實知；六入處集，六入處滅，六入處滅道跡如實知。如是諸法如實知，法集、法滅、法滅道跡如實知。」佛說是經已，諸比丘聞佛所說，歡喜奉行。】（《雜阿含經》卷 14）

佛如是開示，**語譯**如下：【「什麼樣的法如實的了知？什麼樣的法集、法滅、法滅道的觀行如實知？就是說老死法已如實了知，老死的集、老死的滅、老死滅的方法與觀行亦如實知。就像這樣子，對於生、有、取、愛、受、觸、六入處也都得要如實知，六入處的集、六入處的滅、六入處滅的方法也都要如實了知。像這樣子，對於諸法都如實了知，諸法的集、諸法的滅、諸法滅的方法也

都如實了知。」佛說是經已，諸比丘聞佛所說，歡喜奉行。】

所以，對於無明較重的人，對於貪愛較重的人，不但要使他了知六入、六識、六根的虛妄而已，還得要在十二因緣觀中，對每一有支的苦、集、滅、道都如實了知，才能確實的斷除我執，才能眞的取證無餘涅槃；這個部分得要由您自己在獨處時來思惟與觀行，才能獲得現觀與斷結的功德，平實就不作細說了。對於一般人來說，若不是對一切法的執著特別重，只須對六根的四聖諦確實觀行，斷了六識或六根的自我貪愛，就能取證無餘涅槃，不必爲他解說全部的二乘菩提。若是執著較重的人，就得爲他解說六入及六入處的虛妄，不單是解說六識的虛妄而已；或者要爲他解說六入、六入處、十二有支每一支的四聖諦，並且等到他隨後自己觀行完成時，才能滅盡我執。不知這個道理的人心中一定會生疑：「爲何佛對某甲阿羅漢只說滅除貪欲就成爲阿羅漢？爲何卻對某乙阿羅漢說明了全部的二乘法以後，某乙仍須經過長時間的觀行以後才成爲阿羅漢？」因此　佛才爲這些有疑的人說：「法無定法。」這都是因爲各人的執著與邪見互有不同所致。今時修行二乘菩提解脫道（南傳佛法）的人很多，但是爲何都無法斷我見、證初果？多是因爲對於六入及內六入處（內六根）的意涵不如實知，以及對六入、六根的虛妄不如實知所致。這是因爲教授師自己也不如實知，所以不能爲人詳細的說明六入及六根的義理，何況能斷六入及內六入處的愛貪？自己尚不能如實斷除我見，而欲強求學人觀行之後能斷我見，當然不可能。

於六入處之四聖諦如實知者，方是眞實沙門，如經中開示：【如是我聞　一時佛住舍衛國祇樹給孤獨園。爾時世尊告諸比丘：「若沙門、婆羅門，於法不如實知，法集、法滅、法滅道跡不如實知，當知是沙門、婆羅門，非沙門之沙門數，非婆羅門之婆羅門數；彼亦非沙門義、非婆羅門義。見法自知作證：我生已盡、梵行已立、所作已作，自知不受後有。何等法不如實知？何等法集、法滅、法滅道跡不如實知？謂**六入處法**不如實知，**六入處集**、**六入處滅**、**六入處滅道跡**不如實知，而於觸如實知者無有是處；觸集、觸滅、觸滅道跡如實知者，無有是處；如是，受、愛、取、有、生、老、死如實知者無有是處。若沙門、婆羅門於**六入處**如實知，**六入處集**、**六入處滅**、**六入處滅道跡**如實知者，於觸**如實知**，斯有是處。如是，受、愛、取、有、生、老、死如實知者，斯有是處。」佛說是經已，諸比丘聞佛所說，歡喜奉行。】（《雜阿含經》卷 14 第 353 經。）

為免有人如同以往一般故意誣稱平實斷章取義，故此書中都儘可能的全經或全段錄入。）

對六識身、六入、六入處不如實知，正是當今修學南傳佛法的佛弟子不能斷三縛結的原因。六識**身**的了知，是說六識有些什麼功用與侷限？已如實知，才能說是已知六識身。但是了知六識身以前，須先了知六識是什麼？六識又是如何出生的？了知以後才能進一步了知六識身，才能進一步了知六入，才能進一步了知六入處，才能進一步了知六入處的**由來**，才知道六入處的虛妄，然後才能滅除六入處的自我貪愛，才算已證有餘涅槃。觀行不夠徹底的人，只能分證初果乃至三果，不可能證得四果解脫；乃至今時傳授南傳佛法解脫道的大師們，自己都仍不知六識的正確內容，都落在六識中的意識中，不離識陰及受想行陰，我見都仍未斷，怎能教人證取初果的果證？而大言不慚的說他能教人取證初果乃至三果，都是**因中說果**的大妄語人。因為當他這樣說的時候，就是向天下人表明：他已經證得初果乃至三果了！

如前面章節所舉經文之意，即是說：六根與六塵為緣而生六識，六識中之眼識、……乃至意識究竟是哪些法？必須現前觀行區分清楚，才有進一步觀行的能力。六識區分清楚之後，簡單的了知意根一處，也是必須的，那就得在一切身口意行當中，將意根找出來；這得要建立正知見以後有所體驗，才能確認意根的所在。但是在體驗觀察意根之前，先要了知六識的不同，然後再了知意識異於意根的所在。意識與意根的不同，主要是意識只作了別、觀察、思惟、歸納……等分別、分析的工作，這些工作做完了以後，作決定的卻是意根，不是意識在決定的。意根極爲深利微細與遍布，但這是屬於菩薩的觀行，這裡只說明解脫道，所以只解說這個簡單的部分。

愚痴無慧的人，都無法對意識與意根分清楚，一定會把意識與意根混合爲一，永遠都不能分清楚，這就是聖 玄奘菩薩〈八識規矩頌〉中說的「愚人難分識與根」。二乘解脫道的修行者，一定要先靜坐深入思惟一遍以後，再透過四威儀中的實際觀行，一一比對六識的不同，也比對意根與意識的不同，實際體驗而了知意識與意根的區分以後，才能進一步觀行六入的四聖諦、六入處（六根）的四聖諦、……乃至十二因緣一一有支的四聖諦。這個道理說明清楚了以後，實際觀行的事情，就交給您自己實地踐履，才能眞的斷除我見與我執；平實若一一詳細的寫了出來，佛弟子讀了就知道了，但是卻因爲平實寫出來了，大家就失去了親自觀行的機會；這樣一來，大部分人是無法或無心實地觀行履踐的，那就連我見也斷不了；而執著很輕的利根者，最多也只能斷我見，想要斷我執是不可能的，所以平實就免寫這些觀行的內涵了。

於《雜阿含經》卷十七中，　佛曾經如是開示：【如是我聞　一時佛住舍衛國祇樹給孤獨園。爾時世尊告諸比丘：「緣界種種，故生種種觸，緣種種觸生種種想，緣種種想生種種欲，緣種種欲生種種覺，緣種種覺生種種熱，緣種種熱生種種求。云何種種界？謂十八界：眼界乃至法界。云何緣種種界生種種觸？云何乃至緣種種熱生種種求？謂緣眼界生眼觸，非緣眼觸生眼界，但緣眼界生眼觸。緣眼觸生眼想，非緣眼想生眼觸，但緣眼觸生眼想。緣眼想生眼欲，非緣眼欲生眼想，但緣眼想生眼欲。緣眼欲生眼覺，非緣眼覺生眼欲，但緣眼欲生眼覺。緣眼覺生眼熱，非緣眼熱生眼覺，但緣眼覺生眼熱。緣眼熱生眼求，非緣眼求生眼熱，但緣眼熱生眼求。如是，耳、鼻、舌、身、意界緣生意觸，乃至緣意熱生意求，亦如是廣說。是名比丘緣種種界生種種觸，乃至緣種種熱生種種求；非緣種種求生種種熱，乃至非緣種種觸生種種界，但緣種種界生種種觸，乃至緣種種熱生種種求。」佛說是經已，諸比丘聞佛所說，歡喜奉行。如內六入處，外六入處亦如是說。】於此　佛陀聖教開示中，若能眞實理解者，已可死卻離念靈知心也！我見不斷更待何時？初果不取證之，更待何時？

界即是**種子**，又名**功能差別**。恐怕多數讀者讀不懂經文中的眞義，謹語譯此段經文如下：【如是我聞 一時佛陀住在舍衛國祇樹給孤獨園中。這時 世尊告訴諸比丘：「緣於**功能**的種種差別不同，所以出生了六種的**接觸**，緣於六種**接觸**而出生了六種**了知**（佛說「想亦是知」），緣於六種**了知**而出生了六種想要領受客塵的**欲望**，緣於六種接受客塵的**欲望**而出生了種種**覺知**（意識生起苦樂捨受後的覺知），緣於種種的**覺知**而出生了種種**熱渴**，緣於種種的**熱渴**而出生了種種的**追求**（所以就輪轉生死）。如何是種種的**功能差別**呢？就是講**十八種的功能差別**：也就是眼根功能、耳根功能、鼻根功能、舌根功能、身根功能、意根功能、眼識功能、耳識功能、鼻識功能、舌識功能、身識功能、意識功能、色塵功能、聲塵功能、香塵功能、味塵功能、觸塵功能乃至法塵功能。如何是緣於種種的**功能差別**而出生了種種的**接觸**？如何乃至緣於種種的**熱渴**而出生了種種的**追求**？是說緣於**眼根功能**而出生了眼根對色塵的接觸功能，不是緣於眼根接觸色塵的功能來出生眼根的功能，只是緣於眼根的功能而出生了眼根接觸色塵的功能。緣於眼根接觸色塵的功能而出生了眼識對色塵的了知，不是緣於眼識的了知而出生了眼根接觸色塵的功能，反而只是緣於眼根能觸色塵的功能而出生了眼識對色塵的了知。緣於眼識對色塵的了知而出生了眼識對色塵的欲望，不是緣於眼識對色塵的欲望而出生了眼識的了知，只是緣於眼識對色塵的了知而出生了眼識對色塵領受的欲望。緣於眼識領受色塵的欲望而出生了眼識的覺受，不是緣於眼識的覺受而出生了眼識想要領受色塵的欲望，反而只是緣於眼識對領受色塵的欲望而出生了眼識的覺受。緣於眼識領受了對色塵的覺受而出生了眼識的熱渴，不是緣於眼識對色塵的**熱渴**而出生了眼識領受色塵時的**覺受**，反而只是緣於眼識領受色塵的**覺受**而出生了眼識對色塵的**熱渴**。緣於眼識領受色塵的**熱渴**而出生了眼識的**追求**，不是緣於眼識對色塵的**追求**而出生了眼識領受色塵的**熱渴**，只是緣於眼識領受色塵的**熱渴**而出生了眼識對色塵的**追求**。如是，耳根耳識、鼻根鼻識、舌根舌識、身根身識、意根意識的功能緣於法塵而出生了意識對法塵的接觸，……乃至緣於**意識對法塵的熱渴**而出生了**意識心對種種法塵的追求**，也是像這樣子的廣說。這就是說，比丘！**緣於十八種的功能差別**而出生了六種的接觸，……乃至緣於六識的六種熱渴而出生了種種的追求；不是緣於種種的追求而出生了六識的六種熱渴，……乃至不是緣於

六識的六種接觸而出生了十八種功能差別（十八界），**反而只是緣於十八種功能差別而出生了六種的接觸，……乃至緣於六種的熱渴而出生了種種的追求。**」佛說完這部經以後，諸比丘聽到佛所說的法，都歡喜的奉行。猶如內六入處的功能差別，外六入處的功能差別也是像這樣的說明。】（註：本書梓行時，此段所引用經文出處的大藏經各版本疑有用字錯誤，但不能擅改，仍援用之而作解釋。今查證年代較早之《趙城金藏》及《房山石經》後，證明所疑正確，今作修正，敬請亮誓。）

在這一段經文中，佛已詳細無比的說明了一件事實：因爲有十八界（有六根、六塵、六識等十八種功能差別）所以才會有對六塵的能觸功能；有了對六塵能觸的功能，所以才能對六塵有所了知（想即是知）；有了對六塵的了知功能，才會有想要知道六塵境界的欲望；有了想要知道六塵境界的欲望，才會領受六塵而生起了對六塵的覺受，就有了苦、樂、捨的覺受；有了苦、樂、捨的覺受，就對六塵中的種種順心境界生起熱渴的追求，就會生起想要離開世間六塵苦受而追求六塵樂受的種種追求；於是就淪墜於我所境界中，不斷造作惡業而輪轉不斷，也會不斷的造作善業而執著世間行善的後世果報，就輪轉於三善道中永無出期了。這段經文中說的六入（眼緣色乃至意緣法）、觸、受、想（了知）、欲（愛）、求（取）、熱（煩惱），都屬於十二有支或思惑所應斷，行者一一細觀，一一思惟以後自可得知，不待平實多言。

這就是說，因爲有了眼根能觸色塵的功能，有了色塵能顯色境的功能，有了眼識能見、能了知色塵的功能，所以才會有眼根對色塵的接觸；有了眼根接觸色塵、眼識觸色塵的心所法功能（界、種子），才會有眼識的能見之性；有了眼識的能見之性，才會有眼識的想陰（眼識對色塵了知的自性）存在；有了眼識對色塵了知的自性（想陰）存在，才會有眼識想要了知色塵境界的欲望存在；有了眼識想要了知色塵的欲望存在，才會了知色塵境界而生起了苦樂的覺受；有了眼識對色塵的苦樂覺受，才會有眼識想要時時處於色塵境界中加以領受的熱渴心行；有了眼識對色塵境界的熱渴心行，才會有眼識對色塵中順心境界的追求，所以導致修定者無法證得二禪等至境界；有了意識、意根對自我的執著，所以證得非想非非想定的人無法證得滅受想定，因爲常求自我得以永遠存在。由於有求，所以就出生了貪愛，出生了**求不得苦**及想要保持無常性的眼識乃至想要保持意根的自性功能常住不滅，於是世世死後就必需不斷的入胎，才能繼續擁有眼識領受色塵的功能自性（界），乃至擁有意根對萬法的執取自性（界），於是就流轉於生死之中了。

滅除了對「眼識自我」的貪愛，也滅除對眼識自性（眼識的我所）的貪愛，就是滅除了我執的一部分。對於眼識，應當依 佛所說如是觀行；反覆並且詳細的長時間觀行之後，轉而對於耳識、鼻、舌、身、意識，也都應當一一反覆而長時間的如是細觀。若能如理作意而完整、詳細的觀行之後，就不會再墮入識蘊**六識常住不壞**，不會墮入意識**離念靈知常住不壞**的自性見中，也漸漸可以斷除對這十八界法的我執，當然也不會再墮入識蘊六識的心所法（我所）而執取識蘊的六種自性（眼識能見之性、耳識能聞之性、……身識能覺、意識能知之自性），我執即斷；或者比較執著的人，此時只要不再如以前一般妄將識蘊六識的自性執取爲常住法，就不會落入意識心所法（離念靈知）的自性功能中。假以時日繼續深入觀行其虛妄性，就能進斷一分我執與我所執，再分證一分解脫的果實，乃至滿證解脫：永遠不再被識蘊及識蘊的六種功能自性所繫縛。

對於六根、六塵、六識都如此實際現觀以後，了知十八界都虛妄，就了知五蘊也都虛妄；有了這個正確的觀行智慧以後，若只是了知這個事實，確認不疑，但是卻仍然執著這十八界的功能差別（仍然執著十八種界），則只能斷我見而不能分斷或全斷我執，這時只能取證初果而有解脫道的見地，但仍然不能獲得二果薄貪瞋痴的薄地功德，仍然不能獲得三果離欲的功德，仍然不能獲得四果究竟斷盡我執的功德，**因我而生慢**的現象仍然會存在。

又《雜阿含經》卷三十一第 892 經，復有如是開示：【一時佛住舍衛國祇樹給孤獨園。爾時世尊告諸比丘：「有內六入處。云何為六？謂眼內入處，耳、鼻、舌、身、意內入處。於此六法觀察忍，名為**信行**；超昇離生，離凡夫地，未得須陀洹果，乃至未命終要得須陀洹果。若此諸法增上觀察忍，名為**法行**，超昇離生，離凡夫地，未得須陀洹果，乃至未命終要得須陀洹果。若此諸法如實正智觀察，三結已盡已知，謂**身見**、**戒取**、**疑**，是名須陀洹；不墮決定惡趣，定趣三菩提；七有天人往生，究竟苦邊。此等諸法正智觀察，不起諸漏，離欲解脫，名阿羅漢；諸漏已盡，所作已作；離諸重擔，逮得己利；盡諸有結，正智心、善解脫。」佛說此經已，諸比丘聞佛所說，歡喜奉行。】

語譯如下：【一時佛住舍衛國祇樹給孤獨園。這時世尊告訴諸比丘說：「有內六入處。如何是六處呢？就是說眼內入處，耳、鼻、舌、身、意內入處。對於這六個內入處加以觀察而能安忍的人，就稱為**信行人**；這個信行人因為這種如實的觀察而得超昇，乃至獲得初禪的**離欲界生**境界，這個人一定可以遠離凡夫地；雖然他還沒有證得須陀洹果，但卻不斷的觀察內六入處，最遲觀察到即將命終之前，一定會證得須陀洹果。如果在這個內六入處上面觀察而得到增上觀察的安忍者，此人名爲**法行人**；他可以因此而超昇欲界，離開欲界生，最後一定可以遠離凡夫的境界；假使他當時還沒有證得須陀洹果的話，繼續觀行到即將命終之前，一定會證得須陀洹果。如果對這個內六入處的正法，如實以正確智慧去作觀察，最後一定會對於是否已斷三結的事情，已能確定是盡斷三縛結，這是自己可以知道的；他所斷的三縛結就是說**身見**、**戒禁取見**、**疑見**，這個人就稱爲須陀洹聖人。此後，他一定不會再墮入大家認爲不好的三惡道中，一定會趣向正確的二乘覺悟境界；最多只須再經歷七次的天上、人間往來受生，就可以到達一切苦的究竟邊際，成爲四果阿羅漢。能對**內六入處**這一類的所有法相，以正確的智慧而繼續深入作詳細週遍的觀察，就能不再生起種種有漏的心，離開三界欲而證得解脫，這個人就稱爲阿羅漢；所有的有漏心性都已斷盡，在二乘正法修行上面所應作的事情都已經作完了；這時他已離開種種的重擔，獲得自己道業上的利益了；斷盡三界**一切有**的結使，以正確智慧的心、善於取證解脫。」佛說此經已，諸比丘聞佛所說，歡喜奉行。】

若能如是細觀**內六入處**者，即使信未具足者、根性遲鈍者，在善知識教導下，一世之中正確的細觀不已，每日不中斷的繼續深入觀察之，則於捨壽之前必得初果，無有不得初果者，這就是解脫道中的信行者。此是 佛世尊的正教，能知必得初果；唯除一世之中不肯依止眞善知識，不曾依 佛所說每日正確細加觀行者；唯除一心堅持先前受學於誤會解脫的大師們邪教導者，唯除不肯如理作意而觀，一心堅持以前自以爲悟而說出來的錯誤法義：一**直想保持覺醒性**，墮入意識心的心所法（我所）之中。如是類人，都墜入我見之中，都執著識蘊六識我，執著識蘊六識的自性功能，墮於六識、六識界（六識身）、六根界中；若不改變原有的邪見，非唯此世不得初果，乃至未來無量世之後，終將不得初果解脫，何況是四果的慧解脫？是故，觀行**內六入處**，極爲重要，**內六入處**即是六根與六識之自性。但是有一點必須特別注意的是：必須先弄清楚 佛的眞正意旨是什麼？也必須依照 佛所說的內涵去如理作意的觀行，不要自以爲是；所以應該親近依止眞正的善知識，千萬別依止假名善知識而誤解了 佛陀的眞意。

眾生的見聞覺知等六識自性，都因六入而有；若無六入，即無見聞覺知性等。由於無智的緣故，所以眾生都落入六識自性中；不但眾生如此，即使是號稱最有智慧的禪宗佛教修行人，也大多落在六識自性中，所以就執取意識的知覺性作爲常住不壞的佛性，名之爲凡夫隨順佛性。六識的自性是什麼？簡言之即是：眼識的見性，耳識的聞性，鼻識的嗅性，舌識的嚐性，身識的覺性，意識的了知性，這六識的自性就合稱爲凡夫的佛性；禪宗的錯誤開悟者，往往執取這六識的見聞知覺性作爲佛性，即是經中所說的凡夫隨順佛性；而菩薩們眼見佛性所見的卻不是這種凡夫所說的佛性，其差異眞是天壤之別。但是這六識的自性是從哪裡來的？大眾都應該深入詳細的加以探討，藉著深入探討這六識的自性，也是可以使人斷除我見而取證聲聞初果的，三縛結就能立時斷除了！

眾生的流轉生死，以及勤修解脫道卻不能取證初果向及初果，其實也都與這六識的自性息息相關的，所以在這裡舉出《中阿含經》卷二十八的開示，與佛門四眾分享：【「**緣眼及色，生眼識**；三事共會，便有**更觸**；緣**更觸**便有所**覺**，若所**覺**便**想**，若所**想**便**思**，若所**思**便**念**，若所**念**便**分別**。比丘者因是念出家學道，思想修習此中過去、未來、今現在法，不愛、不樂、不著、**不住**，是說苦邊。欲使、恚使、有使、慢使、無明使、見使、疑使、鬥諍、憎嫉、諛諂、欺誑、妄言、兩舌及無量惡不善之法，是說苦邊。如是，耳鼻舌身，**緣意及法生**

意識，三事共會，便有**更觸**，緣**更觸**便有**所覺**。」】

語譯如下：【「緣於**眼根**及**色塵**，所以出生了**眼識**；眼根、色塵、眼識等三個事相共同會遇了，便產生了**觸**心所；緣於**觸**心所，便有**能覺**，若有**能覺**便會有**了知**（佛在阿含中說「想亦是知」），若有了**了知**便會生起**思**（思即是對所知已經了知而決定了。若未決定了知，即無思心所）；若有了了知的**決定性**，便會生起**念**心所，對所曾了知的事物能夠記憶；若有了**所念**，便會對現前一切事物都生起**分別**，於是（五別境中的）**慧**心所便成就了，於是**在了知的當下就已分別完成**了。比丘們都因爲有了**念**心所，才能分別諸法的對錯，因此才能出家學道，以**思**及**想**（了知）等二個心所法，來修習十八界及心所法的過去、未來和現前存在的一切十八界法；確實分別了知十八界及五蘊的自我都虛妄了，就不愛、不樂、不執著自己的蘊處界，不想再讓自己的蘊、處、界繼續留下來（不住），這就是我所說的**眾苦的邊際**了。貪愛欲界的結使、色界的瞋恚結使、無色界的覺知心自我貪愛的結使、因有五蘊我而依我起慢的結使、不知蘊處界虛妄的無明結使、知見錯誤的邪見結使、對於我見與我執是否能斷除的疑心結使、喜歡與人因爲見地的不同而產生的鬥諍現象、憎嫉別人世法或出世法超過自己的惡心所、爲了世間法而諛諂別人或欺誑別人的邪惡心態、欺瞞別人而妄言、挑撥是非及無量邪惡不善之法，都已經滅盡了，這就是我所說的**眾苦的邊際**。就像是這樣，耳鼻舌身乃至意根也都如此，緣於意根及法塵而出生了意識，意根、意識、法塵三事共同和會，便有了觸心所生起，緣於觸心所便會有能覺。」】

由以上的佛語開示，可以確認一件事實：能不能斷除我見乃至我執，都是依於每一個人對十八界及其功能的了知，也就是對於十八界的**內涵**確實了知；然後要對十八界的內涵及其功能的**由來**有正確的了知，才能破除我見與我執。其中特別注重六根與六識的虛妄，尤其特別注重的是：**對六根功能與六識功能的存在與由來不如實知，一定會導致種種惡見與惡法的生起**。並且也說到：十八界的自我貪愛滅盡，就是苦的邊際。因爲十八界都不再住於世間了，就沒有眾苦了，所以說：「此中過去、未來、今現在法，不愛、不樂、不著、**不住**，是說苦邊。」所以一切學佛人對於六入、六入處、十八界法的內涵，都必須依照 佛的教示而「思想修習」，然後能到眾苦的邊際：超越眾苦而實證眞實無我的境界，解脫於生死。

第三節　十八界之六識界

十八界者謂六根、六塵、六識，合名十八界。《中阿含經》卷四十七：【世尊答曰：「阿難！若有比丘見十八界知如眞：眼界、色界、眼識界，耳界、聲界、耳識界，鼻界、香界、鼻識界，舌界、味界、舌識界，身界、觸界、身識界，意界、法界、意識界。阿難！見此十八界知如眞。」】如是比丘方是「智慧、非愚痴」的人；若不能對十八界眞實了知，就是愚痴人，不是有智慧的人。

由十八界法的假合，成就欲界人類之五陰，才能說他是正常人；若缺一界、二界乃至多界，即應名爲殘障人士，因爲身口意行必定會大異於常人故，絕非常人所樂故。六根之體性，前已說之。至於六塵，乃謂色、聲、香、味、觸、法，大眾所知，此前亦已說明，不重贅言；其較爲微細之法義，亦已於本章第二節中宣講六入時詳細講解了，此處亦不必再重複說明。因爲六根及六塵的部分，篇幅不小，若重複說之，篇幅將會無謂的增大，是故本節的十八界法中僅說其中的六識界。六識界全體即是識陰，六識謂眼識、耳識、鼻識、舌識、身識、意識；《雜阿含經》卷三第 61 經云：【「云何識受陰？謂六識身。何等爲六？

謂眼識身，乃至意識身，是名識受陰。」】換句話說，識陰就是六種能領受六塵的覺知心全體。

六識的生起，在四阿含諸經中也常常開示說：【**眼、色為緣生眼識，耳、聲為緣生耳識、……乃至意、法為緣生意識。**】佛陀乃至開示說：【**諸所有意識，彼一切皆意、法為緣生。**】大乘聖者無著菩薩言：【**意識者，謂從阿賴耶識種子所生，依於意根，與彼俱轉。**】以上佛菩薩的開示，是說識陰中的全部六識，都是以根、塵為緣而出生的，並且都是必須依止於所依的根塵，而與所依的根塵共同並行存在，而且要依靠所依根的同時運作，識陰六識才能存在及運作的，所以佛說：【**眼、色為緣生眼識，耳、聲為緣生耳識、……乃至意、法為緣生意識。**】

又因為常常有佛門凡夫斷不了**意識常住**的邪見，也常常有佛門中的外道，堅持主張說**意識是常住不滅的**，如同今時的證嚴法師在書中公然違反佛語，處處主張**意識卻是不滅的**，又如印順派的法師與居士們常常堅持說：意識雖是生滅的，但意識細心是常住不滅而不可知、不可證的。因為印順是以意識細心來取代本識如來藏，作為因果業種的所依心；達賴喇嘛則認為意識細心尚不足以取代如來藏的收藏業種功能，進一步創立意識極細心說，用來取代如來藏的執藏業種功能； 佛陀見到種種外道因爲無法證得如來藏而發明新說，也早已預見末法時的法師們會因爲證不到如來藏而發明種種的意識不滅說，所以在阿含解脫道中斬釘截鐵的說：【**諸所有意識，彼一切皆意、法爲緣生。**】強調一切粗細意識都是有生之法。既是有生之法，生起以後一定會有斷滅之時，希望藉此一強調的說法，使佛弟子都對意識不再存在常住不滅的絲毫邪見。

可惜的是：後代仍然有佛門外道的應成派中觀者，譬如古天竺的佛護、月稱、安慧、寂天，亦如藏密外道的蓮花生、宗喀巴、達賴、印順、昭慧……等人，特地違反 佛陀的明言教示，公然而且堅決的主張意識粗心或細心是不生滅法。這根本不是佛弟子——特別是出家的佛弟子——所應有的心態與作爲。假使出家爲僧寶了，卻對佛語不信受，還能是佛門中的僧寶嗎？連在家佛弟子的身分都談不上了，何況能是二乘僧寶？又何況能是大乘法中的僧寶？

六識何由而起？謂以六根、六塵爲緣故起，有經文爲證：【……世尊聞已，告一比丘：「**汝往茶帝比丘所，作如是語：『世尊呼汝。』**」於是，一比丘受世尊教，即從坐起，稽首佛足，繞三匝而去；至茶帝比丘所，即語彼曰：「**世尊**

呼汝。」茶帝比丘即詣佛所，稽首佛足，卻坐一面。世尊問曰：「汝實如是說『我知世尊如是說法：今此識往生，不更異也』？」茶帝比丘答曰：「世尊！我實知世尊如是說法：今此識往生，不更異也。」世尊問曰：「何者識耶？」茶帝比丘答曰：「世尊！謂此識：說、覺、作、教作、起、等起，謂彼作善惡業而受報也。」世尊呵曰：「茶帝！汝云何知我如是說法？汝從何口聞我如是說法？汝愚癡人！我不一向說汝一向說耶？汝愚癡人！聞諸比丘共訶汝時，應如法答『我今當問諸比丘』也。」於是世尊問諸比丘：「汝等亦如是知我如是說法『今此識往生，不更異』耶？」時諸比丘答曰：「不也！」世尊問曰：「汝等云何知我說法？」諸比丘答曰：「我等知世尊如是說法：『識，因緣故起。』世尊說『識，因緣故起；識，有緣則生，無緣則滅。』我等知世尊如是說法。」世尊歎曰：「善哉！善哉！諸比丘！汝等知我如是說法。所以者何？我亦如是說：『識，因緣故起。』我說：識，因緣故起；識有緣則生，無緣則滅。**識隨所緣生**，即彼緣，說緣眼、色，生識；生識已，說眼識。如是，耳、鼻、舌、身，**意**、**法生識**，生識已，說**意識**。猶若如火，隨所緣生；即彼緣，說『緣木生火』，說木火也。緣草糞聚火，說『草糞聚火』。如是，識隨所緣生；即彼緣，說緣眼、色，生識；生識已，說眼識。如是，耳、鼻、舌、身，緣意、法生識，生識已，說意識。」世尊歎曰：「善哉！善哉！汝等知我如是說法。然此荼帝比丘愚癡之人，顛倒受解『義』及『文』也。彼因自顛倒受解故，誣謗於我，爲自傷害，有犯有罪，諸智梵行者所不喜也！而得大罪。汝愚癡人！知有此惡不善處耶？」】（《中阿含經》卷 54）

語譯如下：【……世尊聽聞之後，就告訴一位比丘說：「你前往荼帝比丘所在之處，這樣向他說：『世尊呼叫你。』」於是，一比丘受世尊教示，就從座位上起身，頂禮佛足之後，在世尊面前繞行三匝表示恭敬之後，就離開世尊而去；到了荼帝比丘的所在處，就告訴他說：「世尊呼叫你。」荼帝比丘即前往面見佛陀，頂禮佛足以後，就坐在世尊旁邊。世尊問他說：「你確實有這樣說『我知道世尊是這樣說法的：如今這個識會往生到後世去，不會另外變更出生另一個識』嗎？」荼帝比丘回答說：「世尊！我確實知道世尊是這樣說法的：『如今這個識會往生到後世去，不會另外變更出生另一個識』。」世尊問他說：「你說的識是指哪一個識呢？」荼帝比丘答覆說：「世尊！我所說的這個識，是能說話、能覺知、能作種種事、能教別人作種種事、常常生起、和大眾平等生起的心，我的意思是說那個會造作善惡業而承受苦樂報的心。」世尊訶責說：「荼帝！你怎麼知道我曾經這樣說法的？你是從哪一張嘴中聽聞到我這樣說法的？你這個愚癡人！我豈不是不曾一向這樣說你一向所說的嗎？你這個愚癡人！當你聽聞到諸比丘共同訶責你的時候，應當如法的回答『我如今應當一一請問諸比丘』才對啊！」於是世尊就問諸比丘說：「你們大眾也像他這樣曾經聽到我如是說法『如今這個能見聞覺知的識會往生到後世，不會另外新生一個識』嗎？」當時諸比丘回答說：「世尊您不是這樣說的！」世尊又問說：「你們知道我怎麼說法的呢？」諸比丘回答說：「我們知道世尊是如此說法的：『這個能知能覺的識，是假藉因與緣的緣故而生起的。』世尊說過：『能知能覺的識，是依因緣而生起的；這個識，有緣可以憑藉時就會出生，沒有緣可以憑藉時就會滅失。』我們眾人知道世尊是這樣說法的。」世尊感歎的說：「說得好啊！說得好啊！諸位比丘們！你們眾人知道我就是這樣說法的。爲何這樣說呢？因爲我也像你們剛才一樣的說法：『這個識，藉著因緣爲依靠的緣故而生起。』我這樣說：『能知、能教人作、能作種種事情的識，是依因緣的緣故而生起的；這個識，**有緣則生，緣散就消滅了**。這個**識隨於所緣而出生**，依於所依的那個緣，而說緣於眼根、色塵，出生了識；出生了識以後，就說祂是眼識。同樣的道理，耳、鼻、舌、身乃至**意根**、**法塵**爲緣而出生了**識**，出生了識以後，就說這個識是**意識**。猶如火一樣，隨著所緣而生；依那個出生了火的藉緣，而說『緣於木柴出生了火』，就說這把火是木火；假使緣於草堆或牛糞堆而出生了火，就說這火是『草堆火、糞堆火』。如同這個道理，識隨於所緣而出生；就依那個所依的緣，說緣於眼根、色塵，出生了識；出生了識以後，就說祂是眼識。同理，耳、鼻、舌、身也一樣，乃至**緣於意根**、**法塵而出生了識**，**出生了識以後**，**就說這個識是意識**。』世尊又感歎的說：「很好！很好！你們知道我是這樣說法的。然而這位荼帝比丘是愚癡的人，顛倒領受『義理』及『文字』了。他因爲自己顛倒領受義與文而錯解的緣故，誣賴誹謗於我，是對他自己傷害，是有具體的違犯，也是有罪的，是諸多有智梵行的人所不喜歡的！因此誤解、妄語及誣佛妄說法的緣故而得到大罪過。你這個愚癡人！還知道有這種邪惡不善的地方嗎？」】（此經文中明說意識不能生到下一世去，當然是只存在一世的生滅法）

在這一段經文中，佛的意思是說：意識如同眼識等五識一樣，都是隨其所依緣六根的不同而名爲眼識乃至意識，這是說，依眼根、色塵而有的了別色塵心，就依眼根而名爲眼識；……乃至緣於意根而能了別法塵的了別心，隨其所緣的意根而得名爲意識。眼識乃至意識，都是識陰所攝；眼識乃至身識，學佛人大約都能知道是虛妄心；然而意識心有許多種變相境界，往往使學佛人錯認而誤會爲不生滅的常住心。但意識覺知心，不論是有念之靈知心，或無念、離念時之靈知心，都是藉緣而生的；也就是說，必須假藉意根、法塵、業力、無明爲緣，方能由如來藏所含藏之意識種子爲因，始能出生意識覺知心；有了意識覺知心的出生，才能有意識心的種種變相：**有念靈知**、**離念靈知**、**有欲貪的靈知**（譬如藏密外道的「法王」們最貪愛的淫欲樂受時的離念靈知心）、**無欲貪的靈知**（譬如離欲界貪愛的初禪中離念靈知）、**離五塵貪的靈知**（二禪以上等至位中離五塵的離念靈知）……等等意識變相，其實都仍是意識覺知心，仍然是**有因**、**有緣**才能出生的**意識**心，是故 佛說：「**意**、**法爲緣**，**生意識**」。修學佛法的人，最怕的就是不如實知意識心的種種變相，錯將意識心的變相境界中的意識心，誤認爲已經不是意識心了，誤認已是眞如心了，於是公然宣稱已證眞如、已見佛性了，因此就成爲未證言證、未悟謂悟的大妄語人。

佛陀想要使弟子們趕快斷除我見而證初果，所以處處宣說意識的緣生性、虛妄性，幾乎是到了嘮叨的地步了！可見是老婆心切的期望大家至少能證初果。意識藉緣出生的經文出處如下：【緣意及法，生意識。】（《雜阿含經》卷三）

又如下列經文所說：【意、法緣，生意識。…有二因緣生識，何等爲二？謂眼、色，耳、聲，鼻、香，舌、味，身、觸，意、法。】（《雜阿含經》卷八）

【「有意有法，有意識不？」答曰：「有。」】【復問：「爲緣意及法，生意識不？」答曰：「如是。」】【復問：「若因、若緣生意識，彼因、彼緣無常變易時，意識住耶？」答曰：「不也！尊者阿難。」】（《雜阿含經》卷九）

【「意、法因緣，生意識。」「意、法緣，生意識。」】（《雜阿含經》卷 11）

【「緣意、法，生意識。」「意、法緣，生意識。」】（《雜阿含經》卷 13）

【「緣意及法，生意識。」】（《中阿含經》卷 28 林品 諸法本經第七）

【「意、法，生識。」「緣意、法，生識。」】（《中阿含經》卷 54 大品 嗏帝經第十）

【「意緣於法，而生意識。」】（《正法念處經》卷三生死品第二）

【「因意、因法而生意識。」】（《正法念處經》卷 62 觀天品之 41、夜摩天之 27）

於聲聞羅漢所造之論中亦皆如是說，唯舉其一，不一一盡舉：【乃至意、法爲緣，能生意識。】（《根本說一切有部毗奈耶》卷 30 眾不差教授比丘尼學處第 21）

以上純以小乘經典及論典而舉述之，其餘小乘阿羅漢所造之論，譬如《俱舍論》，亦如《阿毗達磨法蘊足論》卷十一緣起品第二十一之一、卷十二緣起品第二十一之餘、《阿毗達磨識身足論》卷一目乾連蘊第一中第三嗢柁南頌、卷十一雜蘊第五之一嗢柁南頌、《阿毗達磨界身足論》卷上本事品第一、《阿毗達磨品類足論》卷第二辯七事品第四之一、《雜阿毗曇心論》卷第一界品第一、《阿毗曇毗婆沙論》卷九雜犍度智品第五、《阿毗曇毗婆沙論》卷六雜犍度智品第二、《阿毗曇毗婆沙論》卷三十八使犍度十門品第二，皆有言及「**意根與法塵爲緣，得生意識**」之處，總有二十三處之多，於此不復舉述，以免讀者厭煩。

由此證實證嚴法師在多本書中故意違背佛意，獨創異說：「**意識卻是不生滅的。**」印順與昭慧……等人主張**意識的細心是不生滅法**，都只能說是不懂基礎佛法者的妄說了。至於大乘經論中舉述者，略數亦有二十三處，細說則難以盡數，讀者自詳經論即知。

意識覺知心，不論有念抑或離念無念，不論是粗心的欲界五欲中的心，或是細心的初禪心乃至四禪無五塵等至中的意識細心，或是極細心（三界中最細意識心）的非想非非想定中的意識心，都是有生有滅之法，此是佛教界一般學人耳熟能詳的知見，也是三乘聖教一切經典、論典中都如是說的；唯有師承自天竺密教的藏密外道黃教應成派中觀師，譬如宗喀巴、阿底峽、寂天、月稱、安慧、佛護及歷代達賴喇嘛們，以及人間佛教的印順、證嚴、星雲、昭慧……等人，才會公然主張意識心不是生滅法（昭慧近年來擺脫印順的意識細心常住說，另創業果報系統常住說，作爲業種的收藏者，以她自己不知不證的業果報系統新說，取代佛所開示的可知可證的如來藏）。這些人都是常見外道見的凡夫，因爲「以意識爲常住法」的我見仍然未斷的緣故。

若是色界天或無色界天，意識心現行時必須藉緣的俱有依，則異於人間有情：人間有情的意識覺知心，不論是有念或離念的靈知，都必須有五色根、意根、六塵或定境法塵，才能生起及繼續存在；若五色根毀壞時，縱使仍有意根，離念靈知意識心也一樣會斷滅不現。若是色界天人或無色界有情，則必須具有色界定或無色界定的定力，才能在不同於人間境界的色界、無色界中，使意識覺知心現行、存在及運作。色界有情的生命，必須有四根爲俱有依根，才可能生存：眼根、耳根、身根、意根；四根中若有一根欠缺（事實上不可能會有欠缺），即是色界天之殘障者；然而色界天人並無戰爭，也無他因可以成爲殘障者，故都有四根作爲色界天身而能生存於色界天中，意識覺知心就在這種四根具足的情況下才能現起及存在與運作。無色界天人則因遠離色界身之執著而發起無色界定，故能單憑意根及無色定而使意識覺知心生起，並安住於無色界的定境中。這是意識心在不同的情況下，導致所依根有所差別；但是永遠都不能離開意根及法塵而生起、存在、運作，也永遠不能離開第八識及所含藏的意識種子而生起、存在、運作，所以第八識是意識的因，意根與法塵則是意識一切粗細心的所依緣。

正因爲能識別六塵，故名爲識，如是識者當知即是指眼識乃至意識。此謂：意識覺知心，不論是有語言妄念的覺知心，或是離語言妄念的覺知心，都屬於意識，是從阿賴耶識心體所含藏的種子中出生者，所以離念靈知、有念靈知，離貪靈知、有貪靈知等覺知心，都屬於生滅法，都是緣生法，有生則必有滅，永遠不可能是常恆而不間斷的常住心。意識覺知心，即使修到離念而且永遠都不再生起語言文字妄念，往生到非想非非想天中，成爲最細心了，仍然必須有意根作爲祂的所依根，也必須有第八識作爲所依因，才可能繼續存在及運行。並且意識正在運行時，也必須同時有意根的配合運作，才能運行。

亦如龍樹菩薩所言：【如佛言：「依意緣法，意識生。」】復言：【「依意而生意識」無咎，意識難解故，九十六種外道不說『依意故生意識』。】意識極難理解，每有極多外道誤會意識；九十六種外道或六十二種外道，皆因不解意識種種變相境界，故以自意妄想而施設種種常住不壞之意識境界相，譬如「意識細心、意識極細心、細意識、極細意識」，或如佛門中人常以種種意識變相境界而住，謂其中某一變相境界中之意識心爲眞如、爲佛法身、爲宇宙萬法之第一因，皆成誤計本住法的心外求法者。如今佛門中也一樣同有這些外道見，許多自稱已經證悟的大法師、大居士，同樣落在六十二見或九十六見中，不能眞實理解意識心有種種變相，施設各各不同的意識變相，說是眞如、佛性。

這些人雖然悟錯了，只要不堅持原來的見解，肯在聽聞正法而了知意識心虛妄以後，改往修來，即可無過；但是古時的安慧、佛護、寂天、阿底峽、宗喀巴、歷代達賴喇嘛，以及現代的印順、昭慧、星雲、證嚴，都同樣認同應成派中觀的外道思想，主張意識心或意識細心不生滅，就遠不如佛門已知意識心不論是生滅而錯將意識變相認爲眞如、佛性的人了！昭慧法師後來知道意識心不論是粗心或細心都是意識心，仍然不離生滅性，她又不曾證得第八識心，爲免別人質問她有沒有明心（若未明心就是未證般若）及是否爲斷滅論者，就另外發明創造新佛法，新建立一個**業果報系統**的名詞，說是能貫串三世，能實現因果的主體；以這個新創而不可知、不可證的「業果報系統」，來取代 佛陀所說的可知也可證的眞正的業果報系統——第八識如來藏，就成爲心外求法的戲論了！

至於種種外道所言的上帝、神我、大梵、冥性……等所謂的不生滅法，其實都只是意識心想像出來的，都只是意識心的變相境界及想像而已；那些都是不可實證的，不像佛法中說的第八識自心如來，是確實可以現證的。譬如一神教講的上帝，在世界各處感應到的上帝，其實都是各處的鬼神因應世人的歸依求救而示現感應，不見得是同一個神祇；不同於佛教中的 佛陀，是可以被有緣的佛子們感應的，而且感應到時永遠都是同一種教理。然而上帝的存在是不可證驗的，萬法主體的上帝耶和華的靈也是不可實證的，也無法證明萬法都是以耶和華的靈爲主體；不同於佛教所說的萬法主體、萬法根源的第八識是可以實證的，也是可以現前觀察祂確實是萬法的主體；所以哲學界自古以來就一直質疑著：**上帝在哪裡？上帝的靈能否被許多人同時實證？上帝的靈是否能被實證爲一切法的根源、一切法的主體？**這種哲學界的質疑，一直未曾得到一神教回應與證實。而且外道所說萬法根源的上帝、大梵、唯一天神……等，其實都是意識心的變相，或是意識心想像而得的說法，並非眞實常住而可親證的法。

欲知上帝、神我……等是否眞實法，請將上帝、神我、梵我……等道理，依照《眞假開悟之簡易辨正法》小冊中所說的道理，一一詳參以後，就可以了知其虛妄性了。所以說，依意識心爲主體的各類宗教，都是經不起涅槃智慧、般若智慧、種智智慧考驗的。意識的一切粗細心，也都是依意根接觸法塵爲助緣而生起的；不論意識心細到如何微細，永遠不會比非非想定中的意識心更細，所以三界中的最細意識心，就是非非想定中的意識心；超過這個三界最微細的境界，就不再有意識心存在了！但這個最細意識心，仍然是依意根與非非想定中的定境法塵爲緣，才能生起及存在的，所以一切粗細意識都是意法爲緣而生的，永遠都是生滅法，不是本住法、常住法，永遠都是識陰所攝的生滅法。

六識的主要功能即是了別六塵，而六識心全體就是識陰。《阿那律八念經》卷二云：【「令眼識色，耳識聲，鼻識香，舌識味，身識細滑，意識法，著、信，爲**習諦**。」】語譯如下：【使得眼根、眼識能認知色塵，耳根、耳識能認知聲塵，鼻根、鼻識能認知香塵，舌根、舌識能認知味塵，身根、身識能識知細滑觸，意根、意識能認知法塵；眾生不知道這些都是無常的生滅法，對這六種根與識的功能有所執著，信以爲眞而不斷住於六識功能及六塵中，這就是苦集諦。】所以，修行人若對意識認知不清，錯將意識及意識的種種變相狀態，誤認爲是可以出三界的眞實常住心，不斷的熏習這種錯誤的知見與境界，那就是落在苦集諦中了，就是不斷的蒐集未來世重新不斷出生而受生死苦果的苦習諦。若能將意識及其種種變相，加以實際觀行，了知祂的緣生性與無常性、常斷性，才可能離開識陰的苦習，才能發起解脫的智慧而實證解脫果。

何謂六識？六識與世間智慧、出世間智慧有何同異？《中阿含經》如是明載：【……復問曰：「賢者拘絺羅！『識』者，說識，何者識耶？」尊者大拘絺羅答曰：「『識』識，是故說識。識(註)何等耶？識色，識聲、香、味、觸、法。『識』識，是故說識。」尊者舍黎子聞已，歎曰：「善哉！善哉！賢者拘絺羅！」尊者舍黎子歎已，歡喜奉行。復問曰：「賢者拘絺羅！『智慧』及『識』，此二法，爲合爲別？此二法，可得別施設耶？」尊者大拘絺羅答曰：「此二法，合，不別。此二法，不可別施設。所以者何？智慧所知，即是識所識。是故此二法合，不別，此二法不可別施設。」尊者舍黎子聞已，歎曰：「善哉！善哉！賢者拘絺羅！」尊者舍黎子歎已，歡喜奉行。】(《中阿含經》卷58)(註：識謂了別。)

語譯如下：【……復又問說：「賢者拘絺羅！所說的『識』，您說這個識，哪一個是您所說的識呢？」尊者大拘絺羅答覆說：「能認識的這個識，由於祂能認識、能識別的緣故而說是識。認識或識別哪些事相呢？是能識別色塵，能識別聲塵、能識別香塵、能識別味塵、能識別觸塵、能識別法塵。因為是能認識、能識別的識，由這個緣故而說是識。」尊者舍黎子聞已，歎曰：「善哉！善哉！賢者拘絺羅！」尊者舍黎子讚歎了以後，歡喜奉行。接著又問道：「賢者拘絺羅！『智慧』以及『識』，這二個法，是應該合在一起呢？或是可以分為不同的二個法呢？這二個法，可以分開來各別獨自施設嗎？」尊者大拘絺羅答覆說：「這二個法，應該合在一起，不可以分別施設為各自獨立的二個法。這二個法，不可分開施設。為何會這樣呢？這是因為智慧所了知的內涵，其實就是意識的識別性所認知的內涵；由於這個緣故，意識與智慧二個法應該合在一起，不可以分開而各自獨立起來，所以意識與智慧二個法，不可以各自施設而分開來。」尊者舍黎子聞已，讚歎說：「講得太好了！講得太好了！賢者拘絺羅！」尊者舍黎子讚歎了以後，歡喜奉行。】

在這一段經文中，已經點出了許多現代北傳與南傳學佛人的盲點：智慧都是意識覺知心所擁有的，實相心自身是從來都不與智慧相應的，所以《心經》中才會說「**無智**亦無得」。可惜的是諸方自認爲已悟的大法師與大居士們，對於每天課誦或耳熟能詳的《心經》中所說的道理，都不肯面對，都不肯取來檢驗所悟是否符契？都是繼續以盲引盲，不知警覺。等到後來有個蕭平實出來指正了，卻又顧慮到名聞與利養、眷屬，仍然繼續含糊其詞的不肯說明事實眞相，不肯承認自己所「悟」的是意識生滅心，未斷我見。

識的意思就是了別，了別色、聲……等六塵的心，因爲能識別六塵中的種種法相，所以名之爲識。意根由於不能識別六塵相，所以不名爲識，而名爲心根。所以，識陰中的所有識心，就是眼色爲緣乃至意法爲緣所生的六識心，因爲能識別六塵所以是能識別的心，名之爲識。所以，依照阿含中的 佛陀意旨看來：能了別六塵的心，必是六識心所攝，不能自外於六識心王，都是識陰所含攝的有生而無常的虛妄心。正因爲能了別六塵的心就稱爲識，所以說：「『識』識，**是故說識**。」意謂：能識別六塵的識就稱之爲識。舍利子尊者故意爲學人們請問說：「**智慧及了別六塵的識，這二法是應該合在一起呢？還是應該分開**

的呢？是否可以分別施設為二法？」拘絺羅尊者說不可以分開來施設，因為智慧——由了別性的意識所擁有的世間智慧及出世間智慧——本來就是六識心王所擁有的法性，特別是說意識覺知心所擁有的法性；一切世、出世間智慧都是意識所有的法，不能自外於意識心而存在，都是附屬於意識心的，怎可將智慧和意識分開施設為二法呢？所以，凡是會與智慧相應、會了別六塵的心，都是識，都不能自外於識陰等六識心王。準此而觀離念靈知、有貪淫欲樂觸（藏密法王雖然不貪射精之樂而常保不洩）的有淫觸貪愛而離語言妄念的靈知心，仍然是識陰中的意識心，不脫「識」的識別性、了知性、智慧性，所以仍然是意識心，藏密所有的法王、喇嘛、上師、活佛們，對此都應該有所警覺，應該儘速遠離常見外道的我見，回歸從來不識六塵的第八識如來藏妙義。

界又名種子，又名功能差別。十八界的界，一般認知是指界限；但是既然說是界限，當然是有功能性的，才能說是有界限的法；而且應該有二者以上，並且是互相之間的功能性有所差別的，才能說是界、功能差別；所以界的意思是說功能差別的不同，或者說功能差別的侷限。《雜阿含經》卷十六云：【「爾時世尊告諸比丘：「我今當說種種諸界。諦聽！善思！當為汝說。云何為種種界？

謂眼界、色界、眼識界，耳界、聲界、耳識界，鼻界、香界、鼻識界，舌界、味界、舌識界，身界、觸界、身識界，意界、法界、意識界，是名種種界。」】

語譯如下：【「這時世尊告訴諸比丘：「我如今將宣說種種不同的功能差別。諦聽！善思！將為你們宣說。如何是種種的功能差別界限呢？是說眼根的功能界限、色塵的功能界限、眼識的功能界限，耳根的功能界限、聲塵的功能界限、耳識的功能界限，鼻根的功能界限、香塵的功能界限、鼻識的功能界限，舌根的功能界限、味塵的功能界限、舌識的功能界限，身根的功能界限、觸塵的功能界限、身識的功能界限，意根的功能界限、法塵的功能界限、意識的功能界限，這就是我所說的種種功能界限。」】

又譬如《雜阿含經》卷二十一說：【「眼界異、色界異、眼識界異，耳界異、聲界異、耳識界異，鼻界異、香界異、鼻識界異，舌界異、味界異、舌識界異，身界異、觸界異、身識界異，意界異、法界異、意識界異。如是，長者！是名種種界。」】

語譯如下：【「眼根的功能界限不同、色塵的功能界限不同、眼識的功能界限不同，耳根的功能界限不同、聲塵的功能界限不同、耳識的功能界限不同，鼻根的功能界限不同、香塵的功能界限不同、鼻識的功能界限不同，舌根的功能界限不同、味塵的功能界限不同、舌識的功能界限不同，身根的功能界限不同、觸塵的功能界限不同、身識的功能界限不同，意根的功能界限不同、法塵的功能界限不同、意識的功能界限不同。如是，長者！這就是我說的種種不同的功能差別的界限。」】

所以眼根（這裡單說扶塵根）的功能界限是接觸色塵（若是勝義根則能接觸內色塵。以下類推，都只以扶塵根舉例而說，勝義根的界，請讀者自行思惟與觀行），色塵的功能界限是顯示色塵的內容，眼識的功能界限是識別色塵的內容；耳根的功能界限是接觸聲塵，聲塵的功能界限是顯示聲音的內容，耳識的功能界限是識別聲塵的內容；乃至意根的功能界限是接觸簡單的法塵，法塵的功能界限是顯示諸法的內容，意識的功能界限是識別法塵及五塵的粗相與細相，函蓋世間法與出世間法的粗相與細相。這就是界的眞實義，換句話說，界就是功能差別，就是種子，就是功能的侷限。

但是密宗的雙身法中說種子，是指喇嘛們射在明妃陰道中的精液，這是因爲精液能使明妃生子，有其功能差別，所以宗喀巴把喇嘛們的精液說爲種子（詳見宗喀巴著《密宗道次第廣論》），是因爲喇嘛們有生子的功能差別，而這個種子也能使明妃懷孕，事實上大多數的喇嘛們私底下也是有兒女的；宗喀巴又因爲喇嘛們的精液可以用來爲密灌弟子灌頂之用（詳見宗喀巴著《密宗道次第廣論》），具有作爲密灌的功能差別，所以稱爲種子；除此以外，不能有其他的功能，所以有其侷限，宗喀巴就因此而說喇嘛們的精液也是界。這是宗喀巴以界或種子作爲隱語，來指示密宗黃教中的喇嘛們如何以及何時可以射精生子。然而界，或種子、或功能差別，在佛法中本來不是用在指稱密宗黃教喇嘛們身中的精液，而是在指稱六根、六塵、六識等十八界法的功能及其侷限性，但密宗以他們一貫的**以假代眞**的方法，取來作爲暗指喇嘛身中精液的隱語，只能說他們「眞是匪類」（編案：匪類二字爲台語，意爲惡意的轉換用法，成爲不肯依照約定俗成的道理施設的惡人）。所以十八界的意思，是指稱十八種功能不同的法；因爲這十八種法的功能有所差別、有所互異，所以說是界。這十八種界又名爲十八種子，意謂這十八法能產生十八種功能，故名種子。

由於六根、六塵、六識等十八種法，各有不同的功能，而這些功能都各有差別，各有侷限性，所以和合運作之下就產生了六入，而不是同一種的入，因此就有色入乃至法入。因爲有了色入乃至法入，就產生了順心境與逆心境，以及不順不逆的捨受境界，所以使眾生有了三受或五受；有了三受、五受以後，就對六入產生了貪愛，即使是苦受的違心境界受，也不肯放棄而有了種種受的貪愛；爲了保持這些六塵上的貪愛，就必須不斷的受生，不願捨報以後使六識斷滅而離開一切六塵上的受，因此就必須一再的入胎受生，所以就不斷的流轉生死了。這就是人們不斷的有十八界出現而生死不斷的緣由，都是源於對十八界自我的貪愛，也是源於對十八界的無常性、虛妄性，不能如實了知所致。

譬如《雜阿含經》卷十六云：**【「爾時世尊告諸比丘：「緣種種界生種種觸，緣種種觸生種種受，緣種種受生種種愛。云何種種界？謂十八界：眼界、色界、眼識界，乃至意界、法界、意識界，是名種種界。」」】**若不貪愛十八界，若能將十八界的自我貪愛、自我執著斷除淨盡，死後願意讓意識與意根從此永滅而不再生起於色身中，或者有非非想定的人死後不願生到非非想天，不再想有來世的非非想定境界，也不願再有來世的覺知心住在非非想定中，死後就讓意識與意根永滅而不再出現於無色界中；眾生若能如此，就不會再度入胎或受生而重新出生來世的十八種界或三種界，就不會再度受生於無色界的非非想天中，意根永斷，就成為無餘涅槃了，這時就是出離三界生死了。

所以說，若無十八界法，就不會有色塵觸乃至法塵觸，沒有種種觸就不會有三受、五受，沒有種種受就不會產生對於五蘊的貪愛、十八界的貪愛、意識界的貪愛，遠離了離念靈知的自我貪愛，就可以成為慧解脫的聖者；若有一絲一毫的離念靈知心自我的執著，死後就無法取證無餘涅槃，當然不是慧解脫的聖者。假使認定離念靈知心是常住法、不生滅法，那就是落入意識界中，此人尚且不知道意根的界（不知道意根的功能差別與侷限），也不知道意識的界，又如何能斷我見呢？所以現觀十八界的內容，對於修學南傳佛法解脫道的人來說，是極重要的觀行重點。想要斷除我見與進斷我執的南傳佛法學人，務必依照眞善知識的教誨而聞熏正確的義理，並且深入瞭解十八界的內容，以及實際上如理作意的深入觀行。若能確實做到，此世斷我見而取證聲聞初果，並非困難之事。您若是有智之人，何不試著理解及觀行？庶免空度此世：一世精進修學而唐捐其功！又豈唯自身得利？亦可轉度親友、同修，皆得斷除我見及三縛結，共得大利，大眾悉皆不枉此世來此人間一回也！

佛教正覺同修會〈修學佛道次第表〉

第一階段

* 以憶佛及拜佛方式修習動中定力。
* 學第一義佛法及禪法知見。
* 無相拜佛功夫成就。
* 具備一念相續功夫—動靜中皆能看話頭。
* 努力培植福德資糧，勤修三福淨業。

第二階段

* 參話頭，參公案。
* 開悟明心，一片悟境。
* 鍛鍊功夫求見佛性。
* 眼見佛性〈餘五根亦如是〉親見世界如幻，成就如幻觀。
* 學習禪門差別智。
* 深入第一義經典。
* 修除性障及隨分修學禪定。
* 修證十行位陽焰觀。

第三階段

* 學一切種智真實正理—楞伽經、解深密經、成唯識論…。
* 參究末後句。
* 解悟末後句。
* 透牢關—親自體驗所悟末後句境界，親見實相，無得無失。
* 救護一切眾生迴向正道。護持了義正法，修證十迴向位如夢觀。
* 發十無盡願，修習百法明門，親證猶如鏡像現觀。
* 修除五蓋，發起禪定。持一切善法戒。親證猶如光影現觀。
* 進修四禪八定、四無量心、五神通。進修大乘種智，求證猶如谷響現觀。

佛菩提二主要道次第概要表——二道並修，以外無別佛法

佛菩提道——大菩提道

遠波羅蜜多

資糧位

十信位修集信心——一劫乃至一萬劫

初住位修集布施功德（以財施爲主）。

二住位修集持戒功德。

三住位修集忍辱功德。

四住位修集精進功德。

五住位修集禪定功德。

六住位修集般若功德（熏習般若中觀及斷我見，加行位也）。

外門廣修六度萬行

見道位

七住位明心般若正觀現前，親證本來自性清淨涅槃。

八住位起於一切法現觀般若中道。漸除性障。

十住位眼見佛性，世界如幻觀成就。

一至十行位，於廣行六度萬行中，依般若中道慧，現觀陰處界猶如陽焰，至第十行滿心位，陽焰觀成就。

一至十迴向位熏習一切種智；修除性障，唯留最後一分思惑不斷。第十迴向滿心位成就菩薩道如夢觀。

內門廣修六度萬行

初地：第十迴向位滿心時，成就道種智一分（八識心王一一親證後，領受五法、三自性、七種第一義、七種性自性、二種無我法）復由勇發十無盡願，成通達位菩薩。復又永伏性障而不具斷，能證慧解脫而不取證，由大願故留惑潤生。此地主修法施波羅蜜多及百法明門。證「猶如鏡像」現觀，故滿初地心。

二地：初地功德滿足以後，再成就道種智一分而入二地；主修戒波羅蜜多及一切種智。滿心位成就「猶如光影」現觀，戒行自然清淨。

解脫道：二乘菩提

→ 斷三縛結，成初果解脫

→ 薄貪瞋癡，成二果解脫

→ 斷五下分結，成三果解脫

入地前的四加行令煩惱障現行悉斷，成四果解脫，留惑潤生。分段生死已斷，煩惱障習氣種子開始斷除，兼斷無始無明上煩惱。

近波羅蜜多

大波羅蜜多

圓滿波羅蜜多

修道位

究竟位

三地：二地滿心再證道種智一分，故入三地。此地主修忍波羅蜜多及四禪八定、四無量心、五神通。能成就俱解脫果而不取證，留惑潤生。滿心位成就「猶如谷響」現觀及無漏妙定意生身。

四地：由三地再證道種智一分故入四地。主修精進波羅蜜多，於此土及他方世界廣度有緣，無有疲倦。進修一切種智，滿心位成就「如水中月」現觀。

五地：由四地再證道種智一分故入五地。主修禪定波羅蜜多及一切種智，斷除下乘涅槃貪。滿心位成就「變化所成」現觀。

六地：由五地再證道種智一分故入六地。此地主修般若波羅蜜多——依道種智現觀十二因緣一一有支及意生身化身，皆自心眞如變化所現，「非有似有」，成就細相觀，不由加行而自然證得滅盡定，成俱解脫大乘無學。

七地：由六地「非有似有」現觀，再證道種智一分故入七地。此地主修一切種智及方便波羅蜜多，由重觀十二有支一一支中之流轉門及還滅門一切細相，成就方便善巧，念念隨入滅盡定。滿心位證得「如犍闥婆城」現觀。

八地：由七地極細相觀成就故再證道種智一分而入八地。此地主修一切種智及願波羅蜜多。至滿心位純無相觀任運恆起，故於相土自在，滿心位復證「如實覺知諸法相意生身」故。

九地：由八地再證道種智一分故入九地。主修力波羅蜜多及一切種智，成就四無礙，滿心位證得「種類俱生無行作意生身」。

十地：由九地再證道種智一分故入此地。此地主修一切種智——智波羅蜜多。滿心位起大法智雲，及現起大法智雲所含藏種種功德，成受職菩薩。

等覺：由十地道種智成就故入此地。此地應修一切種智，圓滿等覺地無生法忍；於百劫中修集極廣大福德，以之圓滿三十二大人相及無量隨形好。

妙覺：示現受生人間已斷盡煩惱障一切習氣種子，並斷盡所知障一切隨眠，永斷變易生死無明，成就大般涅槃，四智圓明。人間捨壽後，報身常住色究竟天利樂十方地上菩薩；以諸化身利樂有情，永無盡期，成就究竟佛道。

七地滿心斷除故意保留之最後一分思惑時，煩惱障所攝色、受、想三陰有漏習氣種子全部斷盡。 ←

煩惱障所攝行、識二陰無漏習氣種子任運漸斷，所知障所攝上煩惱任運漸斷。 ←

斷盡變易生死成就大般涅槃

圓滿成就究竟佛果

佛子蕭平實　謹製

（二〇〇九、〇二　修訂）

（二〇一二、〇二　增補）

佛教正覺同修會 共修現況 及 招生公告　2021/04/21

一、共修現況：（請在共修時間來電，以免無人接聽。）

台北正覺講堂 103 台北市承德路三段 277 號九樓 捷運淡水線圓山站旁
Tel..**總機** 02-25957295（晚上）（**分機：九樓**辦公室 10、11；知客櫃檯 12、13。 **十樓**知客櫃檯 15、16；書局櫃檯 14。 **五樓**辦公室 18；知客櫃檯 19。**二樓**辦公室 20；知客櫃檯 21。）
Fax..25954493

第一講堂　台北市承德路三段 277 號九樓

禪淨班：週一晚班、週三晚班、週四晚班、週五晚班、週六下午班、週六上午班（共修期間二年半，全程免費。皆須報名建立學籍後始可參加共修，欲報名者詳見本公告末頁。）

增上班：瑜伽師地論詳解：單週六晚班。雙週六晚班（重播班）。17.50～20.50。平實導師講解，2003 年 2 月開講至今，僅限已明心之會員參加。

禪門差別智：每月第一週日全天　平實導師主講（事冗暫停）。

解深密經詳解　本經從六度波羅蜜多談到八識心王，再詳論大乘見道所證眞如，然後論及悟後進修的相見道位所觀七眞如，以及入地後的十地所修，乃至成佛時的四智圓明一切種智境界，皆是可修可證之法，流傳至今依舊可證，顯示佛法眞是義學而非玄談，淺深次第皆所論及之第一義諦妙義。已於 2021 年三月下旬起開講，由 平實導師詳解。每逢週二晚上開講，第一至第六講堂都可同時聽聞，歡迎菩薩種性學人，攜眷共同參與此殊勝法會現場聞法，不限制聽講資格。本會學員憑上課證進入第一至第四講堂聽講，會外學人請以身分證件換證進入聽講（此爲大樓管理處安全管理規定之要求，敬請諒解）；第五及第六講堂（B1、B2）對外開放，不需出示任何證件，請由大樓側門直接進入。

第二講堂　台北市承德路三段 267 號十樓。

禪淨班：週一晚班。

進階班：週三晚班、週四晚班、週五晚班、週六早班、週六下午班。禪淨班結業後轉入共修。

解深密經詳解：平實導師講解。每週二 18.50~20.50 影像音聲即時傳輸

第三講堂　台北市承德路三段 277 號五樓。

禪淨班：週六下午班。

進階班：週一晚班、週三晚班、週四晚班、週五晚班。

解深密經詳解：平實導師講解。每週二 18.50~20.50 影像音聲即時傳輸

第四講堂　台北市承德路三段 267 號二樓。

進階班：週一晚班、週三晚班、週四晚班（禪淨班結業後轉入共修）。

解深密經詳解：平實導師講解。每週二 18.50~20.50 影像音聲即時傳輸

第五、第六講堂

念佛班　每週日晚上，第六講堂共修（B2），一切求生極樂世界的三寶弟子皆可參加，不限制共修資格。

進階班：週一晚班、週三晚班、週四晚班。

解深密經詳解：平實導師講解。每週二 18.50~20.50 影像音聲即時傳輸。第五、第六講堂爲**開放式講堂**，不需以身分證件換證即可進入聽講，台北市承德路三段 267 號地下一樓、地下二樓。每逢週二晚上講經時段開放給會外人士自由聽經，請由大樓側面梯階逕行進入聽講。**聽講者請尊重講者的著作權及肖像權，請勿錄音錄影，以免違法；若有錄音錄影被查獲者，將依法處理。**

正覺祖師堂　大溪區美華里信義路 650 巷坑底 5 之 6 號（台 3 號省道 34 公里處　妙法寺對面斜坡道進入）電話 03-3886110　　傳眞 03-3881692 本堂供奉 克勤圓悟大師，專供會員每年四月、十月各三次精進禪三共修，兼作本會出家菩薩掛單常住之用。開放參訪日期請參見本會公告。教內共修團體或道場，得另申請其餘時間作團體參訪，務請事先與常住確定日期，以便安排常住菩薩接引導覽，亦免妨礙常住菩薩之日常作息及修行。

桃園正覺講堂（第一、第二講堂）：桃園市介壽路 286、288 號 10 樓（陽明運動公園對面）電話：03-3749363(請於共修時聯繫，或與台北聯繫)

禪淨班：週一晚班（1）、週一晚班（2）、週三晚班、週四晚班、週五晚班。

進階班：週四晚班、週五晚班、週六上午班。

增上班：雙週六晚班（增上重播班）。

解深密經詳解：平實導師講解。每週二晚上，以台北正覺講堂所錄 DVD 放映；歡迎會外學人共同聽講，不需出示身分證件。

新竹正覺講堂　新竹市東光路 55 號二樓之一　電話 03-5724297（晚上）

第一講堂：

禪淨班：週五晚班。

進階班：週三晚班、週四晚班、週六上午班。由禪淨班結業後轉入共修

增上班：單週六晚班。雙週六晚班（重播班）。

解深密經詳解：平實導師講解。每週二晚上，以台北正覺講堂所錄 DVD 放映。歡迎會外學人共同聽講，不需出示身分證件。

第二講堂：

禪淨班：週一晚班、週三晚班、週四晚班、週六上午班。

解深密經詳解：每週二晚上與第一講堂同步播放講經 DVD。

第三、第四講堂：裝修完畢，即將開放。

台中正覺講堂 04-23816090（晚上）

第一講堂 台中市南屯區五權西路二段 666 號 13 樓之四（國泰世華銀行樓上。鄰近縣市經第一高速公路前來者，由五權西路交流道可以快速到達，大樓旁有停車場，對面有素食館）。

禪淨班：週四晚班、週五晚班。

進階班：週一晚班、週三晚班、週六上午班（由禪淨班結業後轉入共修）。

增上班：單週六晚班。雙週六晚班（重播班）。

解深密經詳解：平實導師講解。每週二晚上，以台北正覺講堂所錄 DVD 放映。歡迎會外學人共同聽講，不需出示身分證件。

第二講堂 台中市南屯區五權西路二段 666 號 4 樓

禪淨班：週一晚班、週三晚班。

第三講堂台中市南屯區五權西路二段 666 號 4 樓

禪淨班：週一晚班。

第四講堂台中市南屯區五權西路二段 666 號 4 樓。

進階班：週一晚班、週四晚班、週六上午班，由禪淨班結業後轉入共修

解深密經詳解：每週二晚上與第一講堂同步播放講經 DVD。

嘉義正覺講堂 嘉義市友愛路 288 號八樓之一　電話：05-2318228

第一講堂：

禪淨班：週四晚班、週五晚班、週六上午班。

進階班：週一晚班、週三晚班（由禪淨班結業後轉入共修）。

增上班：單週六晚班。雙週六晚班（重播班）。

解深密經詳解：平實導師講解。每週二晚上，以台北正覺講堂所錄 DVD 放映。歡迎會外學人共同聽講，不需出示身分證件。

第二講堂 嘉義市友愛路 288 號八樓之二。

第三講堂 嘉義市友愛路 288 號四樓之七。

禪淨班：週一晚班、週三晚班。

台南正覺講堂

第一講堂 台南市西門路四段 15 號 4 樓。06-2820541（晚上）

禪淨班：週一晚班、週三晚班、週四晚班、週五晚班、週六下午班。

增上班：單週六晚班。雙週六晚班（重播班）。

第二講堂 台南市西門路四段 15 號 3 樓。

解深密經詳解：每週二晚上與第三講堂同步播放講經 DVD。

第三講堂 台南市西門路四段 15 號 3 樓。

進階班：週一晚班、週三晚班、週四晚班、週五晚班（由禪淨班結業後轉入共修）。

解深密經詳解：平實導師講解。每週二晚上，以台北正覺講堂所錄 DVD 放映。歡迎會外學人共同聽講，不需出示身分證件。。

高雄正覺講堂　高雄市新興區中正三路 45 號五樓 07-2234248（晚上）

第一講堂（五樓）：

禪淨班：週一晚班、週三晚班、週四晚班、週五晚班、週六上午班。

增上班：單週六晚班。雙週六晚班（重播班）。

解深密經詳解：平實導師講解。每週二晚上，以台北正覺講堂所錄 DVD 放映。歡迎會外學人共同聽講，不需出示身分證件。

第二講堂（四樓）：

進階班：週三晚班、週四晚班、週六上午班（由禪淨班結業後轉入共修）。

解深密經詳解：每週二晚上與第一講堂同步播放講經 DVD。

第三講堂（三樓）：

進階班：週四晚班（由禪淨班結業後轉入共修）。

香港正覺講堂

香港新界葵涌打磚坪街 93 號維京科技商業中心A 座 18 樓。

電話：(852) 23262231

英文地址：18/F, Tower A, Viking Technology & Business Centre, 93 Ta Chuen Ping Street, Kwai Chung, N.T., Hong Kong.

禪淨班：雙週六下午班、雙週日下午班、單週六下午班、單週日下午班

進階班：雙週五晚上班、雙週日早上班（由禪淨班結業後轉入共修）。

增上班：每月第一週週日，以台北增上班課程錄成 DVD 放映之。

增上重播班：每月第一週週六，以台北增上班課程錄成 DVD 放映之。

大法鼓經詳解：平實導師講解。每週六、日 19:00～21:00，以台北正覺講堂所錄 DVD 放映；歡迎會外學人共同聽講，不需出示身分證件。

美國洛杉磯正覺講堂　**☆已遷移新址☆**

825 S. Lemon Ave Diamond Bar, CA 91789 U.S.A.

Tel. (909) 595-5222（請於週六 9:00~18:00 之間聯繫）

Cell. (626) 454-0607

禪淨班：每逢週末 16：00~18：00 上課。

進階班：每逢週末上午 10：00~12：00 上課。

解深密經詳解：平實導師講解。每週六下午 13：30~15：30 以台北所錄 DVD 放映。歡迎各界人士共享第一義諦無上法益，不需報名。

二、**招生公告**　本會台北講堂及全省各講堂、香港講堂，每逢**四月、十月**下旬開新班，每週共修一次（每次二小時。開課日起三個月內仍可插班）；但美國洛杉磯共修處之禪淨班得隨時插班共修。各班共修期間皆爲二年半，全程免費，欲參加者請向本會函索報名表（各共修處皆於共修時間方有人執事，非共修時間請勿電詢或前來洽詢、請書），或直接從本會官方網站(http://www.enlighten.org.tw/newsflash/class)或成佛之道網站下載報名表。共修期滿時，若經報名禪三審核通過者，可參加四天三夜之禪三精進共修，有機會明心、取證如來藏，發起般若實相智慧，成爲實義菩薩，脫離凡夫菩薩位。

三、**新春禮佛祈福**　農曆**年假**期間停止共修：自農曆新年前七天起停止共修與弘法，正月 8 日起回復共修、弘法事務。新春期間正月初一～初七 9.00～17.00 開放台北講堂、正月初一~初三開放新竹、台中、嘉義、台南、高雄講堂，以及大溪禪三道場（正覺祖師堂），方便會員供佛、祈福及會外人士請書。美國洛杉磯共修處之休假時間，請逕詢該共修處。

密宗四大派修雙身法，是外道性力派的邪法；又以生滅的識陰作為常住法，是常見外道，是假的藏傳佛教。

西藏覺囊巴以他空見弘揚第八識如來藏勝法，才是真藏傳佛教

佛教正覺同修會　弘法行事表　2021/04/21

1、**禪淨班**　以無相念佛及拜佛方式修習動中定力，實證一心不亂功夫。傳授解脫道正理及第一義諦佛法，以及參禪知見。共修期間：二年六個月。每逢四月、十月開新班，詳見招生公告表。

2、**進階班**　禪淨班畢業後得轉入此班，進修更深入的佛法，期能證悟明心。各地講堂各有多班，繼續深入佛法、增長定力，悟後得轉入增上班修學道種智，期能證得無生法忍。

3、**增上班 瑜伽師地論**詳解　詳解論中所言凡夫地至佛地等 17 師之修證境界與理論，從凡夫地、聲聞地……宣演到諸地所證無生法忍、一切種智之眞實正理。由平實導師開講，每逢一、三、五週之週末晚上開示，僅限已明心之會員參加。2003 年二月開講至今，預定 2021 年講畢。

4、**解深密經**詳解　本經所說妙法極爲甚深難解，非唯論及佛法中心主旨的八識心王及般若實證之標的，亦論及眞見道之後轉入相見道位中應該修學之法，即是七眞如之觀行內涵，然後始可入地。亦論及見道之後，如何與解脫及佛菩提智相應，兼論十地進修之道，末論如來法身及四智圓明的一切種智境界。如是眞見道、相見道、諸地修行之義，傳至今時仍然可證，顯示佛法眞是義學而非玄談或思想，有實證之標的與內容，非諸思惟研究者之所能到，乃是離言絕句之第八識第一義諦妙義。已於 2021 年三月下旬開講，由平實導師詳解。不限制聽講資格。

5、**精進禪三**　主三和尚：平實導師。於四天三夜中，以克勤圓悟大師及大慧宗杲之禪風，施設機鋒與小參、公案密意之開示，幫助會員剋期取證，親證不生不滅之眞實心——人人本有之如來藏。每年四月、十月各舉辦三個梯次；平實導師主持。僅限本會會員參加禪淨班共修期滿，報名審核通過者，方可參加。並選擇會中定力、慧力、福德三條件皆已具足之已明心會員，給以指引，令得眼見自己無形無相之佛性遍佈山河大地，眞實而無障礙，得以肉眼現觀世界身心悉皆如幻，具足成就如幻觀，圓滿十住菩薩之證境。

6、**阿含經**詳解　選擇重要之阿含部經典，依無餘涅槃之實際而加以詳解，令大眾得以現觀諸法緣起性空，亦復不墮斷滅見中，顯示經中所隱說之涅槃實際—如來藏—確實已於四阿含中隱說；令大眾得以聞後觀行，確實斷除我見乃至我執，證得**見到**眞現觀，乃至**身證**……等眞現觀；已得大乘或二乘見道者，亦可由此聞熏及聞後之觀行，除斷我所之貪著，成就慧解脫果。由平實導師詳解。不限制聽講資格。

7、**成唯識論**詳解　詳解一切種智眞實正理，詳細剖析一切種智之微細深妙廣大正理；並加以舉例說明，使已悟之會員深入體驗所證如來藏之微密行相；及證驗見分相分與所生一切法，皆由如來藏—阿賴耶識—直接或展轉而生，因此證知一切法無我，證知無餘涅槃之本際。將於增上班《瑜伽師地論》講畢後，由平實導師重講。僅限已明心之會員參加。

8、**精選如來藏系經典**詳解　精選如來藏系經典一部，詳細解說，以此完全印證會員所悟如來藏之眞實，得入不退轉住。另行擇期詳細解說之，由平實導師講解。僅限已明心之會員參加。

9、**禪門差別智**　藉禪宗公案之微細淆訛難知難解之處，加以宣說及剖析，以增進明心、見性之功德，啓發差別智，建立擇法眼。每月第一週日全天，由平實導師開示，僅限破參明心後，復又眼見佛性者參加（事冗暫停）。

10、**枯木禪**　先講智者大師的《小止觀》，後說《釋禪波羅蜜》，詳解四禪八定之修證理論與實修方法，細述一般學人修定之邪見與岔路，及對禪定證境之誤會，消除枉用功夫、浪費生命之現象。已悟般若者，可以藉此而實修初禪，進入大乘通教及聲聞教的三果心解脫境界，配合應有的大福德及後得無分別智、十無盡願，即可進入初地心中。親教師：平實導師。未來緣熟時將於正覺寺開講。不限制聽講資格。

註：本會例行年假，自 2004 年起，改爲每年農曆新年前七天開始停息弘法事務及共修課程，農曆正月 8 日回復所有共修及弘法事務。新春期間（每日 9.00~17.00）開放台北講堂，方便會員禮佛祈福及會外人士請書。大溪區的正覺祖師堂，開放參訪時間，詳見〈正覺電子報〉或成佛之道網站。本表得因時節因緣需要而隨時修改之，不另作通知。

佛教正覺同修會　贈閱書籍 目錄　2021/8/30

1.**無相念佛**　平實導師著　回郵 36 元
2.**念佛三昧修學次第**　平實導師述著　回郵 52 元
3.**正法眼藏—護法集**　平實導師述著　回郵 76 元
4.**真假開悟簡易辨正法&佛子之省思**　平實導師著　回郵 26 元
5.**生命實相之辨正**　平實導師著　回郵 31 元
6.**如何契入念佛法門**（附：印順法師否定極樂世界）平實導師著 回郵 26 元
7.**平實書箋**—答元覽居士書　平實導師著　回郵 52 元
8.**三乘唯識**—如來藏系經律彙編　平實導師編　回郵 80 元
（精裝本　長 27 cm　寬 21 cm　高 7.5 cm　重 2.8 公斤）
9.**三時繫念全集**—修正本　回郵掛號 52 元（長 26.5 cm×寬 19 cm）
10.**明心與初地**　平實導師述　回郵 31 元
11.**邪見與佛法**　平實導師述著　回郵 36 元
12.**甘露法雨**　平實導師述　回郵 36 元
13.**我與無我**　平實導師述　回郵 36 元
14.**學佛之心態**—修正錯誤之學佛心態始能與正法相應 孫正德老師著 回郵52元
附錄：平實導師著**《略說八、九識並存…等之過失》**
15.**大乘無我觀**—《悟前與悟後》別說　平實導師述著　回郵 36 元
16.**佛教之危機**—中國台灣地區現代佛教之真相（附錄：公案拈提六則）
平實導師著　回郵 52 元
17.**燈　影**—燈下黑（覆「求教後學」來函等）平實導師著　回郵 76 元
18.**護法與毀法**—覆上平居士與徐恒志居士網站毀法二文
張正圜老師著　回郵 76 元
19.**淨土聖道**—兼評**選擇本願念佛** 正德老師著 **由正覺同修會購贈** 回郵52元
20.**辨唯識性相**—對「紫蓮心海《辯唯識性相》書中否定阿賴耶識」之回應
正覺同修會 台南共修處法義組 著　回郵52元
21.**假如來藏**—對法蓮法師《如來藏與阿賴耶識》書中否定阿賴耶識之回應
正覺同修會 台南共修處法義組 著　回郵 76 元
22.**入不二門**—公案拈提集錦 第一輯（於平實導師公案拈提諸書中選錄約二十則，
合輯爲一冊流通之）平實導師著　回郵52 元
23.**真假邪說**—西藏密宗索達吉喇嘛《破除邪說論》真是邪說
釋正安法師著　上、下冊回郵各 52 元
24.**真假開悟**—真如、如來藏、阿賴耶識間之關係　平實導師述著　回郵76 元
25.**真假禪和**—辨正釋傳聖之謗法謬說　孫正德老師著　回郵76 元

26.**眼見佛性**—駁慧廣法師眼見佛性的含義文中謬說
游正光老師著　回郵 52 元
27.**普門自在**—公案拈提集錦 第二輯（於平實導師公案拈提諸書中選錄約二十則，合輯爲一冊流通之）平實導師著　回郵 52 元
28.**印順法師的悲哀**—以現代禪的質疑為線索　恒毓博士著　回郵 52 元
29.**識蘊真義**—現觀識蘊內涵、取證初果、親斷三縛結之具體行門。
—依《成唯識論》及《惟識述記》正義，略顯安慧《大乘廣五蘊論》之邪謬
平實導師著　回郵 76 元
30.**正覺電子報** 各期紙版本　免附回郵　每次最多函索三期或三本。
（已無存書之較早各期，不另增印贈閱）
31.**現代人應有的宗教觀**　蔡正禮老師 著　回郵 31 元
32.**遠惑趣道**—正覺電子報般若信箱問答錄　第一輯　回郵 52 元
33.**遠惑趣道**—正覺電子報般若信箱問答錄　第二輯　回郵 52 元
34.**確保您的權益**—器官捐贈應注意自我保護　游正光老師 著　回郵 31 元
35.**正覺教團電視弘法三乘菩提 DVD 光碟（一）**
由正覺教團多位親教師共同講述錄製 DVD 8 片，MP3 一片，共 9 片。有二大講題：一爲「三乘菩提之意涵」，二爲「學佛的正知見」。內容精闢，深入淺出，精彩絕倫，幫助大眾快速建立三乘法道的正知見，免被外道邪見所誤導。有志修學三乘佛法之學人不可不看。（製作工本費 100 元，回郵 52 元）
36.**正覺教團電視弘法 DVD 專輯（二）**
總有二大講題：一爲「三乘菩提之念佛法門」，一爲「學佛正知見（第二篇）」，由正覺教團多位親教師輪番講述，內容詳細闡述如何修學念佛法門、實證念佛三昧，以及學佛應具有的正確知見，可以幫助發願往生西方極樂淨土之學人，得以把握往生，更可令學人快速建立三乘法道的正知見，免於被外道邪見所誤導。有志修學三乘佛法之學人不可不看。（一套 17 片，工本費 160 元。回郵 76 元）
37.**喇嘛性世界**—揭開假藏傳佛教譚崔瑜伽的面紗　張善思 等人合著
由正覺同修會購贈　回郵 52 元
38.**假藏傳佛教的神話**—性、謊言、喇嘛教　張正玄教授編著
由正覺同修會購贈　回郵 52 元
39.**隨　緣**—理隨緣與事隨緣　平實導師述　回郵 52 元。
40.**學佛的覺醒**　正枝居士 著　回郵 52 元
41.**導師之真實義**　蔡正禮老師 著　回郵 31 元
42.**淺談達賴喇嘛之雙身法**—兼論解讀「密續」之達文西密碼
吳明芷居士 著　回郵 31 元
43.**魔界轉世**　張正玄居士 著　回郵 31 元
44.**一貫道與開悟**　蔡正禮老師 著　回郵 31 元
45.**博愛**—愛盡天下女人　正覺教育基金會 編印　回郵 36 元

46.**意識虛妄經教彙編**—實證解脫道的關鍵經文　正覺同修會編印　回郵36元
47.**邪箭囈語**—破斥藏密外道多識仁波切《破魔金剛箭雨論》之邪說
陸正元老師著　上、下冊回郵各52元
48.**真假沙門**—依　佛聖教闡釋佛教僧寶之定義
蔡正禮老師著　俟正覺電子報連載後結集出版
49.**真假禪宗**—藉評論釋性廣《印順導師對變質禪法之批判
及對禪宗之肯定》以顯示真假禪宗
附論一：凡夫知見　無助於佛法之信解行證
附論二：世間與出世間一切法皆從如來藏實際而生而顯
余正偉老師著　俟正覺電子報連載後結集出版　回郵未定

★ 上列贈書之郵資，係台灣本島地區郵資，大陸、港、澳地區及外國地區，請另計酌增（大陸、港、澳、國外地區之郵票不許通用）。尚未出版之書，請勿先寄來郵資，以免增加作業煩擾。

★ 本目錄若有變動，唯於後印之書籍及「成佛之道」網站上修正公佈之，不另行個別通知。

函索書籍請寄：佛教正覺同修會　103台北市承德路3段277號9樓
台灣地區函索書籍者請附寄郵票，無時間購買郵票者可以等值現金抵用，但不接受郵政劃撥、支票、匯票。大陸地區得以人民幣計算，國外地區請以美元計算（請勿寄來當地郵票，在台灣地區不能使用）。欲以掛號寄遞者，請另附掛號郵資。

親自索閱：正覺同修會各共修處。　★請於共修時間前往取書，餘時無人在道場，請勿前往索取；共修時間與地點，詳見書末正覺同修會共修現況表（以近期之共修現況表爲準）。

註：正智出版社發售之局版書，請向各大書局購閱。若書局之書架上已經售出而無陳列者，請向書局櫃台指定洽購；若書局不便代購者，請於正覺同修會共修時間前往各共修處請購，正智出版社已派人於共修時間送書前往各共修處流通。　郵政劃撥購書及　大陸地區　購書，請詳別頁正智出版社發售書籍目錄最後頁之說明。

成佛之道　網站：http://www.a202.idv.tw　　正覺同修會已出版之結緣書籍，多已登載於　成佛之道　網站，若住外國、或住處遙遠，不便取得正覺同修會贈閱書籍者，可以從本網站閱讀及下載。

＊＊假藏傳佛教修雙身法，非佛教＊＊

正智出版社 籌募弘法基金發售書籍目錄　2021/10/17

1.**宗門正眼**—公案拈提 第一輯 重拈　平實導師著　500 元
因重寫內容大幅度增加故，字體必須改小，並增爲 576 頁 主文 546 頁。比初版更精彩、更有內容。初版《禪門摩尼寶聚》之讀者，可寄回本公司免費調換新版書。免附回郵，亦無截止期限。（2007 年起，每冊附贈本公司精製公案拈提〈超意境〉CD 一片。市售價格 280 元，多購多贈。）
2.**禪淨圓融**　平實導師著　200 元（第一版舊書可換新版書。）
3.**真實如來藏**　平實導師著　400 元
4.**禪—悟前與悟後**　平實導師著　上、下冊，每冊 250 元
5.**宗門法眼**—公案拈提 第二輯　平實導師著　500 元
（2007 年起，每冊附贈本公司精製公案拈提〈超意境〉CD 一片）
6.**楞伽經詳解**　平實導師著　全套共 10 輯　每輯 250 元
7.**宗門道眼**—公案拈提 第三輯　平實導師著　500 元
（2007 年起，每冊附贈本公司精製公案拈提〈超意境〉CD 一片）
8.**宗門血脈**—公案拈提 第四輯　平實導師著　500 元
（2007 年起，每冊附贈本公司精製公案拈提〈超意境〉CD 一片）
9.**宗通與說通**—成佛之道 平實導師著 主文 381 頁 全書 400 頁售價 300 元
10.**宗門正道**—公案拈提 第五輯　平實導師著　500 元
（2007 年起，每冊附贈本公司精製公案拈提〈超意境〉CD 一片）
11.**狂密與真密 一～四輯**　平實導師著　西藏密宗是人間最邪淫的宗教，本質不是佛教，只是披著佛教外衣的印度教性力派流毒的喇嘛教。此書中將西藏密宗密傳之男女雙身合修樂空雙運所有祕密與修法，毫無保留完全公開，並將全部喇嘛們所不知道的部分也一併公開。內容比大辣出版社喧騰一時的《西藏慾經》更詳細。並且函蓋藏密的所有祕密及其錯誤的中觀見、如來藏見……等，藏密的所有法義都在書中詳述、分析、辨正。
每輯主文三百餘頁　每輯全書約 400 頁　售價每輯 300 元
12.**宗門正義**—公案拈提 第六輯　平實導師著　500 元
（2007 年起，每冊附贈本公司精製公案拈提〈超意境〉CD 一片）
13.**心經密意**—心經與解脱道、佛菩提道、祖師公案之關係與密意　平實導師述　300 元
14.**宗門密意**—公案拈提 第七輯　平實導師著　500 元
（2007 年起，每冊附贈本公司精製公案拈提〈超意境〉CD 一片）
15.**淨土聖道**—兼評「選擇本願念佛」　正德老師著　200 元
16.**起信論講記**　平實導師述著　共六輯　每輯三百餘頁　售價各 250 元
17.**優婆塞戒經講記**　平實導師述著 共八輯 每輯三百餘頁 售價各 250 元
18.**真假活佛**—略論附佛外道盧勝彥之邪說（對前岳靈犀網站主張「盧勝彥是證悟者」之修正）　正犀居士（岳靈犀）著　流通價 140 元
19.**阿含正義**—唯識學探源　平實導師著　共七輯　每輯 300 元

20.**超意境** CD 以平實導師公案拈提書中超越意境之頌詞，加上曲風優美的旋律，錄成令人嚮往的超意境歌曲，其中包括正覺發願文及平實導師親自譜成的黃梅調歌曲一首。詞曲雋永，殊堪翫味，可供學禪者吟詠，有助於見道。內附設計精美的彩色小冊，解說每一首詞的背景本事。每片 280 元。【每購買公案拈提書籍一冊，即贈送一片。】

21.**菩薩底憂鬱** CD 將菩薩情懷及禪宗公案寫成新詞，並製作成超越意境的優美歌曲。 1.主題曲〈菩薩底憂鬱〉，描述地後菩薩能離三界生死而迴向繼續生在人間，但因尚未斷盡習氣種子而有極深沈之憂鬱，非三賢位菩薩及二乘聖者所知，此憂鬱在七地滿心位方才斷盡；本曲之詞中所說義理極深，昔來所未曾見；此曲係以優美的情歌風格寫詞及作曲，聞者得以激發嚮往諸地菩薩境界之大心，詞、曲都非常優美，難得一見；其中勝妙義理之解說，已印在附贈之彩色小冊中。 2.以各輯公案拈提中直示禪門入處之頌文，作成各種不同曲風之超意境歌曲，值得玩味、參究；聆聽公案拈提之優美歌曲時，請同時閱讀內附之印刷精美說明小冊，可以領會超越三界的證悟境界；未悟者可以因此引發求悟之意向及疑情，眞發菩提心而邁向求悟之途，乃至因此眞實悟入般若，成眞菩薩。 3.正覺總持咒新曲，總持佛法大意；總持咒之義理，已加以解說並印在隨附之小冊中。本 CD 共有十首歌曲，長達 63 分鐘。每盒各附贈二張購書優惠券。每片 280 元。

22.**禪意無限** CD 平實導師以公案拈提書中偈頌寫成不同風格曲子，與他人所寫不同風格曲子共同錄製出版，幫助參禪人進入禪門超越意識之境界。盒中附贈彩色印製的精美解說小冊，以供聆聽時閱讀，令參禪人得以發起參禪之疑情，即有機會證悟本來面目而發起實相智慧，實證大乘菩提般若，能如實證知般若經中的眞實意。本 CD 共有十首歌曲，長達 69 分鐘，每盒各附贈二張購書優惠券。每片 280 元。

23.**我的菩提路**第一輯　釋悟圓、釋善藏等人合著　售價 300 元

24.**我的菩提路**第二輯　郭正益等人合著　售價 300 元（停售，俟改版後另行發售）

25.**我的菩提路**第三輯　王美伶等人合著　售價 300 元

26.**我的菩提路**第四輯　陳晏平等人合著　售價 300 元

27.**我的菩提路**第五輯　林慈慧等人合著　售價 300 元

28.**我的菩提路**第六輯　劉惠莉等人合著　售價 300 元

29.**我的菩提路**第七輯　余正偉等人合著　售價 300 元

30.**鈍鳥與靈龜**—考證後代凡夫對大慧宗杲禪師的無根誹謗。

平實導師著 共 458 頁 售價 350 元

31.**維摩詰經講記** 平實導師述 共六輯 每輯三百餘頁 售價各 250 元

32.**真假外道**—破劉東亮、杜大威、釋證嚴常見外道見　正光老師著　200 元

33.**勝鬘經講記**—兼論印順《勝鬘經講記》對於《勝鬘經》之誤解。
平實導師述　共六輯　每輯三百餘頁　售價250元
34.**楞嚴經講記**　平實導師述　共**15**輯，每輯三百餘頁　售價300元
35.**明心與眼見佛性**—駁慧廣〈蕭氏「眼見佛性」與「明心」之非〉文中謬說
正光老師著　共448頁　售價300元
36.**見性與看話頭**　黃正倖老師　著，本書是禪宗參禪的方法論。
內文375頁，全書416頁，售價300元。
37.**達賴真面目**—玩盡天下女人　白正偉老師 等著　中英對照彩色精裝大本 800元
38.**喇嘛性世界**—揭開假藏傳佛教譚崔瑜伽的面紗　張善思 等人著　200元
39.**假藏傳佛教的神話**—性、謊言、喇嘛教　正玄教授編著　200元
40.**金剛經宗通**　平實導師述　共九輯　每輯售價250元。
41.**空行母**—性別、身分定位，以及藏傳佛教。
珍妮·坎貝爾著　呂艾倫 中譯　售價250元
42.**末代達賴**—性交教主的悲歌　張善思、呂艾倫、辛燕編著　售價250元
43.**霧峰無霧**—給哥哥的信　辨正釋印順對佛法的無量誤解
游宗明 老師著　售價250元
44.**霧峰無霧**—第二輯—救護佛子向正道　細說釋印順對佛法的各類誤解
游宗明 老師著　售價250元
45.**第七意識與第八意識？**—穿越時空「超意識」
平實導師述　每冊300元
46.**黯淡的達賴**—失去光彩的諾貝爾和平獎
正覺教育基金會編著　每冊250元
47.**童女迦葉考**—論呂凱文〈佛教輪迴思想的論述分析〉之謬。
平實導師 著　定價180元
48.**人間佛教**—實證者必定不悖三乘菩提
平實導師 述，定價400元
49.**實相經宗通**　平實導師述　共八輯　每輯250元
50.**真心告訴您(一)**—達賴喇嘛在幹什麼？
正覺教育基金會編著　售價250元
51.**中觀金鑑**—詳述應成派中觀的起源與其破法本質
孫正德老師著　分為上、中、下三冊，每冊250元
52.**藏傳佛教要義**—《狂密與真密》之簡體字版　平實導師 著 上、下冊
僅在大陸流通　每冊300元
53.**法華經講義**　平實導師述　共二十五輯　每輯300元
已於2015/05/31起開始出版，每二個月出版一輯
54.**西藏「活佛轉世」制度**—附佛、造神、世俗法
許正豐、張正玄老師合著　定價150元
55.**廣論三部曲**　郭正益老師著　定價150元

56.**真心告訴您(二)**—達賴喇嘛是佛教僧侶嗎？
—補祝達賴喇嘛八十大壽
正覺教育基金會編著　售價 300 元
57.**次法**—實證佛法前應有的條件
張善思居士著　分為上、下二冊，每冊 250 元
58.**涅槃**—解說四種涅槃之實證及內涵　平實導師著 上、下冊 各 350 元
59.**山法**—西藏關於他空與佛藏之根本論
篤補巴．喜饒堅贊著　　傑弗里．霍普金斯英譯
張火慶教授、呂艾倫老師中譯　精裝大本 1200 元
60.**佛藏經講義**　平實導師述　2019 年 7 月 31 日開始出版　共 21 輯
每二個月出版一輯，每輯 300 元。
61.**假鋒虛焰金剛乘**—揭示顯密正理，兼破索達吉師徒《般若鋒兮金剛焰》
釋正安法師著 簡體字版 即將出版 售價未定
62.**廣論之平議**—宗喀巴《菩提道次第廣論》之平議　正雄居士著
約二或三輯　俟正覺電子報連載後結集出版　書價未定
63.**大法鼓經講義**　平實導師講述　《佛藏經講義》出版後發行，每輯 300 元
64.**不退轉法輪經講義**　平實導師講述　《大法鼓經講義》出版後發行
65.**八識規矩頌**詳解　○○居士 註解　出版日期另訂　書價未定。
66.**中觀正義**—註解平實導師《中論正義頌》。
○○法師（居士）著　出版日期未定　書價未定
67.**中論正義**—釋龍樹菩薩《中論》頌正理。
孫正德老師著　出版日期未定　書價未定
68.**成唯識論釋**—詳解大唐玄奘菩薩所著的《成唯識論》，平實導師述著。總共十輯，於每講完一輯的分量以後即予出版，預計 2022 年十月出版第一輯，以後每七個月出版一輯，每輯 400 元。
69.**中國佛教史**—依中國佛教正法史實而論。 ○○老師 著　書價未定。
70.**印度佛教史**—法義與考證。依法義史實評論印順《印度佛教思想史、佛教史地考論》之謬說　正偉老師著　出版日期未定　書價未定
71.**阿含經講記**—將選錄四阿含中數部重要經典全經講解之，講後整理出版。
平實導師述　約二輯　每輯 300 元　出版日期未定
72.**實積經講記**　平實導師述　每輯三百餘頁 優惠價 300 元 出版日期未定
73.**解深密經講義**　平實導師述 約四輯　將於重講後整理出版
74.**修習止觀坐禪法要講記**　平實導師述　每輯三百餘頁
將於正覺寺建成後重講、以講記逐輯出版　出版日期未定
75.**無門關**—《無門關》公案拈提　平實導師著　出版日期未定
76.**中觀再論**—兼述印順《中觀今論》謬誤之平議。正光老師著 出版日期未定
77.**輪迴與超度**—佛教超度法會之真義。
○○法師（居士）著　出版日期未定　書價未定

78.**《釋摩訶衍論》平議**—對偽稱龍樹所造《釋摩訶衍論》之平議

○○法師（居士）著　出版日期未定　書價未定

79.**正覺發願文**註解—以真實大願為因 得證菩提

正德老師著　出版日期未定　書價未定

80.**正覺總持咒**—佛法之總持　正圜老師著　出版日期未定　書價未定

81.**三自性**—依四食、五蘊、十二因緣、十八界法，說三性三無性。

作者未定　出版日期未定

82.**道品**—從三自性說大小乘三十七道品　作者未定　出版日期未定

83.**大乘緣起觀**—依四聖諦七真如現觀十二緣起 作者未定　出版日期未定

84.**三德**—論解脫德、法身德、般若德。　作者未定　出版日期未定

85.**真假如來藏**—對印順《如來藏之研究》謬說之平議　作者未定 出版日期未定

86.**大乘道次第**　作者未定　出版日期未定　書價未定

87.**四緣**—依如來藏故有四緣。　作者未定　出版日期未定

88.**空之探究**—印順《空之探究》謬誤之平議　作者未定 出版日期未定

89.**十法義**—論阿含經中十法之正義　作者未定　出版日期未定

90.**外道見**—論述外道六十二見　作者未定　出版日期未定

正智出版社有限公司 書籍介紹

禪淨圓融：言淨土諸祖所未曾言，示諸宗祖師所未曾示；禪淨圓融，另闢成佛捷徑，兼顧自力他力，闡釋淨土門之速行易行道，亦同時揭櫫聖教門之速行易行道；令廣大淨土行者得免緩行難證之苦，亦令聖道門行者得以藉著淨土速行道而加快成佛之時劫。乃前無古人之超勝見地，非一般弘揚禪淨法門典籍也，先讀爲快。平實導師著 200元。

宗門正眼—公案拈提第一輯：繼承克勤圜悟大師碧巖錄宗旨之禪門鉅作。先則舉示當代大法師之邪說，消弭當代禪門大師鄉愿之心態，摧破當今禪門「世俗禪」之妄談；次則旁通教法，表顯宗門正理；繼以道之次第，消弭古今狂禪；後藉言語及文字機鋒，直示宗門入處。悲智雙運，禪味十足，數百年來難得一睹之禪門鉅著也。平實導師著 500元（原初版書《禪門摩尼寶聚》，改版後補充爲五百餘頁新書，總計多達二十四萬字，內容更精彩，並改名爲《宗門正眼》，讀者原購初版《禪門摩尼寶聚》皆可寄回本公司免費換新，免附回郵，亦無截止期限）（2007年起，凡購買公案拈提第一輯至第七輯，每購一輯皆贈送本公司精製公案拈提〈超意境〉CD一片，市售價格280元，多購多贈）。

禪—悟前與悟後：本書能建立學人悟道之信心與正確知見，圓滿具足而有次第地詳述禪悟之功夫與禪悟之內容，指陳參禪中細微淆訛之處，能使學人明自眞心、見自本性。若未能悟入，亦能以正確知見辨別古今中外一切大師究係眞悟？或屬錯悟？便有能力揀擇，捨名師而選明師，後時必有悟道之緣。一旦悟道，遲者七次人天往返，便出三界，速者一生取辦。學人欲求開悟者，不可不讀。平實導師著。上、下冊共500元，單冊250元。

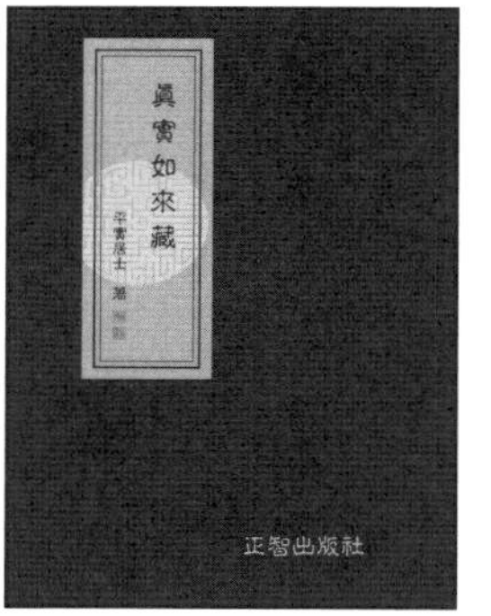

真實如來藏：如來藏眞實存在，乃宇宙萬有之本體，並非印順法師、達賴喇嘛等人所說之「唯有名相、無此心體」。如來藏是涅槃之本際，是一切有智之人竭盡心智、不斷探索而不能得之生命實相；是古今中外許多大師自以爲悟而當面錯過之生命實相。如來藏即是阿賴耶識，乃是一切有情本自具足、不生不滅之眞實心。當代中外大師於此書出版之前所未能言者，作者於本書中盡情流露、詳細闡釋。眞悟者讀之，必能增益悟境、智慧增上；錯悟者讀之，必能檢討自己之錯誤，免犯大妄語業；未悟者讀之，能知參禪之理路，亦能以之檢查一切名師是否眞悟。此書是一切哲學家、宗教家、學佛者及欲昇華心智之人必讀之鉅著。平實導師著　售價400元。

宗門法眼—公案拈提第二輯：列舉實例，闡釋土城廣欽老和尚之悟處；並直示這位不識字的老和尚妙智橫生之根由，繼而剖析禪宗歷代大德之開悟公案，解析當代密宗高僧卡盧仁波切之錯悟證據，並例舉當代顯宗高僧、大居士之錯悟證據（凡健在者，爲免影響其名聞利養，皆隱其名）。藉辨正當代名師之邪見，向廣大佛子指陳禪悟之正道，彰顯宗門法眼。悲勇兼出，強捋虎鬚；慈智雙運，巧探驪龍；摩尼寶珠在手，直示宗門入處，禪味十足；若非大悟徹底，不能爲之。禪門精奇人物，允宜人手一冊，供作參究及悟後印證之圭臬。本書於2008年4月改版，增寫爲大約500頁篇幅，以利學人研讀參究時更易悟入宗門正法，以前所購初版首刷及初版二刷舊書，皆可免費換取新書。平實導師著　500元（2007年起，凡購買公案拈提第一輯至第七輯，每購一輯皆贈送本公司精製公案拈提〈超意境〉CD一片，市售價格280元，多購多贈）。

宗門道眼—公案拈提第三輯：繼宗門法眼之後，再以金剛之作略、慈悲之胸懷、犀利之筆觸，舉示寒山、拾得、布袋三大士之悟處，消弭當代錯悟者對於寒山大士……等之誤會及誹謗。亦舉出民初以來與虛雲和尚齊名之蜀郡鹽亭袁煥仙夫子——南懷瑾老師之師，其「悟處」何在？並蒐羅許多眞悟祖師之證悟公案，顯示禪宗歷代祖師之睿智，指陳部分祖師、奧修及當代顯密大師之謬悟，作爲殷鑑，幫助禪子建立及修正參禪之方向及知見。假使讀者閱此書已，一時尚未能悟，亦可一面加功用行，一面以此宗門道眼辨別眞假善知識，避開錯誤之印證及歧路，可免大妄語業之長劫慘痛果報。欲修禪宗之禪者，務請細讀。平實導師著　售價500元（2007年起，凡購買公案拈提第一輯至第七輯，每購一輯皆贈送本公司精製公案拈提〈超意境〉CD一片，市售價格280元，多購多贈）。

楞伽經詳解：本經是禪宗見道者印證所悟眞僞之根本經典，亦是禪宗見道者悟後起修之依據經典；故達摩祖師於印證二祖慧可大師之後，將此經典連同佛缽祖衣一併交付二祖，令其依此經典佛示金言、進入修道位，修學一切種智。由此可知此經對於眞悟之人修學佛道，是非常重要之一部經典。此經能破外道邪說，亦破佛門中錯悟名師之謬說，亦破禪宗部分祖師之狂禪：不讀經典、一向主張「一悟即成究竟佛」之謬執。並開示愚夫所行禪、觀察義禪、攀緣如禪、如來禪等差別，令行者對於三乘禪法差異有所分辨；亦糾正禪宗祖師古來對於如來禪之誤解，嗣後可免以訛傳訛之弊。此經亦是法相唯識宗之根本經典，禪者悟後欲修一切種智而入初地者，必須詳讀。平實導師著，全套共十輯，已全部出版完畢，每輯主文約320頁，每冊約352頁，定價250元。

宗門血脈—公案拈提第四輯：末法怪象—許多修行人自以爲悟，每將無念靈知認作眞實；崇尙二乘法諸師及其徒眾，則將外於如來藏之緣起性空—無因論之無常空、斷滅空、一切法空—錯認爲 佛所說之般若空性。這兩種現象已於當今海峽兩岸及美加地區顯密大師之中普遍存在；人人自以爲悟，心高氣壯，便敢寫書解釋祖師證悟之公案，大多出於意識思惟所得，言不及義，錯誤百出，因此誤導廣大佛子同陷大妄語之地獄業中而不能自知。彼等書中所說之悟處，其實處處違背第一義經典之聖言量。彼等諸人不論是否身披袈裟，都非佛法宗門血脈，或雖有禪宗法脈之傳承，亦只徒具形式；猶如螟蛉，非眞血脈，未悟得根本眞實故。禪子欲知 佛、祖之眞血脈者，請讀此書，便知分曉。平實導師著，主文452頁，全書464頁，定價500元（2007年起，凡購買公案拈提第一輯至第七輯，每購一輯皆贈送本公司精製公案拈提〈超意境〉CD一片，市售價格280元，多購多贈）。

宗通與說通：古今中外，錯誤之人如麻似粟，每以常見外道所說之靈知心，認作眞心；或妄想虛空之勝性能量爲眞如，或錯認物質四大元素藉冥性（靈知心本體）能成就吾人色身及知覺，或認初禪至四禪中之了知心爲不生不滅之涅槃心。此等皆非通宗者之見地。復有錯悟之人一向主張「宗門與教門不相干」，此即尙未通達宗門之人也。其實宗門與教門互通不二，宗門所證者乃是眞如與佛性，教門所說者乃說宗門證悟之眞如佛性，故教門與宗門不二。本書作者以宗教二門互通之見地，細說「宗通與說通」，從初見道至悟後起修之道、細說分明；並將諸宗諸派在整體佛教中之地位與次第，加以明確之教判，學人讀之即可了知佛法之梗概也。欲擇明師學法之前，允宜先讀。平實導師著，主文共381頁，全書392頁，只售成本價300元。

宗門正道—**公案拈提**第**五**輯：修學大乘佛法有二果須證—解脫果及大菩提果。二乘人不證大菩提果，唯證解脫果；此果之智慧，名爲聲聞菩提、緣覺菩提。大乘佛子所證二果之菩提果爲佛菩提，故名大菩提果，其慧名爲一切種智—函蓋二乘解脫果。然此大乘二果修證，須經由禪宗之宗門證悟方能相應。而宗門證悟極難，自古已然；其所以難者，咎在古今佛教界普遍存在三種邪見：1.以修定認作佛法，2.以無因論之緣起性空—否定涅槃本際如來藏以後之一切法空作爲佛法，3.以常見外道邪見（離語言妄念之靈知性）作爲佛法。如是邪見，或因自身正見未立所致，或因邪師之邪教導所致，或因無始劫來虛妄熏習所致。若不破除此三種邪見，永劫不悟宗門眞義、不入大乘正道，唯能外門廣修菩薩行。平實導師於此書中，有極爲詳細之說明，有志佛子欲摧邪見、入於內門修菩薩行者，當閱此書。主文共496頁，全書512頁。售價500元（2007年起，凡購買公案拈提第一輯至第七輯，每購一輯皆贈送本公司精製公案拈提〈超意境〉CD一片，市售價格280元，多購多贈）。

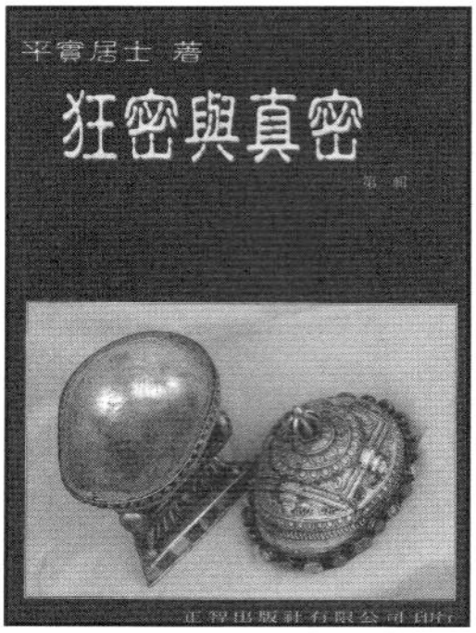

狂密與眞密：密教之修學，皆由有相之觀行法門而入，其最終目標仍不離顯教經典所說第一義諦之修證；若離顯教第一義經典、或違背顯教第一義經典，即非佛教。西藏密教之觀行法，如灌頂、觀想、遷識法、寶瓶氣、大聖歡喜雙身修法、喜金剛、無上瑜伽、大樂光明、樂空雙運等，皆是印度教**兩性生生不息**思想之轉化，**自始至終皆以如何能運用交合淫樂之法達到全身受樂**爲其中心思想，純屬欲界五欲的貪愛，不能令人超出欲界輪迴，更不能令人斷除我見；何況大乘之明心與見性，更無論矣！故密宗之法絕非佛法也。而其明光大手印、大圓滿法教，又皆同以常見外道所說**離語言妄念之無念靈知心**錯認爲佛地之眞如，不能直指不生不滅之眞如。西藏密宗所有法王與徒眾，都尚未開頂門眼，不能辨別眞僞，以**依人不依法、依密續不依經典**故，不肯將其上師喇嘛所說對照第一義經典，純依密續之藏密祖師所說爲準，因此而誇大其證德與證量，動輒謂彼祖師上師爲究竟佛、爲地上菩薩；如今台海兩岸亦有自謂其師證量高於 釋迦文佛者，然觀其師所述，猶未見道，仍在觀行即佛階段，尚未到禪宗相似即佛、分證即佛階位，竟敢標榜爲究竟佛及地上法王，誑惑初機學人。凡此怪象皆是狂密，不同於眞密之修行者。近年狂密盛行，密宗行者被誤導者極眾，動輒自謂已證佛地眞如，自視爲究竟佛，陷於大妄語業中而不知自省，反謗顯宗眞修實證者之證量粗淺；或如義雲高與釋性圓…等人，於報紙上公然誹謗眞實證道者爲「騙子、無道人、人妖、癩蛤蟆…」等，造下誹謗大乘勝義僧之大惡業；或以外道法中有爲有作之甘露、魔術……等法，誑騙初機學人，狂言彼外道法爲眞佛法。如是怪象，在西藏密宗及附藏密之外道中，不一而足，舉之不盡，學人宜應愼思明辨，以免上當後又犯毀破菩薩戒之重罪。密宗學人若欲遠離邪知邪見者，請閱此書，即能了知密宗之邪謬，從此遠離邪見與邪修，轉入眞正之佛道。 平實導師著 共四輯 每輯約400頁（主文約340頁）每輯售價300元。

宗門正義—**公案拈提**第六輯：佛教有六大危機，乃是藏密化、世俗化、膚淺化、學術化、宗門密意失傳、悟後進修諸地之次第混淆；其中尤以宗門密意之失傳，爲當代佛教最大之危機。由宗門密意失傳故，易令 世尊本懷普被錯解，易令 世尊正法被轉易爲外道法，以及加以淺化、世俗化，是故宗門密意之廣泛弘傳與具緣佛弟子，極爲重要。然而欲令宗門密意之廣泛弘傳予具緣之佛弟子者，必須同時配合錯誤知見之解析、普令佛弟子知之，然後輔以公案解析之直示入處，方能令具緣之佛弟子悟入。而此二者，皆須以公案拈提之方式爲之，方易成其功、竟其業，是故平實導師續作宗門正義一書，以利學人。　全書500餘頁，售價500元（2007年起，凡購買公案拈提第一輯至第七輯，每購一輯皆贈送本公司精製公案拈提〈超意境〉CD一片，市售價格280元，多購多贈）。

心經密意—心經與解脫道、佛菩提道、祖師公案之關係與密意。二乘菩提所證之解脫道，實依第八識心之斷除煩惱障現行而立解脫之名；大乘菩提所證之佛菩提道，實依親證第八識如來藏之涅槃性、清淨自性、及其中道性而立般若之名；禪宗祖師公案所證之眞心，即是此第八識如來藏；是故三乘佛法所修所證之三乘菩提，皆依此如來藏心而立名也。此第八識心，即是《心經》所說之心也。證得此如來藏已，即能漸入大乘佛菩提道，亦可因證知此心而了知二乘無學所不能知之無餘涅槃本際，是故《心經》之密意，與三乘佛菩提之關係極爲密切、不可分割，三乘佛法皆依此心而立名故。今者平實導師以其所證解脫道之無生智及佛菩提之般若種智，將《心經》與解脫道、佛菩提道、祖師公案之關係與密意，以演講之方式，用淺顯之語句和盤托出，發前人所未言，呈三乘菩提之眞義，令人藉此《心經密意》一舉而窺三乘菩提之堂奧，迴異諸方言不及義之說；欲求眞實佛智者、不可不讀！主文317頁，連同跋文及序文…等共384頁，售價300元。

宗門密意—**公案拈提**第七輯：佛教之世俗化，將導致學人以信仰作爲學佛，則將以感應及世間法之庇祐，作爲學佛之主要目標，不能了知學佛之主要目標爲親證三乘菩提。大乘菩提則以般若實相智慧爲主要修習目標，以二乘菩提解脫道爲附帶修習之標的；是故學習大乘法者，應以禪宗之證悟爲要務，能親入大乘菩提之實相般若智慧中故，般若實相智慧非二乘聖人所能知故。此書則以台灣世俗化佛教之三大法師，說法似是而非之實例，配合眞悟祖師之公案解析，提示證悟般若之關節，令學人易得悟入。平實導師著，全書五百餘頁，售價500元（2007年起，凡購買公案拈提第一輯至第七輯，每購一輯皆贈送本公司精製公案拈提〈超意境〉CD一片，市售價格280元，多購多贈）。

淨土聖道—兼評日本本願念佛：佛法甚深極廣，般若玄微，非諸二乘聖僧所能知之，一切凡夫更無論矣！所謂一切證量皆歸淨土是也！是故大乘法中「聖道之淨土、淨土之聖道」，其義甚深，難可了知；乃至眞悟之人，初心亦難知也。今有正德老師眞實證悟後，復能深探淨土與聖道之緊密關係，憐憫眾生之誤會淨土實義，亦欲利益廣大淨土行人同入聖道，同獲淨土中之聖道門要義，乃振奮心神、書以成文，今得刊行天下。主文279頁，連同序文等共301頁，總有十一萬六千餘字，正德老師著，成本價200元。

起信論講記：詳解大乘起信論**心生滅門**與**心眞如門**之眞實意旨，消除以往大師與學人對起信論所說**心生滅門**之誤解，由是而得了知眞心如來藏之非常非斷中道正理；亦因此一講解，令此論以往隱晦而被誤解之眞實義，得以如實顯示，令大乘佛菩提道之正理得以顯揚光大；初機學者亦可藉此正論所顯示之法義，對大乘法理生起正信，從此得以眞發菩提心，眞入大乘法中修學，世世常修菩薩正行。平實導師演述，共六輯，都已出版，每輯三百餘頁，售價各250元。

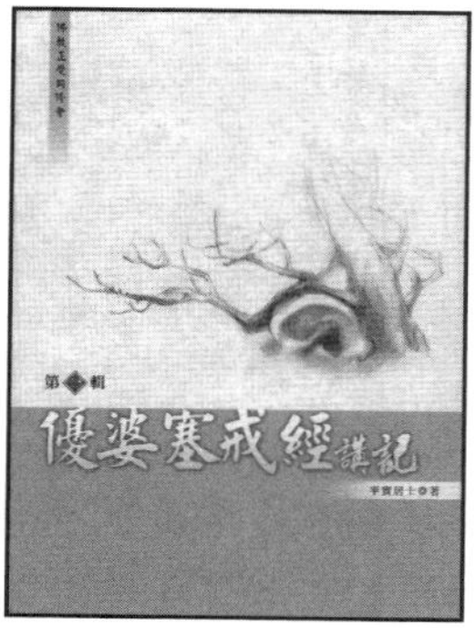

優婆塞戒經講記：本經詳述在家菩薩修學大乘佛法，應如何受持菩薩戒？對人間善行應如何看待？對三寶應如何護持？應如何正確地修集此世後世證法之福德？應如何修集後世「行菩薩道之資糧」？並詳述第一義諦之正義：五蘊非我非異我、自作自受、異作異受、不作不受……等深妙法義，乃是修學大乘佛法、行菩薩行之在家菩薩所應當了知者。出家菩薩今世或未來世登地已，捨報之後多數將如華嚴經中諸大菩薩，以在家菩薩身而修行菩薩行，故亦應以此經所述正理而修之，配合《楞伽經、解深密經、楞嚴經、華嚴經》等道次第正理，方得漸次成就佛道；故此經是一切大乘行者皆應證知之正法。平實導師講述，每輯三百餘頁，售價各250元；共八輯，已全部出版。

真假活佛——略論附佛外道盧勝彥之邪說：人人身中都有眞活佛，永生不滅而有大神用，但眾生都不了知，所以常被身外的西藏密宗假活佛籠罩欺瞞。本來就眞實存在的眞活佛，才是眞正的密宗無上密！諾那活佛因此而說禪宗是大密宗，但藏密的所有活佛都不知道、也不曾實證自身中的眞活佛。本書詳實宣示眞活佛的道理，舉證盧勝彥的「佛法」不是眞佛法，也顯示盧勝彥是假活佛，直接的闡釋第一義佛法見道的眞實正理。眞佛宗的所有上師與學人們，都應該詳細閱讀，包括盧勝彥個人在內。正犀居士著，優惠價140元。

阿含正義——唯識學探源：廣說四大部《阿含經》諸經中隱說之眞正義理，一一舉示佛陀本懷，令阿含時期初轉法輪根本經典之眞義，如實顯現於佛子眼前。並提示末法大師對於阿含眞義誤解之實例，一一比對之，證實唯識增上慧學確於原始佛法之阿含諸經中已隱覆密意而略說之，證實世尊確於原始佛法中已曾密意而說第八識如來藏之總相；亦證實世尊在四阿含中已說此藏識是名色十八界之因、之本—證明如來藏是能生萬法之根本心。佛子可據此修正以往受諸大師（譬如西藏密宗應成派中觀師：印順、昭慧、性廣、大願、達賴、宗喀巴、寂天、月稱、……等人）誤導之邪見，建立正見，轉入正道乃至親證初果而無困難；書中並詳說三果所證的**心解脫**，以及四果**慧解脫**的親證，都是如實可行的具體知見與行門。全書共七輯，已出版完畢。平實導師著，每輯三百餘頁，售價300元。

超意境CD：以平實導師公案拈提書中超越意境之頌詞，加上曲風優美的旋律，錄成令人嚮往的超意境歌曲，其中包括正覺發願文及平實導師親自譜成的黃梅調歌曲一首。詞曲雋永，殊堪翫味，可供學禪者吟詠，有助於見道。內附設計精美的彩色小冊，解說每一首詞的背景本事。每片280元。【每購買公案拈提書籍一冊，即贈送一片。】

鈍鳥與靈龜：鈍鳥及靈龜二物，被宗門證悟者說為二種人：前者是精修禪定而無智慧者，也是以定為禪的愚癡禪人；後者是或有禪定、或無禪定的宗門證悟者，凡已證悟者皆是靈龜。但後者被人虛造事實，用以嘲笑大慧宗杲禪師，說他雖是靈龜，卻不免被天童禪師預記「患背」痛苦而亡：「**鈍鳥離巢易，靈龜脫殼難**。」藉以貶低大慧宗杲的證量；同時又將天童禪師實證如來藏的證量，曲解為意識境界的離念靈知。自從大慧禪師入滅以後，錯悟凡夫對他的不實毀謗就一直存在著，不曾止息，並且捏造的假事實也隨著年月的增加而越來越多，終至編成「鈍鳥與靈龜」的假公案、假故事。本書是考證大慧與天童之間的不朽情誼，顯現這件假公案的虛妄不實；更見大慧宗杲面對惡勢力時的正直不阿，亦顯示大慧對天童禪師的至情深義，將使後人對大慧宗杲的誣謗至此而止，不再有人誤犯毀謗賢聖的惡業。書中亦舉出大慧與天童二師的證悟內容，證明宗門的所悟確以第八識如來藏為標的，詳讀之後必可改正以前被錯悟大師誤導的參禪知見，日後必定有助於實證禪宗的開悟境界，得階大乘真見道位中，即是實證般若之賢聖。全書459頁，售價350元。

菩薩底憂鬱CD將菩薩情懷及禪宗公案寫成新詞，並製作成超越意境的優美歌曲。1.主題曲〈菩薩底憂鬱〉，描述地後菩薩能離三界生死而迴向繼續生在人間，但因尚未斷盡習氣種子而有極深沈之憂鬱，非三賢位菩薩及二乘聖者所知，此憂鬱在七地滿心位方才斷盡；本曲之詞中所說義理極深，昔來所未曾見；此曲係以優美的情歌風格寫詞及作曲，聞者得以激發嚮往諸地菩薩境界之大心，詞、曲都非常優美，難得一見；其中勝妙義理之解說，已印在附贈之彩色小冊中。2.以各輯公案拈提中直示禪門入處之頌文，作成各種不同曲風之超意境歌曲，值得玩味、參究；聆聽公案拈提之優美歌曲時，請同時閱讀內附之印刷精美說明小冊，可以領會超越三界的證悟境界；未悟者可以因此引發求悟之意向及疑情，真發菩提心而邁向求悟之途，乃至因此真實悟入般若，成真菩薩。3.正覺總持咒新曲，總持佛法大意；總持咒之義理，已加以解說並印在隨附之小冊中。本CD共有十首歌曲，長達63分鐘，附贈二張購書優惠券。每片280元。

我的菩提路第一輯：凡夫及二乘聖人不能實證的佛菩提證悟，末法時代的今天仍然有人能得實證，由正覺同修會釋悟圓、釋善藏法師等二十餘位實證如來藏者所寫的見道報告，已爲當代學人見證宗門正法之絲縷不絕，證明大乘義學的法脈仍然存在，爲末法時代求悟般若之學人照耀出光明的坦途。由二十餘位大乘見道者所繕，敘述各種不同的學法、見道因緣與過程，參禪求悟者必讀。全書三百餘頁，售價300元。

我的菩提路第二輯：由郭正益老師等人合著，書中詳述彼等諸人歷經各處道場學法，一一修學而加以檢擇之不同過程以後，因閱讀正覺同修會、正智出版社書籍而發起抉擇分，轉入正覺同修會中修學；乃至學法及見道之過程，都一一詳述之。其中張志成等人係由前現代禪轉進正覺同修會，張志成原爲現代禪副宗長，以前未閱本會書籍時，曾被人藉其名義著文評論 平實導師（詳見《宗通與說通》辨正及《眼見佛性》書末附錄…等）；後因偶然接觸正覺同修會書籍，深覺以前聽人評論平實導師之語不實，於是投入極多時間閱讀本會書籍、深入思辨，詳細探索中觀與唯識之關聯與異同，認爲正覺之法義方是正法，深覺相應；亦解開多年來對佛法的迷雲，確定應依八識論正理修學方是正法。乃不顧面子，毅然前往正覺同修會面見平實導師懺悔，並正式學法求悟。今已與其同修王美伶（亦爲前現代禪傳法老師），同樣證悟如來藏而證得法界實相，生起實相般若眞智。此書中尚有七年來本會第一位眼見佛性者之見性報告一篇，一同供養大乘佛弟子。全書四百頁，售價300元。

我的菩提路第三輯：由王美伶老師等人合著。自從正覺同修會成立以來，每年夏初、冬初都舉辦精進禪三共修，藉以助益會中同修們得以證悟明心發起般若實相智慧；凡已實證而被平實導師印證者，皆書具見道報告用以證明佛法之眞實可證而非玄學，證明佛法並非純屬思想、理論而無實質，是故每年都能有人證明正覺同修會的「實證佛教」主張並非虛語。特別是眼見佛性一法，自古以來中國禪宗祖師實證者極寡，較之明心開悟的證境更難令人信受；至2017年初，正覺同修會中的證悟明心者已近五百人，然而其中眼見佛性者至今唯十餘人爾，可謂難能可貴，是故明心後欲冀眼見佛性者實屬不易。黃正倖老師是懸絕七年無人見性後的第一人，她於2009年的見性報告刊於本書的第二輯中，爲大眾證明佛性確實可以眼見；其後七年之中求見性者都屬解悟佛性而無人眼見，幸而又經七年後的2016冬初，以及2017夏初的禪三，復有三人眼見佛性，希冀鼓舞四眾佛子求見佛性之大心，今則具載一則於書末，顯示求見佛性之事實經歷，供養現代佛教界欲得見性之四眾弟子。全書四百頁，售價300元，已於2017年6月30日發行。

我的菩提路第四輯：由陳晏平等人著。中國禪宗祖師往往有所謂「見性」之言，所言多屬看見如來藏具有能令人發起成佛之自性，並非《大般涅槃經》中如來所說之眼見佛性。眼見佛性者，於親見佛性之時，即能於山河大地眼見自己佛性，亦能於他人身上眼見自己佛性及對方之佛性，如是境界無法爲尚未實證者解釋；勉強說之，縱使眞實明心證悟之人聞之，亦只能以自身明心之境界想像之，但不論如何想像多屬非量，能有正確之比量者亦是稀有，故說眼見佛性極爲困難。眼見佛性之人若所見極分明時，在所見佛性之境界下所眼見之山河大地、自己五蘊身心皆是虛幻，自有異於明心者之解脫功德受用，此後永不思證二乘涅槃，必定邁向成佛之道而進入第十住位中，已超第一阿僧祇劫三分有一，可謂之爲超劫精進也。今又有明心之後眼見佛性之人出於人間，將其明心及後來見性之報告，連同其餘證悟明心者之精彩報告一同收錄於此書中，供養眞求佛法實證之四眾佛子。全書380頁，售價300元，已於2018年6月30日發行。

我的菩提路第五輯：林慈慧老師等人著，本輯中所舉學人從相似正法中來到正覺同修會的過程，各人都有不同，發生的因緣亦是各有差別，然而都會指向同一個目標——證實生命實相的源底，確證自己生從何來、死往何去的事實，所以最後都證明佛法眞實而可親證，絕非玄學；本書將彼等諸人的始修及末後證悟之實例，羅列出來以供學人參考。本期亦有一位會裡的老師，是從1995年即開始追隨 平實導師修學，1997年明心後持續進修不斷，直到2017年眼見佛性之實例，足可證明《大般涅槃經》中世尊開示眼見佛性之法正眞無訛，第十住位的實證在末法時代的今天仍有可能，如今一併具載於書中以供學人參考，並供養現代佛教界欲得見性之四眾弟子。全書四百頁，售價300元，已於2019年12月31日發行。

我的菩提路第六輯：劉惠莉老師等人著，本輯中舉示劉老師明心多年以後的眼見佛性實錄，供末法時代學人了知明心之異於見性本質，足可證明《大般涅槃經》中世尊開示眼見佛性之法正眞無訛。亦列舉多篇學人從各道場來到正覺學法之不同過程，以及如何發覺邪見之異於正法的所在，最後終能在正覺禪三中悟入的實況，以證明佛教正法仍在末法時代的人間繼續弘揚的事實，鼓舞一切眞實學法的菩薩大眾思之：我等諸人亦可有因緣證悟，絕非空想白思。約四百頁，售價300元，已於2020年6月30日發行。

勝鬘經講記：如來藏爲三乘菩提之所依，若離如來藏心體及其含藏之一切種子，即無三界有情及一切世間法，亦無二乘菩提緣起性空之出世間法；本經詳說無始無明、一念無明皆依如來藏而有之正理，藉著詳解煩惱障與所知障間之關係，令學人深入了知二乘菩提與佛菩提相異之妙理；聞後即可了知佛菩提之特勝處及三乘修道之方向與原理，邁向攝受正法而速成佛道的境界中。平實導師講述，共六輯，每輯三百餘頁，售價各250元。

禪意無限CD平實導師以公案拈提書中偈頌寫成不同風格曲子，與他人所寫不同風格曲子共同錄製出版，幫助參禪人進入禪門超越意識之境界。盒中附贈彩色印製的精美解說小冊，以供聆聽時閱讀，令參禪人得以發起參禪之疑情，即有機會證悟本來面目，實證大乘菩提般若。本CD共有十首歌曲，長達69分鐘，每盒各附贈二張購書優惠券。每片280元。

明心與眼見佛性：本書細述明心與眼見佛性之異同，同時顯示了中國禪宗破初參明心與重關眼見佛性二關之間的關聯；書中又藉法義辨正而旁述其他許多勝妙法義，讀後必能遠離佛門長久以來積非成是的錯誤知見，令讀者在佛法的實證上有極大助益。也藉慧廣法師的謬論來教導佛門學人回歸正知正見，遠離古今禪門錯悟者所墮的意識境界，非唯有助於斷我見，也對未來的開悟明心實證第八識如來藏有所助益，是故學禪者都應細讀之。游正光老師著　共448頁　售價300元

見性與看話頭：黃正倖老師的《見性與看話頭》於《正覺電子報》連載完畢，今結集出版。書中詳說禪宗看話頭的詳細方法，並細說看話頭與眼見佛性的關係，以及眼見佛性者求見佛性前必須具備的條件。本書是禪宗實修者追求明心開悟時參禪的方法書，也是求見佛性者作功夫時必讀的方法書，內容兼顧眼見佛性的理論與實修之方法，是依實修之體驗配合理論而詳述，條理分明而且極爲詳實、周全、深入。本書內文375頁，全書416頁，售價300元。

維摩詰經講記：本經係 世尊在世時，由等覺菩薩維摩詰居士藉疾病而演說之大乘菩提無上妙義，所說函蓋甚廣，然極簡略，是故今時諸方大師與學人讀之悉皆錯解，何況能知其中隱含之深妙正義，是故普遍無法爲人解說；若強爲人說，則成依文解義而有諸多過失。今由平實導師公開宣講之後，詳實解釋其中密意，令維摩詰菩薩所說大乘不可思議解脫之深妙正法得以正確宣流於人間，利益當代學人及與諸方大師。書中詳實演述大乘佛法深妙不共二乘之智慧境界，顯示諸法之中絕待之實相境界，建立大乘菩薩妙道於永遠不敗不壞之地，以此成就護法偉功，欲冀永利娑婆人天。已經宣講圓滿整理成書流通，以利諸方大師及諸學人。全書共六輯，每輯三百餘頁，售價各250元。

金剛經宗通：三界唯心，萬法唯識，是成佛之修證內容，是諸地菩薩之所修；般若則是成佛之道（實證三界唯心、萬法唯識）的入門，若未證悟實相般若，即無成佛之可能，必將永在外門廣行菩薩六度，永在凡夫位中。然而實相般若的發起，全賴實證萬法的實相；若欲證知萬法的眞相，則必須探究萬法之所從來，則須實證自心如來—金剛心如來藏，然後現觀這個金剛心的金剛性、眞實性、如如性、清淨性、涅槃性、能生萬法的自性性、本住性，名爲證眞如；進而現觀三界六道唯是此金剛心所成，人間萬法須藉八識心王和合運作方能現起。如是實證《華嚴經》的「三界唯心、萬法唯識」以後，由此等現觀而發起實相般若智慧，繼續進修第十住位的如幻觀、第十行位的陽焰觀、第十迴向位的如夢觀，再生起增上意樂而勇發十無盡願，方能滿足三賢位的實證，轉入初地；自知成佛之道而無偏倚，從此按部就班、次第進修乃至成佛。第八識自心如來是般若智慧之所依，般若智慧的修證則要從實證金剛心自心如來開始；《金剛經》則是解說自心如來之經典，是一切三賢位菩薩所應進修之實相般若經典。這一套書，是將平實導師宣講的《金剛經宗通》內容，整理成文字而流通之；書中所說義理，迥異古今諸家依文解義之說，指出大乘見道方向與理路，有益於禪宗學人求開悟見道，及轉入內門廣修六度萬行。已於2013年9月出版完畢，總共9輯，每輯約三百餘頁，售價各250元。

真假外道：本書具體舉證佛門中的常見外道知見實例，並加以教證及理證上的辨正，幫助讀者輕鬆而快速的了知常見外道的錯誤知見，進而遠離佛門內外的常見外道知見，因此即能改正修學方向而快速實證佛法。游正光老師著。成本價200元。

空行母—性別、身分定位，以及藏傳佛教　本書作者爲蘇格蘭哲學家，因爲嚮往佛教深妙的哲學內涵，於是進入當年盛行於歐美的假藏傳佛教密宗，擔任卡盧仁波切的翻譯工作多年以後，被邀請成爲卡盧的空行母（又名佛母、明妃），開始了她在密宗裡的實修過程；後來發覺在密宗雙身法中的修行，其實無法使自己成佛，也發覺密宗對女性岐視而處處貶抑，並剝奪女性在雙身法中擔任一半角色時應有的身分定位。當她發覺自己只是雙身法中被喇嘛利用的工具，沒有獲得絲毫應有的尊重與基本定位時，發現了密宗的父權社會控制女性的本質；於是作者傷心地離開了卡盧仁波切與密宗，但是卻被恐嚇不許講出她在密宗裡的經歷，也不許她說出自己對密宗的教義與教制下對女性剝削的本質，否則將被咒殺死亡。後來她去加拿大定居，十餘年後方才擺脫這個恐嚇陰影，下定決心將親身經歷的實情及觀察到的事實寫下來並且出版，公諸於世。出版之後，她被流亡的達賴集團人士大力攻訐，誣指她爲精神狀態失常、說謊……等。但有智之士並未被達賴集團的政治操作及各國政府政治運作吹捧達賴的表相所欺，使她的書銷售無阻而又再版。正智出版社鑑於作者此書是親身經歷的事實，所說具有針對「**藏傳佛教**」而作學術研究的價值，也有使人認清假藏傳佛教剝削佛母、明妃的男性本位實質，因此洽請作者同意中譯而出版於華人地區。珍妮·坎貝爾女士著，呂艾倫中譯，每冊250元。

假藏傳佛教的神話—性、謊言、喇嘛教　本書編著者是由一首名為「阿姊鼓」的歌曲為緣起，展開了序幕，揭開假藏傳佛教—喇嘛教—的神秘面紗。其重點是蒐集、摘錄網路上質疑「喇嘛教」的帖子，以揭穿「假藏傳佛教的神話」為主題，串聯成書，並附加彩色插圖以及說明，讓讀者們瞭解西藏密宗及相關人事如何被操作為「神話」的過程，以及神話背後的眞相。作者：張正玄教授。售價200元。

霧峰無霧—給哥哥的信　本書作者藉兄弟之間信件往來論義，略述佛法大義；並以多篇短文辨義，舉出釋印順對佛法的無量誤解證據，並一一給予簡單而清晰的辨正，令人一讀即知。久讀、多讀之後即能認清楚釋印順的六識論見解，與眞實佛法之牴觸是多麼嚴重；於是在久讀、多讀之後，於不知不覺之間提升了對佛法的極深入理解，正知正見就在不知不覺間建立起來了。當三乘佛法的正知見建立起來之後，對於三乘菩提的見道條件便將隨之具足，於是聲聞解脫道的見道也就水到渠成；接著大乘見道的因緣也將次第成熟，未來自然也會有親見大乘菩提之道的因緣，悟入大乘實相般若也將自然成功，自能通達般若系列諸經而成實義菩薩。作者居住於南投縣霧峰鄉，自喻見道之後不復再見霧峰之霧，故鄉原野美景一一明見，於是立此書名為《霧峰無霧》；讀者若欲撥霧見月，可以此書為緣。游宗明　老師著　已於2015年出版　售價250元。

霧峰無霧—第二輯—救護佛子向正道　本書作者藉釋印順著作中之各種錯謬法義提出辨正，以詳實的文義一一提出理論上及實證上之解析，列舉釋印順對佛法的無量誤解證據，藉此教導佛門大師與學人釐清佛法義理，遠離岐途轉入正道，然後知所進修，久之便能見道明心而入大乘勝義僧數。被釋印順誤導的大師與學人極多，很難救轉，是故作者大發悲心深入解說其錯謬之所在，佐以各種義理辨正而令讀者在不知不覺之間轉歸正道。如是久讀之後欲得斷身見、證初果，即不為難事；乃至久之亦得大乘見道而得證眞如，脫離空有二邊而住中道，實相般若智慧生起，於佛法不再茫然，漸漸亦知悟後進修之道。屆此之時，對於大乘般若等深妙法之迷雲暗霧亦將一掃而空，生命及宇宙萬物之故鄉原野美景一一明見，是故本書仍名《霧峰無霧》，為第二輯；讀者若欲撥雲見日、離霧見月，可以此書為緣。游宗明　老師著　已於2019年出版　售價250元。

達賴真面目—玩盡天下女人：假使您不想戴綠帽子，請記得詳細閱讀此書；假使您不想讓好朋友戴綠帽子，請您將此書介紹給您的好朋友。假使您想保護家中的女性，也想要保護好朋友的女眷，請記得將此書送給家中的女性和好友的女眷都來閱讀。本書爲印刷精美的大本彩色中英對照精裝本，爲您揭開達賴喇嘛的眞面目，內容精彩不容錯過，爲利益社會大眾，特別以優惠價格嘉惠所有讀者。編著者：白志偉等。大開版雪銅紙彩色精裝本。售價800元。

喇嘛性世界—揭開假藏傳佛教譚崔瑜伽的面紗：這個世界中的喇嘛，號稱來自世外桃源的香格里拉，穿著或紅或黃的喇嘛長袍，散布於我們的身邊傳教灌頂，吸引了無數的人嚮往學習；這些喇嘛虔誠地爲大眾祈福，手中拿著寶杵（金剛）與寶鈴（蓮花），口中唸著咒語：「唵‧嘛呢‧叭咪‧吽……」，咒語的意思是說：「我至誠歸命金剛杵上的寶珠伸向蓮花寶穴之中」！「喇嘛性世界」是什麼樣的「世界」呢？本書將爲您呈現喇嘛世界的面貌。當您發現眞相以後，您將會唸：「噢！喇嘛‧性‧世界，譚崔性交嘛！」作者：張善思、呂艾倫。售價200元。

末代達賴—性交教主的悲歌：簡介從藏傳僞佛教（喇嘛教）的修行核心—性力派男女雙修，探討達賴喇嘛及藏傳僞佛教的修行內涵。書中引用外國知名學者著作、世界各地新聞報導，包含：歷代達賴喇嘛的祕史、達賴六世修雙身法的事蹟，以及《時輪續》中的性交灌頂儀式……等；達賴喇嘛書中開示的雙修法、達賴喇嘛的黑暗政治手段；達賴喇嘛所領導的寺院爆發喇嘛性侵兒童；新聞報導《西藏生死書》作者索甲仁波切性侵女信徒、澳洲喇嘛秋達公開道歉、美國最大假藏傳佛教組織領導人邱陽創巴仁波切的性氾濫，等等事件背後眞相的揭露。作者：張善思、呂艾倫、辛燕。售價250元。

黯淡的達賴—失去光彩的諾貝爾和平獎：本書舉出很多證據與論述，詳述達賴喇嘛不爲世人所知的一面，顯示達賴喇嘛並不是眞正的和平使者，而是假借諾貝爾和平獎的光環來欺騙世人；透過本書的說明與舉證，讀者可以更清楚的瞭解，達賴喇嘛是結合暴力、黑暗、淫欲於喇嘛教裡的集團首領，其政治行爲與宗教主張，早已讓諾貝爾和平獎的光環染污了。本書由財團法人正覺教育基金會寫作、編輯，由正覺出版社印行，每冊250元。

楞嚴經講記：楞嚴經係密教部之重要經典，亦是顯教中普受重視之經典；經中宣說明心與見性之內涵極爲詳細，將一切法都會歸如來藏及佛性—妙眞如性；亦闡釋五陰區宇及五陰盡的境界，作諸地菩薩自我檢驗證量之依據，旁及佛菩提道修學過程中之種種魔境，以及外道誤會涅槃之狀況，亦兼述明三界世間之起源。然因言句深澀難解，法義亦復深妙寬廣，學人讀之普難通達，是故讀者大多誤會，不能如實理解佛所說之明心與見性內涵，亦因是故多有悟錯之人引爲開悟之證言，成就大妄語罪。今由平實導師詳細講解之後，整理成文，以易讀易懂之語體文刊行天下，以利學人。全書十五輯，全部出版完畢。每輯三百餘頁，售價每輯300元。

第七意識與第八意識？—穿越時空「超意識」「三界唯心，萬法唯識」是佛教中應該實證的聖教，也是《華嚴經》中明載而可以實證的法界實相。唯心者，三界一切境界、一切諸法唯是一心所成就，即是每一個有情的第八識如來藏，不是意識心。唯識者，即是人類各各都具足的八識心王——眼識、耳鼻舌身意識、意根、阿賴耶識，第八阿賴耶識又名如來藏，人類五陰相應的萬法，莫不由八識心王共同運作而成就，故說萬法唯識。依聖教量及現量、比量，都可以證明意識是二法因緣生，是由第八識藉意根與法塵二法爲因緣而出生，又是夜夜斷滅不存之生滅心，即無可能反過來出生第七識意根、第八識如來藏，當知不可能從生滅性的意識心中，細分出恆審思量的第七識意根，更無可能細分出恆而不審的第八識如來藏。本書是將演講內容整理成文字，細說如是內容，並已在〈正覺電子報〉連載完畢，今彙集成書以廣流通，欲幫助佛門有緣人斷除意識我見，跳脫於識陰之外而取證聲聞初果；嗣後修學禪宗時即得不墮外道神我之中，得以求證第八識金剛心而發起般若實智。平實導師 述，每冊300元。

人間佛教—實證者必定不悖三乘菩提 「大乘非佛說」的講法似乎流傳已久，卻只是日本人企圖擺脫中國正統佛教的影響，而在明治維新時期才開始提出來的說法；台灣佛教、大陸佛教的淺學無智之人，由於未曾實證佛法而迷信日本人錯誤的學術考證，錯認爲這些別有用心的日本佛學考證的講法爲天竺佛教的眞實歷史；甚至還有更激進的反對佛教者提出「**釋迦牟尼佛並非眞實存在，只是後人捏造的假歷史人物**」，竟然也有少數佛教徒願意跟著「學術」的假光環而信受不疑，亦導致部分台灣佛教界人士，造作了反對中國大乘佛教而推崇南洋小乘佛教的行爲，使台灣佛教的信仰者難以檢擇，亦導致一般大陸人士開始轉入基督教的盲目迷信中。在這些佛教及外教人士之中，也就有一分人根據此邪說而大聲主張「大乘非佛說」的謬論，這些人以「人間佛教」的名義來抵制中國正統佛教，公然宣稱中國的大乘佛教是由聲聞部派佛教的凡夫僧所創造出來的。這樣的說法流傳於台灣及大陸佛教界凡夫僧之中已久，卻非眞正的佛教歷史中曾經發生過的事，只是繼承六識論的聲聞法中凡夫僧，以及別有居心的日本佛教界，依自己的意識境界立場，純憑臆想而編造出來的妄想說法，卻已經影響許多無智之凡夫僧俗信受不移。本書則是從佛教的經藏法義實質及實證的現量內涵本質立論，證明大乘佛法本是佛說，是從《阿含正義》尚未說過的不同面向來討論「人間佛教」的議題，證明「大乘眞佛說」。閱讀本書可以斷除六識論邪見，迴入三乘菩提正道發起實證的因緣；也能斷除禪宗學人學禪時普遍存在之錯誤知見，對於建立參禪時的正知見有很深的著墨。平實導師 述，內文488頁，全書528頁，定價400元。

童女迦葉考—論呂凱文〈佛教輪迴思想的論述分析〉之謬 童女迦葉是佛世率領五百大比丘遊行於人間的歷史事實，是以童貞行而依止菩薩戒弘化於人間的大菩薩，不依別解脫戒（聲聞戒）來弘化於人間。這是大乘佛教與聲聞佛教同時存在於佛世的歷史明證，證明大乘佛教不是從聲聞法中分裂出來的部派佛教的產物，卻是聲聞佛教分裂出來的部派佛教聲聞凡夫僧所不樂見的史實；於是古今聲聞法中的凡夫都欲加以扭曲而作詭說，更是末法時代高聲大呼「大乘非佛說」的六識論聲聞凡夫極力想要扭曲的佛教史實之一，於是想方設法扭曲迦葉菩薩爲聲聞僧，以及扭曲迦葉童女爲比丘僧等荒謬不實之論著便陸續出現，古時聲聞僧寫作的《分別功德論》是最具體之事例，現代之代表作則是呂凱文先生的〈佛教輪迴思想的論述分析〉論文。鑑於如是假藉學術考證以籠罩大眾之不實謬論，未來仍將繼續造作及流竄於佛教界，繼續扼殺大乘佛教學人法身慧命，必須舉證辨正之，遂成此書。平實導師 著，每冊180元。

中觀金鑑—詳述應成派中觀的起源與其破法本質　學佛人往往迷於中觀學派之不同學說，被應成派與自續派所迷惑；修學般若中觀二十年後自以爲實證般若中觀了，卻仍不曾入門，甫聞實證般若中觀者之所說，則茫無所知，迷惑不解；隨後信心盡失，不知如何實證佛法；凡此，皆因惑於這二派中觀學說所致。自續派中觀所說同於常見，以意識境界立爲第八識如來藏之境界，應成派所說則同於斷見，但又同立意識爲常住法，故亦具足斷常二見。今者孫正德老師有鑑於此，乃將起源於密宗的應成派中觀學說，追本溯源，詳考其來源之外，亦一一舉證其立論內容，詳加辨正，令密宗雙身法祖師以識陰境界而造之應成派中觀學說本質，詳細呈現於學人眼前，令其維護雙身法之目的無所遁形。若欲遠離密宗此二大派中觀謬說，欲於三乘菩提有所進道者，允宜具足閱讀並細加思惟，反覆讀之以後將可捨棄邪道返歸正道，則於般若之實證即有可能，證後自能現觀如來藏之中道境界而成就中觀。本書分上、中、下三冊，每冊250元，已全部出版完畢。

實相經宗通：學佛之目的在於實證一切法界背後之實相，禪宗稱之爲本來面目或本地風光，佛菩提道中稱之爲實相法界；此實相法界即是金剛藏，又名佛法之祕密藏，即是能生有情五陰、十八界及宇宙萬有（山河大地、諸天、三惡道世間）的第八識如來藏，又名阿賴耶識心，即是禪宗祖師所說的眞如心，此心即是三界萬有背後的實相。證得此第八識心時，自能瞭解般若諸經中隱說的種種密意，即得發起實相般若——實相智慧。每見學佛人修學佛法二十年後仍對實相般若茫然無知，亦不知如何入門，茫無所趣；更因不知三乘菩提的互異互同，是故越是久學者對佛法越覺茫然，都肇因於尚未瞭解佛法的全貌，亦未瞭解佛法的修證內容即是第八識心所致。本書對於修學佛法者所應實證的實相境界提出明確解析，並提示趣入佛菩提道的入手處，有心親證實相般若的佛法實修者，宜詳讀之，於佛菩提道之實證即有下手處。平實導師述著，共八輯，已於2016年出版完畢，每輯成本價250元。

真心告訴您（一）—達賴喇嘛在幹什麼？這是一本報導篇章的選集，更是「破邪顯正」的暮鼓晨鐘。「破邪」是戳破假象，說明達賴喇嘛及其所率領的密宗四大派法王、喇嘛們，弘傳的佛法是仿冒的佛法；他們是假藏傳佛教，是坦特羅(譚崔性交)外道法和藏地崇奉鬼神的苯教混合成的「喇嘛教」，推廣的是以所謂「無上瑜伽」的男女雙身法冒充佛法的假佛教，詐財騙色誤導眾生，常常造成信徒家庭破碎、家中兒少失怙的嚴重後果。「顯正」是揭櫫眞相，指出眞正的藏傳佛教只有一個，就是覺囊巴，傳的是 釋迦牟尼佛演繹的第八識如來藏妙法，稱爲他空見大中觀。正覺教育基金會即以此古今輝映的如藏正法正知見，在眞心新聞網中逐次報導出來，將箇中原委「眞心告訴您」，如今結集成書，與想要知道密宗眞相的您分享。售價250元。

真心告訴您（二）—達賴喇嘛是佛教僧侶嗎？補祝達賴喇嘛八十大壽：這是一本針對當今達賴喇嘛所領導的喇嘛教，冒用佛教名相、於師徒間或師兄姊間，實修男女邪淫，而從佛法三乘菩提的現量與聖教量，揭發其謊言與邪術，證明達賴及其喇嘛教是仿冒佛教的外道，是「假藏傳佛教」。藏密四大派教義雖有「八識論」與「六識論」的表面差異，然其實修之內容，皆共許「無上瑜伽」四部灌頂爲究竟「成佛」之法門，也就是共以男女雙修之邪淫法爲「即身成佛」之密要，雖美其名曰「欲貪爲道」之「金剛乘」，並誇稱其成就超越於(應身佛)釋迦牟尼佛所傳之顯教般若乘之上；然詳考其理論，則或以意識離念時之粗細心爲第八識如來藏，或以中脈裡的明點爲第八識如來藏，或如宗喀巴與達賴堅決主張第六意識爲常恆不變之眞心者，分別墮於外道之常見與斷見中；全然違背 佛說能生五蘊之如來藏的實質。售價300元。

西藏「活佛轉世」制度—附佛、造神、世俗法：歷來關於喇嘛教活佛轉世的研究，多針對歷史及文化兩部分，於其所以成立的理論基礎，較少系統化的探討。尤其是此制度是否依據「佛法」而施設？是否合乎佛法眞實義？現有的文獻大多含糊其詞，或人云亦云，不曾有明確的闡釋與如實的見解。因此本文先從活佛轉世的由來，探索此制度的起源、背景與功能，並進而從活佛的尋訪與認證之過程，發掘活佛轉世的特徵，以確認「活佛轉世」在佛法中應具足何種果德。定價150元。

法華經講義：此書爲平實導師始從2009/7/21演述至2014/1/14之講經錄音整理所成。世尊一代時教，總分五時三教，即是華嚴時、聲聞緣覺教、般若教、種智唯識教、法華時；依此五時三教區分爲藏、通、別、圓四教。本經是最後一時的圓教經典，圓滿收攝一切法教於本經中，是故最後的圓教聖訓中，特地指出無有三乘菩提，其實唯有一佛乘；皆因眾生愚迷故，方便區分爲三乘菩提以助眾生證道。世尊於此經中特地說明如來示現於人間的唯一大事因緣，便是爲有緣眾生「開、示、悟、入」諸佛的所知所見——第八識如來藏妙眞如心，並於諸品中隱說「妙法蓮花」如來藏心的密意。然因此經所說甚深難解，眞義隱晦，古來難得有人能窺堂奧；平實導師以知如是密意故，特爲末法佛門四眾演述《妙法蓮華經》中各品蘊含之密意，使古來未曾被古德註解出來的「此經」密意，如實顯示於當代學人眼前。乃至〈藥王菩薩本事品〉、〈妙音菩薩品〉、〈觀世音菩薩普門品〉、〈普賢菩薩勸發品〉中的微細密意，亦皆一併詳述之，可謂開前人所未曾言之密意，示前人所未見之妙法。最後乃至以〈法華大義〉而總其成，全經妙旨貫通始終，而依佛旨圓攝於一心如來藏妙心，厥爲曠古未有之大說也。平實導師述，共有25輯，已於2019/05/31出版完畢。每輯300元。

涅槃—解說四種涅槃之實證及內涵：眞正學佛之人，首要即是見道，由見道故方有涅槃之實證，證涅槃者方能出生死，但涅槃有四種：二乘聖者的有餘涅槃、無餘涅槃，以及大乘聖者的本來自性清淨涅槃、佛地的無住處涅槃。大乘聖者實證本來自性清淨涅槃，入地前再取證二乘涅槃，然後起惑潤生捨離二乘涅槃，繼續進修而在七地心前斷盡三界愛之習氣種子，依七地無生法忍之具足而證得念念入滅盡定；八地後進斷異熟生死，直至妙覺地下生人間成佛，具足四種涅槃，方是眞正成佛。此理古來少人言，以致誤會涅槃正理者比比皆是，今於此書中廣說四種涅槃、如何實證之理、實證前應有之條件，實屬本世紀佛教界極重要之著作，令人對涅槃有正確無訛之認識，然後可以依之實行而得實證。本書共有上下二冊，每冊各四百餘頁，對涅槃詳加解說，每冊各350元。

佛藏經講義：本經說明爲何佛菩提難以實證之原因，都因往昔無數阿僧祇劫前的邪見，引生此世求證時之業障而難以實證。即以諸法實相詳細解說，繼之以念佛品、念法品、念僧品，說明諸佛與法之實質；然後以淨戒品之說明，期待佛弟子四眾堅持清淨戒而轉化心性，並以往古品的實例說明歷代學佛人在實證上的業障由來，教導四眾務必滅除邪見轉入正見中，不再造作謗法及謗賢聖之大惡業，以免未來世尋求實證之時被業障所障；然後以了戒品的說明和囑累品的付囑，期望末法時代的佛門四眾弟子皆能清淨知見而得以實證。平實導師於此經中有極深入的解說，總共21輯，每輯300元，於2019/07/31開始每二個月發行一輯。

我的菩提路第七輯：余正偉老師等人著，本輯中舉示余老師明心二十餘年以後的眼見佛性實錄，供末法時代學人了知明心異於見性之本質，並且舉示其見性後與平實導師互相討論眼見佛性之諸多疑訛處；除了證明《大般涅槃經》中世尊開示眼見佛性之法正眞無訛以外，亦得一解明心後尚未見性者之所未知處，甚爲精彩。此外亦列舉多篇學人從各不同宗教進入正覺學法之不同過程，以及發覺諸方道場邪見之內容與過程，最終得於正覺精進禪三中悟入的實況，足供末法精進學人借鑑，以彼鑑己而生信心，得以投入了義正法中修學及實證。凡此，皆足以證明不唯明心所證之第七住位般若智慧及解脫功德仍可實證，乃至第十住位的實證與當場發起如幻觀之實證，於末法時代的今天皆仍有可能。本書約四百頁，售價300元。

大法鼓經講義：本經解說佛法的總成：法、非法。由開解法、非法二義，說明了義佛法與世間戲論法的差異，指出佛法實證之標的即是法第八識如來藏；並顯示實證後的智慧，如實擊大法鼓、演深妙法，演說如來祕密教法，非二乘定性及諸凡夫所能得聞，唯有具足菩薩性者方能得聞。正聞之後即得依於 世尊大願而拔除邪見，入於正法而得實證；深解不了義經之方便說，亦能實解了義經所說之眞實義，得以證法如來藏，而得發起根本無分別智，乃至進修而發起後得無分別智；並堅持布施及受持清淨戒而轉化心性，得以現觀眞我眞法如來藏之各種層面。此爲第一義諦聖教，並授記末法最後餘四十年時，一切世間樂見離車童子將繼續護持此經所說正法。平實導師於此經中有極深入的解說，總共六輯，每輯300元，於《佛藏經講義》出版完畢後開始發行，每二個月發行一輯。

解深密經講義：本經是所有尋求大乘見道及悟後欲入地者所應詳習串習的三經之一，即是《楞伽經》、《解深密經》、《楞嚴經》三經中的一經，亦可作爲見道眞假的自我印證依據。此經是 世尊晚年第三轉法輪時，宣說地上菩薩所應熏修之無生法忍唯識正義經典；經中總說眞見道位所見的智慧總相，兼及相見道位所應熏修的七眞如等法，以及入地應修之十地眞如等義理，乃是大乘一切種智增上慧學，以阿陀那識—如來藏—阿賴耶識爲成佛之道的主體。禪宗之證悟者，若欲修證初地無生法忍乃至八地無生法忍者，必須修學《楞伽經、解深密經、楞嚴經》所說之八識心王一切種智。此三經所說正法，方是眞正成佛之道；印順法師否定第八識如來藏之後所說萬法緣起性空之法，墮於六識論中而著作的《成佛之道》，乃宗本於密宗宗喀巴六識論邪思而寫成的邪見，是以誤會後之二乘解脫道取代大乘眞正成佛之道，承襲自古天竺部派佛教聲聞凡夫論師的邪見，尚且不符二乘解脫道正理，亦已墮於斷滅見及常見中，所說全屬臆想所得的外道見，不符本經中佛所說的正義。平實導師曾於本會郭故理事長往生時，於喪宅中從首七開始宣講此經，於每一七起各宣講三小時，至第十七而快速略講圓滿，作爲郭老之往生後的佛事功德，迴向郭老早證八地、速返娑婆住持正法。茲爲今時後世學人故，已經開始重講《解深密經》，以淺顯之語句講畢後，將會整理成文並梓行流通，用供證悟者進道；亦令諸方未悟者，據此經中佛語正義修正邪見，依之速能入道。平實導師述著，全書輯數未定，每輯三百餘頁，將於未來重講完畢後逐輯陸續出版。

成唯識論釋：本論係大唐玄奘菩薩揉合當時天竺十大論師的說法加以辨正而著成，攝盡佛門證悟菩薩及部派佛教聲聞凡夫論師對佛法的論述，並函蓋當時天竺諸大外道對生命實相的錯誤論述加以辨正，是由玄奘大師依據無生法忍證量加以評論確定而成爲此論。平實導師弘法初期即已依於證量略講過一次，歷時大約四年，當時正覺同修會規模尚小，聞法成員亦多尚未證悟，是故並未整理成書；如今正覺同修會中的證悟同修已超過六百人，鑑於此論在護持正法、實證佛法及悟後進修上的重要性，擬於2022年初重講，並已經預先註釋完畢編輯成書，名爲《成唯識論釋》，總共十輯，每輯目次41頁、序文7頁、內文370頁；於增上班宣講時的內容將會更詳細於書中所說，涉及佛法密意的詳細內容只於增上班中宣講，於書中皆依佛誡隱覆密意而說，攝屬判教的〈目次〉已經詳盡判定論中諸段句義，用供學人參考；是故讀者閱完此論之釋，即可深解成佛之道的正確內涵；預定將於每一輯內容講述完畢時即予出版，預計每七個月出版一輯，每輯定價400元。

修習止觀坐禪法要講記：修學四禪八定之人，往往錯會禪定之修學知見，欲以無止盡之坐禪而證禪定境界，卻不知修除性障之行門才是修證四禪八定不可或缺之要素，故智者大師云「性障初禪」；性障不除，初禪永不現前，云何修證二禪等？又：行者學定，若唯知數息，而不解六妙門之方便善巧者，欲求一心入定，未到地定極難可得，智者大師名之爲「事障未來」：障礙未到地定之修證。又禪定之修證，不可違背二乘菩提及第一義法，否則縱使具足四禪八定，亦不能實證涅槃而出三界。此諸知見，智者大師於《修習止觀坐禪法要》中皆有闡釋。作者平實導師以其第一義之見地及禪定之實證證量，曾加以詳細解析。將俟正覺寺竣工啓用後重講，不限制聽講者資格；講後將以語體文整理出版。欲修習世間定及增上定之學者，宜細讀之。平實導師述著。

阿含經講記—小乘解脫道之修證：數百年來，南傳佛法所說證果之不實，所說解脫道之虛妄，所弘解脫道法義之世俗化，皆已少人知之；從南洋傳入台灣與大陸之後，所說法義虛謬之事，亦復少人知之；今時台灣全島印順系統之法師居士，多不知南傳佛法數百年來所說解脫道之義理已然偏斜、已然世俗化、已非眞正之二乘解脫正道，猶極力推崇與弘揚。彼等南傳佛法近代所謂之證果者皆非眞實證果者，譬如阿迦曼、葛印卡、帕奧禪師、一行禪師……等人，悉皆未斷我見故。近年更有台灣南部大願法師，高抬南傳佛法之二乘修證行門爲「捷徑究竟解脫之道」者，然而南傳佛法縱使眞修實證，得成阿羅漢，至高唯是二乘菩提解脫之道，絕非**究竟**解脫，無餘涅槃中之實際尚未得證故，法界之實相尚未了知故，習氣種子待除故，一切種智未實證故，焉得謂爲「究竟解脫」？即使南傳佛法近代眞有實證之阿羅漢，尚且不及三賢位中之七住明心菩薩本來自性清淨涅槃智慧境界，則不能知此賢位菩薩所證之無餘涅槃實際，仍非大乘佛法中之見道者，何況普未實證聲聞果乃至未斷我見之人？謬充證果已屬逾越，更何況是誤會二乘菩提之後，以未斷我見之凡夫知見所說之二乘菩提解脫偏斜法道，焉可高抬爲「究竟解脫」？而且自稱「捷徑之道」？又妄言解脫之道即是成佛之道，完全否定般若實智、否定三乘菩提所依之如來藏心體，此理大大不通也！平實導師爲令修學二乘菩提欲證解脫果者，普得迴入二乘菩提正見、正道中，是故選錄四阿含諸經中，對於二乘解脫道法義有具足圓滿說明之經典，預定未來十年內將會加以詳細講解，令學佛人得以了知二乘解脫道之修證理路與行門，庶免被人誤導之後，未證言證，梵行未立，干犯道禁自稱阿羅漢或成佛，成大妄語，欲升反墮。本書首重斷除我見，以助行者斷除我見而實證初果爲著眼之目標，若能根據此書內容，配合平實導師所著《識蘊眞義》《阿含正義》內涵而作實地觀行，實證初果非爲難事，行者可以藉此三書自行確認聲聞初果爲實際可得現觀成就之事。此書中除依二乘經典所說加以宣示外，亦依斷除我見等之證量，及大乘法中道種智之證量，對於意識心之體性加以細述，令諸二乘學人必定得斷我見、常見，免除三縛結之繫縛。次則宣示斷除我執之理，欲令升進而得薄貪瞋痴，乃至斷五下分結…等。平實導師將擇期講述，然後整理成書。共二冊，每冊三百餘頁。每輯300元。

總經銷： 聯合發行股份有限公司

231 新北市新店區寶橋路 235 巷 6 弄 6 號 4F

Tel.02－2917-8022（代表號） Fax.02－2915-6275（代表號）

零售：1.**全台連鎖經銷書局**：

三民書局、誠品書局、何嘉仁書店

敦煌書店、紀伊國屋、金石堂書局、建宏書局

諾貝爾圖書城、墊腳石圖書文化廣場

2.**台北市**：佛化人生 **大安區**羅斯福路 3 段 325 號 6 樓之 4 台電大樓對面

3.**新北市**：春大地書店 **蘆洲區**中正路 117 號

4.**桃園市**：御書堂 **龍潭區**中正路 123 號

5.**新竹市**：大學書局 **東區**建功路 10 號

6.**台中市**：瑞成書局 **東區**雙十路 1 段 4 之 33 號

佛教詠春書局 **南屯區**永春東路 884 號

文春書店 **霧峰區**中正路 1087 號

7.**彰化市**：心泉佛教文化中心 南瑤路 286 號

8.**高雄市**：政大書城 **前鎮區**中華五路 789 號 2 樓（高雄夢時代店）

明儀書局 **三民區**明福街 2 號

青年書局 **苓雅區**青年一路 141 號

9.**台東市**：東普佛教文物流通處 博愛路 282 號

10.**其餘鄉鎮市經銷書局**：請電詢總經銷**聯合**公司。

11.**大陸地區請洽**：

香港：樂文書店

銅鑼灣店 :香港銅鑼灣駱克道 506 號 2 樓

電話 :(852) 2881 1150 email: luckwinbs@gmail.com

廈門：廈門外圖臺灣書店有限公司

地址:廈門市思明區湖濱南路809 號 廈門外圖書城3 樓 郵編:361004

電話：0592-5061658（臺灣地區請撥打 86-592-5061658）

E-mail：JKB118@188.COM

12.**美國**：**世界日報圖書部**：紐約圖書部 電話 7187468889#6262

洛杉磯圖書部 電話 3232616972#202

13.**國內外地區網路購書**：

正智出版社 書香園地 http://books.enlighten.org.tw/

（書籍簡介、經銷書局可直接聯結下列網路書局購書）

三民 網路書局 http://www.sanmin.com.tw

誠品 網路書局 http://www.eslitebooks.com

博客來 網路書局 http://www.books.com.tw

金石堂 網路書局 http://www.kingstone.com.tw

聯合 網路書局 http:// www.nh.com.tw

附註：1.請儘量向各經銷書局購買：郵政劃撥需要八天才能寄到（本公司在您劃撥後第四天才能接到劃撥單，次日寄出後第二天您才能收到書籍，此六天中可能會遇到週休二日，是故共需八天才能收到書籍）若想要早日收到書籍者，請劃撥完畢後，將劃撥收據貼在紙上，旁邊寫上您的姓名、住址、郵區、電話、買書詳細內容，直接傳眞到本公司 02-28344822，並來電 02-28316727、28327495 確認是否已收到您的傳眞，即可提前收到書籍。 **2.**因台灣每月皆有五十餘種宗教類書籍上架，書局書架空間有限，故唯有新書方有機會上架，通常每次只能有一本新書上架；本公司出版新書，大多上架不久便已售出，若書局未再叫貨補充者，書架上即無新書陳列，則請直接向書局櫃台訂購。 **3.**若書局不便代購時，可於晚上共修時間向正覺同修會各共修處請購（共修時間及地點，詳閱**共修現況表**。每年例行年假期間請勿前往請書，年假期間請見共修現況表）。 **4.** 郵購：郵政劃撥帳號 19068241。 **5.** 正覺同修會會員購書都以八折計價（戶籍台北市者爲一般會員，外縣市爲護持會員）都可獲得優待，欲一次購買全部書籍者，可以考慮入會，節省書費。入會費一千元（第一年初加入時才需要繳），年費二千元。 **6.尚未出版之書籍，請勿預先郵寄書款與本公司，謝謝您！** **7.**若欲一次購齊本公司書籍，或同時取得正覺同修會贈閱之全部書籍者，請於正覺同修會共修時間，親到各共修處請購及索取；**台北市讀者**請洽：103 台北市承德路三段 267 號 10 樓（捷運淡水線 圓山站旁）請書時間：週一至週五爲 18.00~21.00，第一、三、五週週六爲 10.00~21.00，雙週之週六爲 10.00~18.00 請購處專線電話：25957295-分機 14（於請書時間方有人接聽）。

敬告大陸讀者：

大陸讀者購書、索書捷徑（尚未在大陸出版的書籍，以下二個途徑都可以購得，電子書另包括結緣書籍）：

1.**廈門外國圖書公司**：廈門市思明區湖濱南路 809 號 廈門外圖書城 3F
　郵編：361004　電話：0592-5061658　網址：**http://www.xibc.com.cn/**

2.**電子書**：正智出版社有限公司及正覺同修會在台灣印行的各種局版書、結緣書，已有『**正覺電子書**』陸續上線中，提供讀者於手機、平板電腦上購書、下載、閱讀正智出版社、正覺同修會及正覺教育基金會所出版之電子書，詳細訊息敬請參閱『正覺電子書』專頁：
http://books.enlighten.org.tw/ebook

關於平實導師的書訊，請上網查閱：
　成佛之道　http://www.a202.idv.tw
　正智出版社 書香園地　http://books.enlighten.org.tw/

中國網採訪佛教正覺同修會、正覺教育基金會訊息：

http://foundation.enlighten.org.tw/newsflash/20150817_1

http://video.enlighten.org.tw/zh-CN/visit_category/visit10

★ 正智出版社有限公司售書之稅後盈餘，全部捐助財團法人正覺寺籌備處、佛教正覺同修會、正覺教育基金會，供作弘法及購建道場之用；懇請諸方大德支持，功德無量。

★ 聲　明 ★

本社於 2015/01/01 開始調整本目錄中部分書籍之售價，以因應各項成本的持續增加。

＊ 喇嘛教修外道雙身法、墮識陰境界，非佛教 ＊

＊ 弘揚如來藏他空見的覺囊派才是真正藏傳佛教 ＊

換書及道歉公告

《法華經講義》第十三輯，因謄稿、印製等相關人員作業疏失，導致該書中的經文及內文用字將「**親近**」誤植成「清淨」。茲爲顧及讀者權益，自 2017/8/30 開始免費調換新書；敬請所有讀者將以前所購第十三輯初版首刷及二刷本，攜回或寄回本社免費換新，或請自行更正其中的錯誤之處；郵寄者之回郵由本社負擔，不需寄來郵票。同時對因此而造成讀者閱讀、以及換書的困擾及不便，在此向所有讀者致上最誠懇的歉意，祈請讀者大眾見諒！錯誤更正說明如下：

一、第 256 頁第 10 行~第 14 行：【就是先要具備「**法親近處**」、「**眾生親近處**」；法**親近**處就是在實相之法有所實證，如果在實相法上有所實證，他在二乘菩提中自然也能有所實證，以這個作爲第一個**親近**處——第一個基礎。然後還要有第二個基礎，就是瞭解應該如何善待眾生；對於眾生不要有排斥或者是貪取之心，平等觀待而攝受、親近一切有情。以這兩個**親近**處作爲基礎，來實行其他三個安樂行法。】。

二、第 268 頁第 13 行：【具足了那兩個「**親近處**」，使你能夠在末法時代，如實而圓滿的演述《法華經》時，那麼你作這個夢，它就是如理作意的，完全符合邏輯去完成這個過程，就表示你那個晚上，在那短短的一場夢中，已經度了不少眾生了。】

正智出版社有限公司 敬啓

售後服務—換書啓事（免附回郵）　　2017/12/05

《楞伽經詳解》第三輯初版免費調換新書啓事：茲因 平實導師弘法早期尚未回復往世全部證量，有些法義接受他人的說法，寫書當時並未察覺而有二處（同一種法義）跟著誤說，如今發現已將之修正。茲爲顧及讀者權益，已開始免費調換新書；敬請所有讀者將以前所購第三輯（不論第幾刷），攜回或寄回本公司免費換新；郵寄者之回郵由本公司負擔，不需寄來郵票。因此而造成讀者閱讀、以及換書的不便，在此向所有讀者致上萬分的歉意，祈請讀者大眾見諒！

《楞嚴經講記》第 14 輯初版首刷本免費調換新書啓事：本講記第 14 輯出版前因 平實導師諸事繁忙，未將之重新閱讀而只改正校對時發現的錯別字，故未能發覺十年前所說法義有部分錯誤，於第 15 輯付印前重閱時才發覺第 14 輯中有部分錯誤尚未改正。今已重新審閱修改並已重印完成，煩請所有讀者將以前所購第 14 輯初版首刷本，寄回本公司免費換新（初版二刷本無錯誤），本公司將於寄回新書時同時附上您寄書來換新時的郵資，並在此向所有讀者致上最誠懇的歉意。

《心經密意》初版書免費調換二版新書啓事：本書係演講錄音整理成書，講時因時間所限，省略部分段落未講。後於再版時補寫增加 13 頁，維持原價流通之。茲爲顧及初版讀者權益，自 2003/9/30 開始免費調換新書，原有初版一刷、二刷書籍，皆可寄來本公司換書。

《宗門法眼》已經增寫改版爲 464 頁新書，2008 年 6 月中旬出版。讀者原有初版之第一刷、第二刷書本，都可以寄回本公司免費調換改版新書。改版後之公案及錯悟事例維持不變，但將內容加以增說，較改版前更具有廣度與深度，將更能助益讀者參究實相。

換書者**免附回郵**，亦無截止期限；舊書請寄：111 台北郵政 73-151 號信箱 或 103 台北市承德路三段 267 號 10 樓 正智出版社有限公司。舊書若有塗鴨、殘缺、破損者，仍可換取新書；但缺頁之舊書至少應仍有五分之三頁數，方可換書。所有讀者不必顧念本公司是否有盈餘之問題，都請踴躍寄來換書；本公司成立之目的不是營利，只要能眞實利益學人，即已達到成立及運作之目的。若以郵寄方式換書者，免附回郵；並於寄回新書時，由本公司附上您寄來書籍時耗用的郵資。造成您不便之處，再次致上萬分的歉意。

正智出版社有限公司 啓

國家圖書館出版品預行編目資料

阿含正義-唯識學探源 第一輯／平實導師著 —初版—
臺北市：正智，2006— 〔民95— 〕
冊； 公分

ISBN:978-986-81358-6-4 （第1輯：平裝）
ISBN:978-986-81358-8-8 （第2輯：平裝）
ISBN:978-986-81358-9-5 （第3輯：平裝）
ISBN:978-986-82992-1-4 （第4輯：平裝）
ISBN:978-986-82992-4-5 （第5輯：平裝）
ISBN:978-986-82992-5-2 （第6輯：平裝）
ISBN:978-986-82992-7-6 （第7輯：平裝）
1.阿含部

221.8 95015882

阿含正義

唯識學探源

——第一輯

作　者：平實導師
校　對：蘇振慶 章乃鈞 蔡禮政 李嘉因
出版者：正智出版社有限公司
電話：○二 28327495 28316727（白天）
傳眞：○二 28344822
111台北郵政73-151號信箱
郵政劃撥帳號：一九○六八二四一
正覺講堂：總機○二 25957295（夜間）
總經銷：聯合發行股份有限公司
231新北市新店區寶橋路235巷6弄6號4樓
電話：○二 29178022（代表號）
傳眞：○二 29156275
初版首刷：公元二○○六年八月底 二千冊
初版十刷：公元二○二一年十月 二千冊
定　價：三○○元